事業者必携　三訂版

建設業から風俗営業、
入管手続き、ドローンまで
許認可手続きと申請書類の書き方

行政書士
服部 真和 [監修]

三修社

本書に関するお問い合わせについて

　本書の記述の正誤に関するお問い合わせにつきましては、お手数ですが、小社あてに郵便・ファックス・メールでお願いします。大変恐縮ですが、お電話でのお問い合わせはお受けしておりません。内容によっては、お問い合わせをお受けしてから回答をご送付するまでに1週間から2週間程度を要する場合があります。

　なお、本書でとりあげていない事項についてのご質問、個別の案件についてのご相談、監修者紹介の可否については回答をさせていただくことができません。あらかじめご了承ください。

はじめに

　新規事業を立ち上げる際に、行政機関から許認可を得なければならない業種は多岐に渡ります。しかし、許認可の申請手続きは、近年、複雑化・専門化しており、また、新たな許認可も次々と生まれ、前提知識を持たないまま手続きをしていくことは困難といえます。このように、何かの許認可を得ようとする場合は、２つの選択肢があります。１つは、許認可の専門家である行政書士に依頼すること、もう１つは、多くの許認可申請に共通する基本やコツを一から学び、手続きに慣れることです。行政書士も様々な許認可業務をこなし、経験を積むことで真の専門家となっていきます。基本事項をしっかりとおさえていけば、必ず手続きはできるようになっています。

　本書は、企業の許認可手続きに関わる総務担当者、個人事業主、開業後間もない行政書士の方まで、許認可実務に関わるすべての方を対象にしています。数千種類ある許認可業務の中から、近年注目を集める「ドローンに関する手続き」をはじめ、特にニーズの高い重要な申請手続きについて７つの章に分類し、取りまとめています。

　それぞれの手続きについて、最低限必要な知識、要件、手続きの流れ、提出書類等がわかるように解説し、実際に作成する主な書式の記載例を掲載し、作成上の注意点についても書き添えています。

　実務で出会う課題についてもポイントを整理していますので、行政書士などの専門家の方はもちろん、企業の総務担当者の皆様が手続きを行う際にも有効にご活用いただけると思います。

　許認可実務に関わるすべての皆様に、本書をお役に立てて頂ければ、監修者として幸いです。

監修者　行政書士　服部　真和

Contents

はじめに

序章　許認可の基本

1 許認可申請をするにはどうしたらよいのか	10
2 許認可が必要な業種とそうでない業種がある	12
3 行政書士の仕事について知っておこう	16
4 手続きに必要な公的証明書類収集について知っておこう	22
5 行政書士の活用方法について知っておこう	24
Column 多くの許認可業務に共通する注意点	30

第1章　建設業許可をめぐる法律と申請手続き

1 建設業許可にもいろいろな種類がある	32
2 許可を受けるためにはどんな要件が必要なのか	36
3 手続きの全体像・必要書類・提出先をおさえておこう	41
4 建設業許可申請書の書き方について知っておこう	45
書式1 建設業許可申請書	57
書式2 役員の一覧表	58
書式3 営業所一覧表	59
書式4 工事経歴書（経営事項審査を受けない場合）	60
書式5 直前3年の各事業年度における工事施工金額	61
書式6 使用人数	62
書式7 誓約書	63
書式8 常勤役員等（経営業務の管理責任者等）証明書	64
書式9 常勤役員等の略歴書	65
書式10 常勤役員等及び当該常勤役員等を直接に補佐する者の証明書（第1面）	66

書式11	常勤役員等を直接に補佐する者の証明書（第2面、一部抜粋）	67
書式12	常勤役員等を直接に補佐する者の証明書（第3面、一部抜粋）	67
書式13	常勤役員等を直接に補佐する者の証明書（第4面、一部抜粋）	67
書式14	専任技術者証明書	68
書式15	専任技術者一覧	69
書式16	許可申請者の住所、生年月日等に関する調書	70
書式17	貸借対照表（法人用）	71
書式18	損益計算書（法人用）	75
書式19	完成工事原価報告書	77

5 許可取得後の手続きについて知っておこう 78

第2章 飲食・風俗営業をめぐる法律と申請手続き

1 飲食店営業許可申請手続きについて知っておこう 80

2 風俗営業にはどんな種類があるのか 87

3 特定遊興飲食店営業の特徴について知っておこう 93

4 風俗営業開業のための法律や手続きはどうなっているのか 99

5 申請書式の書き方について知っておこう 105

書式1	営業許可申請書（表面）	116
書式2	営業許可申請書（裏面）	117
書式3	施設の構造及び設備を示す図	118
書式4	許可申請書	119
書式5	営業の方法	121
書式6	営業所周辺の略図	123
書式7	建物概要書	124
書式8	平面図	125

書式9	求積図	126
書式10	音響照明設備図	128
書式11	営業所の使用について権原を有することを疎明する書類	129
書式12	誓約書	130
書式13	深夜における酒類提供飲食店営業営業開始届出書	131
書式14	営業の方法	132
書式15	特定遊興飲食店営業許可申請書	133
書式16	営業の方法	135
書式17	営業所の周囲の略図	136
書式18	建物概要書	137
書式19	平面図	138
書式20	求積図	139
書式21	音響照明設備図	140
書式22	営業所の使用について権原を有することを疎明する書類	141
書式23	誓約書	142

第3章　産業廃棄物処理をめぐる法律と申請手続き

1 産業廃棄物業務について知っておこう　144

2 産業廃棄物処理のしくみについて知っておこう　149

3 業務に関する許可申請や届出の種類を知っておこう　153

4 収集運搬業の新規申請のための要件について知っておこう　155

5 収集運搬業の申請手続きについて知っておこう　160

書式1	産業廃棄物収集運搬業許可申請書	169
書式2	事業計画の概要	172
書式3	運搬車両の写真	177

書式4	運搬容器等の写真	178
書式5	誓約書	179
書式6	政令使用人に関する証明書	180

第4章　古物営業をめぐる法律と申請手続き

1 古物営業に関する法律や手続きはどうなっているのか　182

2 申請書式の書き方について知っておこう　191

書式1	古物商・古物市場主許可申請書	193
書式2	略歴書	197
書式3	誓約書	198

第5章　農地の転用をめぐる法律と申請手続き

1 農地転用の許可・届出について知っておこう　200

2 具体的な許可申請の手続きについて知っておこう　205

書式1	農地法第5条の規定による許可申請書	209
書式2	農地転用事業計画書	210
書式3	土地利用計画図	212

第6章　出入国管理をめぐる法律と申請手続き

1 入管業務について知っておこう　214

2 どんな手続きがあるのか　220

3 在留資格認定証明書交付申請（在留資格が技術の場合）　224

| 書式1 | 在留資格認定証明書交付申請書（技術・人文知識・国際業務）230 |

4 在留期間更新許可申請書の書き方　234

| 書式2 | 在留期間更新許可申請書（技術・人文知識・国際業務技術）238 |

5 在留資格変更許可申請（留学から技術・人文知識・国際業務）242

　　書式3　在留資格変更許可申請書（技術・人文知識・国際業務）　247

6 永住資格許可申請（申請資格が「日本人の配偶者等」の場合）251

　　書式4　永住許可申請書　256

　　書式5　身元保証書　258

第7章　ドローンをめぐる法律と申請手続き

1 ドローンに関する法律について知っておこう　260

2 許可申請手続きについて知っておこう　266

序　章

許認可の基本

1 許認可申請をするにはどうしたらよいのか

開業する事業が許認可の対象となっているかどうかは重要事項

● 許認可とはどんな制度なのか

　何かを始めるときに、国又は地方自治体といった行政の許認可を得ることが必要な場合があります。それでは、この許認可とは一体どのような制度なのでしょうか。

　人間である以上、誰もが、もともとは自由に自分の権利を行使できることが保障されています。このことは憲法上も明らかにされています。

　しかし、誰もがしたいことを何でも自由に行ってしまうと、必ず、他人の自由と衝突します。非衛生的な食品を自由に販売すると、他人の健康を害してしまいます。また、もともと個人の自由に委ねられたものでなくても、それが勝手に行われてしまうと、社会全体の秩序を破壊することがあります。たとえば、個々人が誰でも自由に学校事業を展開できるとなると、全国的に求められている学力水準に到達できないといった教育上の問題が生じてしまう可能性があります。

　個人が自由に事業を行うことから生じるこのような問題を防止するために、行政が監視や調整を行う必要があり、そのために設けられている制度が**許認可**の制度です。

　許認可については、法律で規定されています。各種の法律ごとに規制対象となる業種が定義され、その開業に必要な許認可が定められていま

■ 許認可とは

す。そして、多くの場合、許認可を得ないままその業種を営業すると刑事上の罰である懲役・罰金や行政上の罰である過料に処せられてしまうことになります。つまり、罰則によって許認可手続きをするように促されているわけです。

◉ 許認可にはどんな種類があるのか

　許認可とは、許可と認可を一緒に表現した言葉です。また、これら以外にも、行政上の手法として、届出、登録、特許といった制度があります（下表参照）。これらの違いについて簡単に説明してみましょう。

　許可や**認可**は、禁止など一般的に不可とされている行為について、行政が行ってもよいとする行為です。**届出**は、禁止されてはいないが、行政が事業の有無・内容を把握しておくために、事業者がそれを知らしめる行為です。**登録**も届出と似ていますが、登録簿に記載することで一般に周知されます。条件が整っていないと登録が拒否されることもあり、その場合は許可とほとんど変わらなくなります。**特許**は、許可や認可と違って、もともと個人が自由に行える行為を対象としていません。特別な権利や能力を与える行為です。以下の記述では、便宜上、これらの手続きを総称して許認可と呼ぶことにします。

■ 許認可の種類 ・・・

許可	法令によって一般的に禁止されていることを、特定の場合に解除すること
認可	行政などが、その行為を補充して法律上の効果を完成させること
届出	ある行為を行うにあたって、行政に対して事業者が一定の事項を通知すること
登録	登録簿に記載されることで、事業を行うことができる
特許	国民が本来持っていない権利などを与える行為

序章　許認可の基本

11

2 許認可が必要な業種とそうでない業種がある

多くの業種が許認可の対象とされている

● 許認可が必要な業種はこれだけある

　現代社会にあっては、国民生活のすみずみまで行政が介入しています。最近では自由競争が重視され、規制緩和が大きな潮流になっていますが、多くの業種の開業に許認可が必要とされています。

　街を歩いていて見かける職業の多くが、何らかの許認可と関係しています。衛生面に関連して許可が必要な業種として、レストラン、ラーメン屋、旅館、美容院などがあります。犯罪予防のために、中古販売などの古物営業は許可制となっています。建設業、運送業なども、許可が必要な代表的業種といえます。さらに、人材派遣業も許可の対象となっています。また、開業自体の許認可とは別に、営業の過程で許認可が必要になることもあります。製造業で特定の物を製造する場合に、許可が必要になることがあります。危険物を保管する場合にも許可を必要とします。食品や動物を海外から輸入する場合には、検疫・動物保護の観点から許可が要求されています。

　このように、あらゆる業種、あらゆる行為について、許認可が法律上必要とされています。独立開業にあたっては、この点に十分な注意を払うべきです。

● 都道府県知事の許認可が必要な場合

　行政というと、まず、○○省などによる国の行政が想起されます。しかし、事業に関する許認可については、実際のところ、地元に密着している地方自治体が担当していることが多くあります。これは、国が制定した法律に基づいて都道府県知事・市区町村長が許認可の権限を有していることを意味しています。

また、警察関連の許可権限は、都道府県単位とはいっても、都道府県知事ではなく都道府県公安委員会が許可権限を有しています。

　なお、一般的には都道府県知事の許可が必要とされていても、政令指定都市などでは、許可権限が市長に委ねられていることがあります。開業にあたっては、その場所における許認可の権限が、どの行政庁に属しているのかを確認しておかなければなりません。自治体の許認可の具体例には、以下のものがあります。

①　各種学校、幼稚園の認可、保育園の認可・認証・届出

②　国内を対象とした旅行業の登録

③　同一都道府県内にのみ営業所がある場合の建設業の許可

● 保健所が窓口となる場合

　衛生面に注意が必要な事業については、保健所が窓口になっています。ただ、保健所はあくまでも窓口であって、許可申請の宛先は都道府県知事や市町村長となっています。なお、キャバクラやホストクラブなど接待業の場合には警察を窓口とする許可が必要になります。

①　レストランの営業許可

②　ラーメン屋やカレー屋の営業許可

③　焼肉屋の営業許可

④　居酒屋・立ち飲み屋の営業許可

⑤　食品の製造許可

⑥　温度管理が必要な食品販売の届出

⑦　美容院開設の届出

⑧　ホテルや旅館などの営業許可

⑨　住宅宿泊事業（民泊）の届出

⑩　銭湯やサウナ（公衆浴場）の営業許可

⑪　クリーニング所解説の届出

⑫　施術所（あん摩マッサージ指圧、はり、きゅう等）開設の届出

序章　許認可の基本

13

● 警察署が窓口となる場合

　犯罪の予防、健全な風俗の維持などのために、許可が必要な場合があります。許可の権限を有しているのは都道府県の公安委員会ですが、窓口になるのは警察署です。ただし、屋台などの道路使用の営業については、警察署長が申請の宛先となります。

　なお、キャバクラやホストクラブでも飲食を提供する営業で保健所を窓口とする許可とあわせて申請します。

① 中古品の売買や交換をする営業（古物営業）の許可
② キャバクラ営業の許可
③ 高級クラブ営業の許可
④ ホストクラブ営業の許可
⑤ ラウンジ営業の許可
⑥ ディスコやクラブ営業の許可
⑦ ライブハウスやショーパブ営業の許可
⑧ パチンコ店営業の許可
⑨ 麻雀店営業の許可
⑩ ゲームセンター営業の許可
⑪ ソープランド営業の届出
⑫ ファッションヘルス営業の届出
⑬ ラブホテル営業の届出
⑭ デリバリーヘルス営業の届出
⑮ インターネットのアダルトサイト営業の届出

● 許認可の不要な業種もある

　行政が国民生活のいたるところに介入しているのも事実ですが、どんな事業でもすべて許認可が必要なわけではありません。通信販売業など、下表に記載した業種については、開業する際に公的な許認可は不要です（関連団体などで独自に免許や資格を与えている場合はあります）。ただし、

14

その事業を開業することについて許認可が不要でも、業務内容によって別途許認可を得ることが必要な場合があります。たとえば、ネットショップでリサイクル商品を取り扱う場合には、古物営業として警察の許可が必要になりますし、医薬品を販売するためには、医薬品医療機器等法（旧薬事法）に基づく都道府県知事などの許可が必要になります。許認可申請が必要か否かということや、手続きに関する判断が複雑な場合があるため、専門家に申請を依頼した方がスムーズに準備を進めることができる場合もあります。許認可業務の専門家は行政書士です。つまり、事業者にとっては行政書士と協力することは検討すべき選択肢だといえるでしょう。

■ 許認可不要で開業できる主な業種 ……………………………………

業　種	注意点
通信販売業	関連団体：社団法人日本通信販売協会 ネットショップ自体は許認可不要。ただし、扱う商品によっては許認可が必要になる場合あり 例：食品営業→飲食店営業、リサイクルショップ→古物営業
ペット関係	魚類や昆虫類については許可不要。ペットのエサを販売する場合も許可不要
カイロプラクティック	各団体による自主規制あり
ベビーシッター	開業のための資格や許認可は不要
家庭教師派遣業	一般労働者派遣事業、有料職業紹介事業にあたらない通常の家庭教師の派遣事業であれば許認可は不要
学習塾	学習塾経営に許認可は不要
便利屋	便利屋自体は許認可不要で開業可能。ただし、事業内容によっては許可・届出が必要な場合もある
葬儀業	関連団体：全日本葬祭業協同組合連合会（全葬連） 葬儀業自体は許認可不要。ただし、霊柩車を使用する場合には一般貨物自動車運送事業の許可申請が必要。全葬連の定めるルールブックあり
駐車場経営	駐車面積の合計が 500 ㎡未満の駐車場については、許認可は不要（500 ㎡以上の場合には市区町村又は都道府県への届出が必要）

序　章　許認可の基本

3 行政書士の仕事について知っておこう

行政書士が取り扱う許認可業務について理解する

● 士業は厳しい競争社会

行政書士に限らず、税理士、社会保険労務士など、士業界は競争社会です。昔は、国家資格さえ持っていれば仕事には困らないという時代もありましたが、現在の士業を取り巻く環境は厳しい状況にあります。

まず、情報化社会が進み、誰でも様々な情報が入手できるようになりました。そのため、昔に比べると士業を活用する機会が減ったことが挙げられます。あわせて近年の行政手続デジタル化の推進により、今後、多くの公的基礎情報が連携されて手続きの簡素化が進みます。

一方で、手に職をつけようと士業をめざす者は増加傾向にあります。このような状況下で、士業間で**業際問題**が深刻化しています。業際問題とは、それぞれの士業が法規制の範囲内で可能な限り取り扱える業務を広げようとする中で、他士業の業務に抵触してしまう問題です。取り扱える範囲の広い行政書士は、他士業の業務にぶつかることが多いので注意が必要な業種と言われています。依頼をする立場であっても、行政書士をめざす場合であっても、取り扱える業務と取り扱えない業務については、他士業の規制法もふまえて、しっかりと理解する必要があります。

● 行政書士が取り扱える業務について

行政書士の取り扱える業務については、行政書士法に規定があります。これによれば、行政書士は「官公署に提出する書類」「権利義務に関する書類」「事実証明に関する書類」について作成し、提出代理や相談にも応じられることが業務として定められています。

① 「官公署に関する書類」

官公署とは各省庁、都道府県庁、市・区役所、町・村役場、警察署等、

非常に多くの機関を意味しています。その書類のほとんどは許認可に関するもので、その数は数千種類と言われます。

　代表例としては、建設業許可や飲食店営業許可、風俗営業許可、古物商許可などです。また、文化庁に対する著作権登録申請や警察署への告訴状の提出など独自性の高い業務も含まれます。

② 「権利義務に関する書類」

　権利の発生、存続、変更、消滅の効果を生じさせることを目的とする意思表示を内容とした書類をいいます。たとえば、一般的な契約書をはじめ、離婚協議書、遺産分割協議書などがあります。

③ 「事実証明に関する書類」

　事実証明に関する書類とは、社会生活に関わる「交渉を有する事項を証明するに足る文書」をいいます。難しい言い回しですが、たとえば、実地調査に基づく各種図面類、定款、議事録、会計帳簿、申述書等です。内容証明郵便や著作権存在事実証明などもこれに含まれるといえます。

● 許認可業務は行政書士の基幹業務

　3種類の書類のうち、行政書士が「官公署に関する書類」と「事実証明に関する書類」を取り扱うことができることを最大限に生かせるのが**許認可業務**です。許認可業務は行政書士を支える基幹業務です。「行政書士事務所」と看板を掲げている以上、たとえ「権利義務に関する書類」を専門に扱う事務所であっても、必ず依頼を受ける機会は訪れます。

　また、許認可業務は行政書士事務所の経営を安定化させるために重要な要素を持っています。なぜなら、許認可業務は新規の申請をすれば、それで終わりということはありません。多くの許可は、許可を受けた後であっても効力の維持をするための手続きが必要です。たとえば、管理者や特別の資格者の配置が要件になっている場合、該当者の交代や住所変更等に応じて、変更届を提出する必要があります。これは会社自体に変更が生じた場合も同様です。仮に、何も変更が生じない場合であって

序　章　許認可の基本

17

も、宅地建物取引業や建設業許可、産業廃棄物収集運搬業許可、在留許可など、有効期限のあるものは更新手続きが必ず必要となります。

さらに、1つの許可を取得した際に、別の許可取得が必要となることもあります。たとえば、建設業許可を取得した場合、建築工事や土木工事により生じる産業廃棄物を運搬・処理する必要が生じて産業廃棄物収集運搬業の許可申請が必要となることがあります。

さらに、一定の要件を備えた行政書士（特定行政書士といいます）は許可申請などを行った後に、不許可処分などがなされた際の不服申立て手続きの代理が行えます。行政書士は、許可に対する不利益処分を受ける前の弁明の代理も行えることから許可手続の入口から出口まで一貫した支援を行えるわけです。このように許可取得後の維持管理や不利益処分の対応は、行政手続の簡素化後に、重要性が高まる業務と考えられています。

● どんな許認可業務を扱えばよいのか

ここでは、行政書士を開業しようと思っている人の立場から許認可業務について考えてみましょう。

許認可業務が重要といっても、数千種類あるといわれている中、いったいどの手続きを取り扱うか、迷うかもしれません。

たとえば、前職などで特定の業界に精通しているとか、知り合いに特定の業界の人間が多いといった特別の事情があれば、それらに関連する許認可業務を検討することができます。しかし、そういった事情がない場合は、以下の3つの観点から検討してみるとよいでしょう。

① 非常に関心の高い業界がある

許認可業務では、それぞれの業界特有の専門用語や関連知識が要求されることが少なくありません。また、許認可を取得しようとする依頼者は、多くの場合、その会社の社長や部長といった業界トップレベルの方になります。その業界について知識が少なければ、信用されにくく、興味をもって勉強できるかどうかは非常に重要です。

18

② 行政書士の主要業務として確立されている

　取り扱おうと考えているジャンルが主要な業務として認知されていれば、行政書士という肩書きで依頼を受ける可能性があります。さらに、手続きについて困ったことがあった場合に、詳しい先輩行政書士に教えを請うことも可能となります。どのジャンルが行政書士の主要業務として確立されているかを知る方法ですが、日本行政書士連合会が5年に一度、全国的に統計調査を実施し、公表している「報酬額調査統計結果」が参考になります。たとえば令和2年度の調査では、取扱いの多い許認可として「建設業関連」「農地法関連」「入管関連」「自動車関連」「産業廃棄物関連」「風俗営業関連」「古物営業関連」といった業務が掲げられています。もちろん、これは社会情勢や時代によって左右されます。これらを参考にしながら、自分なりに考えて決定しましょう。なお、「報酬額調査統計結果」は、はじめて取り組む許認可業務の報酬額設定の参考にもなります。

③ ニーズの高い分野

　これは開業地や時流によって異なります。たとえば、かつては「行政書士といえば自動車業務」と言われるほど、自動車関連はニーズの高い分野でしたが、自動車登録の電子申請による一括申請化が進み、これから行政書士がこれ一本でやっていくのは現実的ではありません。確かに、報酬額調査統計結果においても上位に位置していますが、これらは先輩行政書士が足場を固めているため、これから新規参入することは難しいといえるでしょう。逆に、入管業務は日本の労働人口減少や、国際結婚の増加など、国際化が進む中で、非常にニーズが高まっている分野となります。在留外国人数は、平成25年（2013年）の約200万人から10年間で140万人増加の約340万人となっています。

　次に地域的に考えた場合、たとえば訪日外国人の激増に比例して観光名所である京都市内では、平成25年頃まで900程度であった旅館施設が、3年間で1400件もの旅館業許可申請がなされ、平成29年（2017年）で2,866となっていました。令和2年（2020年）から令和5年（2023年）

の新型コロナ禍で一時期停滞したものの、令和6年（2024年）には3,464件に達しています。

● 経験が浅い場合の実務の学び方

前職で許認可の経験がない者が、行政書士として許認可業務を行おうとすると、どうしても知識や経験のなさがネックとなります。

ある程度の知識はインターネットや書籍によって得られます。しかし、目的の許認可について「何を読めばよいのか」「必要書類はどこで入手するのか」「法改正はあるか」「手に入らない書類は、他の書類で代用できるのか」「どの窓口でどのように協議したらよいのか」「気をつけるべき注意点は何か」など、わからないことだらけかもしれません。

経験不足を補うためには、実務を学ぶ姿勢として**調査力**や**調整力**の向上を意識することです。たとえ、初めて受ける分野の業務であっても調査力があれば、業務遂行は可能です。たとえば、建設業許可の取得を依頼された場合、まず、許可申請書の作成方法や必要な提出書類、添付書類の収集方法等について、書籍やインターネットで調査します。

そして、それでも不明な点について、窓口となる役所やその分野に強い先輩行政書士に確認します。どの書籍やウェブサイトを調べればよいのかについてはもちろん、窓口はどこか、どの先輩がどの分野に強いのかなど、この時点でも様々な調査力が必要となります。さらに許可取得のために必要な要件を満たすかどうかについてクライアントにヒアリング調査を行います。この際、要件を満たしていない事項について解決策はあるのかなど、再度の調査も必要です。たとえば、建設業許可要件にある経営業務管理責任者要件（5年又は7年以上の経営経験）の場合、役員であった期間が4年しかない場合、残りの経験はどうすればよいのか、個人事業主の経験はないのか、といった具合です。

また、各都道府県の窓口によって、添付書類、判断基準などが異なる場合があるので、注意が必要です。この際、用意できる資料で認めても

らえるように交渉する調整力も大きな力を発揮します。

　なお、調整力についてですが、行政書士は、複数の官公署にまたがるような許可案件を扱うことがありますので、クライアントの目的達成とそれぞれの官公署の要求事項を整理した上で、適切な結果を導けるよう日々研さんする必要があります。これは複数の士業の手助けが必要となる複雑な案件についても同様です。

● 許認可の基本をおさえる

　行政書士が許認可業務を遂行する上で、まずおさえておきたいのが、「人的要件」「物的要件」「財産的要件」という許認可の基本です。これは、数多くある許認可手続きにおいて、多くの場合に共通した考え方です。

　人的要件とは、目的とする許認可取得について、設置が求められる一定の責任者等の要件です。この要件は特定の国家資格や、学歴、職歴、実務経験にはじまり、物事の判断能力は有しているか、破産歴はないか、犯罪歴はないかなど、様々な要件が定められています。

　物的要件は、その営業等を行うために必要な設備等です。営業所や事務所の基準、工場や倉庫の基準など、それぞれ定められています。また、同じ都道府県内でも、地域ごとに別の基準が定められていたり、許可が下りない地域が設定される場合もあります。

　財産的要件は、営業するために求められる経済的基礎です。自己資本が500万円以上ないと行うことができない事業や、営業保証金1000万円を供託（金銭や物品を供託所に預けること）しなければならない事業等があります。財産的要件は、財務諸表や金融機関の預金残高証明書などによって確認されます。また、具体的な金額による要件がなくても、確定申告書や納税証明書が提出書類となっている場合もあります。

　許認可業務は、それぞれの観点からの要件をクリアできるか判断することが大切です。また、それを証明する資料を収集し、作成する作業が大部分を占めるといっても過言ではありません。

手続きに必要な公的証明書類収集について知っておこう

多くの許認可業務で添付書類として必要になる

● 公的証明書類収集とは

許認可業務では、要件等に関連する証明資料を収集する作業があります。この証明資料の多くは、登記事項証明書や住民票の写しといった公的機関が発行する証明書になります。

公的証明書類の収集は申請者自身が行うことができますが、申請者自身が収集した場合、要件を証明するために必要な記載事項等が掲載されていないことも多く、取り直しになる事がしばしばあります。申請者の負担軽減にもなりますので、行政書士が代理取得するのが確実でしょう。

なお、行政書士は業務に必要な範囲で、職権によって証明書類を取得できる**職務上請求書**を利用することができます。職務上請求書とは、行政書士が業務遂行上必要な場合に限って、第三者の戸籍謄本や住民票の写し等を依頼者の委任状がなくても取得できる用紙です（登録後所属の単位会で購入できます）。ただし、業務遂行上必要ではない請求を行うことは禁じられています。

また、職務上請求書では登記されていないことの証明書や、身分証明書（行政証明書）等は取得できないので、注意が必要です。

● 主な証明書類にはどんなものがあるのか

多くの許認可業務で必要となる主な証明書類は以下の通りです。

・**住民票の写し**

申請者や役員をはじめ、一定の資格者等について住所関係の記録を証明するものです。居住している市区町村役所に請求します。

・**登記されていないことの証明書**

ここでいう登記とは、後見登記のことです。つまり、申請者や役員等

について後見登記がされていない（取引をするための判断能力が不十分であると裁判所の判断を受けていない）ことを証明します。主に欠格事由と関係するもので、法務局で取得できます。ただし、令和元年に「成年後見制度の利用の促進に関する法律」の影響を受けて許認可手続では不要となることが多くなりました。

・身分証明書（行政証明書）

　身分証明書といっても運転免許証等ではありません。前述の証明書と同様に取引をするための判断能力が不十分であると裁判所の判断を受けていないことを居住している市区町村役所が証明する書類です。

　あわせて、破産手続開始決定の通知を受けていないことも証明するものもあり、これも欠格事由と関係します。

・戸籍謄本・戸籍抄本

　戸籍謄本や抄本は、親族・身分関係を証明するものです。なじみ深い公的証明書ですが、許認可手続きでは意外に添付しないことが多いです。

・法人登記事項証明書（法人登記簿謄本）

　法人登記されている情報（名称、所在地、設立年月日、目的、資本金額、役員の詳細等）を証明する書類です。全国の法務局で取得できます。

・不動産登記事項証明書（不動産登記簿謄本）

　営業所等が自己所有の場合に、実態を証明するために取得します。営業所等（建物部分）の所在地を管轄する法務局で取得できます。

・納税証明書

　法人事業税や個人事業税の納税を証明する書類です。納税地の税務署で取得します。

・印鑑証明書

　押印された印影が実印であることを証明する書類です。証明者が個人の場合、証明者が住民登録をしている市区町村役場、法人の場合、その法人を管轄する法務局で取得できます。令和2年より政府から押印を求める手続の見直しがなされ、許認可手続では不要なことが多くなっています。

序章　許認可の基本

5 行政書士の活用方法について知っておこう

他の士業との違いや行政書士に依頼するコツをつかむ

● 許認可業務を扱う士業

　行政書士が許認可の専門家という事は、広く世間一般でも認知されています。しかし、具体的にどのような許可や認可を取得したい場合に依頼するのかは、意外と知られていません。また、実際に行政書士に依頼しようとした場合に、どんな点に気をつければよいのか、わからないかもしれません。ここでは、行政書士を活用しようとする依頼者の観点から、行政書士をどのように選び、どんな点に注意すればよいのかを見ていきましょう。まず、弁護士を除いた多くの士業は、行政庁の監督を受ける制度となっています。たとえば、行政書士の監督庁は総務省、司法書士の監督庁は法務省、社会保険労務士の監督庁は厚生労働省といった具合です。

　このことから、司法書士、社会保険労務士、税理士といった士業は、主に監督する行政庁が所管する手続きを業務として取り扱っています。

　しかし、行政書士については少し事情が異なります。行政書士は「官公署に提出する書類の作成等を業務とする」という概括的な法律の定めがあるため、もとより取り扱う手続きを所管する行政庁は、監督庁だけに限られません。建設業許可申請や宅地建物取引業免許申請は国土交通省、在留資格関係や永住許可申請等は法務省が所管となっています。

● 行政書士の業務と他の士業との関係について

　概括的な法律の定めがある行政書士の取扱業務は、官公署に提出する書類のうち、他の士業の独占業務を除いたものと考えることができます。そこで、特に混同されやすい司法書士、社会保険労務士、税理士、弁理士の独占業務に触れながら、業際について説明します。

ここでは適法に他の士業の独占業務を行うことができる弁護士については、除外して解説しています。

・司法書士

　名称だけでなく歴史的にも同じ「代書人」という職務を担っていたことから一般的に混同されることが多く、実際に共管業務（双方が取り扱える業務）があります。司法書士の主要な業務は、法務局や裁判所、検察庁に提出する書類の作成等になります。法務局や裁判所等は分類上「官公署」に含まれますが、司法書士の業務とされていることから、共管業務を除いて行政書士の業務から省いて考えることになります。具体的には、不動産登記や商業登記業務をはじめ、裁判事務や供託（金銭や物品を供託所に預けること）といった手続きはすべて司法書士が取り扱う業務となります。

　なお、検察審査会に提出する書類や、執行官に提出する書類は裁判所内にありながらも独立した行政機関という解釈の下、行政書士と司法書士の共管業務とされています。また、帰化許可申請についても法務局に提出しますが、行政書士との共管業務とされています。

　告訴状や告発状の提出については、警察署に提出するものは行政書士、検察庁に提出するものは司法書士が扱うものとされています。

・社会保険労務士

　労働及び社会保険に関する法令に基づく書類の作成を主な業務としています。たとえば、労働基準監督署、公共職業安定所、年金事務所に提出する書類等です。誤解が発生しやすいのは、労働者派遣事業や職業紹介事業の許可申請をはじめ、介護事業許可申請や厚生労働省管轄の助成金等です。これらはすべて社会保険労務士の独占業務です。

　ただし、昭和55年9月1日以前に行政書士登録している行政書士については例外的に社会保険労務士の取扱業務も行えるため、先輩行政書士を見た若手行政書士が勘違いして社会保険労務士の業務を行っている場合がありますので、注意が必要です。

なお、労働基準監督署に提出する告訴状の作成は、官公署に提出する書類とされていますので、行政書士が取り扱うものとされています。

・税理士

　税務署に提出する書類の作成等を行いますが、具体的には確定申告書、相続税申告書、青色申告承認申請書をはじめ、不服申立書等があります。これらの作成、提出はもちろん、有償・無償を問わず相談さえも税理士以外は応じることもできない事に注意が必要です（無償独占）。

　なお、意外と知られていませんが不動産取得税、自動車税、軽自動車税、自動車取得税、事業所税等は税務書類にあたりますが、行政書士と税理士の共管業務とされています。

・弁理士

　特許庁に提出する書類の作成等を業務としています。特許権、実用新案権、意匠権、商標権を権利化するための出願はすべて弁理士の独占業務です。一方で文化庁に提出する著作権の登録申請や、種苗法に基づく品種登録や半導体集積回路配置利用権登録は弁理士ではなく、行政書士の取扱業務となっています。

　これら各士業の独占業務について、稀に「申請者本人が申請さえすれば、行政書士が作成を代わって行ったり、作成の方法を教えてもかまわない」と思っている人がいますが、これは**違法行為**として刑罰が科されます。行政書士を活用する際は、これら各士業の独占業務を理解した上で無用なトラブルに巻き込まれないようにする必要があります。

　信頼できる行政書士とは、後述するそれぞれの専門分野を有した行政書士同士のネットワークを構築しているのはもちろん、他士業との連携も深めたワンストップサービス（総合的な窓口となる役割）機能を果たしている行政書士だといえます。

行政書士はそれぞれ専門分野が異なる

　行政書士は官公署に提出する書類の作成等を業務としているといった、概括的な法律の規定に基づいているため、一般の人には具体的に何を依頼できるのか、よくわかりません。そして、行政書士自身もそれぞれ専門分野が異なっているために、専門分野以外の手続きを依頼してしまうと、必要以上に時間や手間がかかってしまうことがあります。そこで、依頼をする場合は、依頼前に必ず専門分野は何かを確認する必要があり

序章　許認可の基本

■ 官公署提出に関する各士業の取扱い範囲 ……………………………………

	取扱い範囲	具体例
弁護士	法律の定めのない範囲で無制限	訴訟・調停手続き、審査請求、異議申立、不服申立、告訴・告発、受任業務の処理に必要な範囲の登記申請・行政庁への申請・社会保険手続き
行政書士	他士業の独占業務を除いた官公署に提出する書類	各種許認可申請、告訴・告発、補助金申請、聴聞・弁明代理、不服申立
司法書士	法務局や裁判所、検察庁に提出する書類	不動産登記、商業登記、供託手続き、債務整理、成年後見申立、簡易裁判訴訟、告訴・告発
社会保険労務士	労働及び社会保険に関する法令に基づく「労働基準監督署、公共職業安定所、年金事務所等」に提出する書類	労働社会保険の加入・給付の手続き、労働者派遣・職業紹介事業・介護事業許可申請等、助成金申請
税理士	税務官公署に提出する書類	確定申告、青色申告承認申請、相続税申告、税務に関する不服申立
公認会計士	財務書類の監査、証明その他会計業務	会計業務に付随する商業登記・社会保険業務
弁理士	「特許庁、経済産業大臣」に提出する書類	特許権、実用新案権、意匠権、商標権に係る出願手続き、特許法等に関する不服申立・訴訟代理
土地家屋調査士	不動産の表示に関する測量と登記	不動産表示に関する登記申請、不動産の現況登記に関する不服申立、筆界特定手続き
不動産鑑定士	地価公示・都道府県地価調査・相続税標準地・固定資産税標準宅地等の鑑定評価	取り扱いなし
建築士	建築に関する法令若しくは条例の規定に基づく申請書類	建築物・工作物確認申請、開発許可申請
海事代理士	海事に係る官公署に提出する書類	船舶登記申請、船舶登録・検査手続き、旅客船事業・船舶貨物運送事業等の各種許認可申請、船員労務事務手続き

27

ます。この際、専門外の行政書士であっても、知り合いを通じて、専門としている行政書士はいないかを確認し、紹介してもらう方法もあります。

行政書士の取扱業務は範囲が広すぎるために、たいていの行政書士はそれぞれの守備範囲を住み分けてネットワークを形成しています。

なお、専門分野を確認する方法はウェブサイトやSNS、名刺の記載内容等が考えられますが、あまりに多くの業務を列挙している場合は要注意です。なぜなら、経験がない業務であっても取扱い可能な業務を一通り記載している場合があるからです。このような場合は、実際に扱った件数や内容について、あらかじめ質問しておけば安心です。

● 行政書士のヒアリング力を見る

許認可業務に限りませんが、行政書士の取扱業務の多くは依頼者の目的や現状（事実関係）などを的確に把握し、各種の手続きや法律に基づいて整序的な事項にまとめて書類作成を行うことです。つまり、まず依頼者の意向を第1に考え、続いて手続きや法律の規定に基づいた最善な提案を行える行政書士に依頼するのがベストだといえます。

問い合わせ時や、相談時に一方的な考えを押し付ける行政書士や、法律の規定にのみに縛られた発言しかできない行政書士では、ニーズに沿った対応ができないことが多いでしょう。また、一般の人には聞きなれない用語ばかり使うような行政書士や、それらの意味をわかりやすく解説してくれない行政書士も避けた方がよいかもしれません。

● 依頼する際の料金体系はどうなっているのか

行政書士に書類作成や手続きの代理を依頼した場合に発生する報酬についても、行政書士によって違いがあります。

そもそも、料金体系が行政書士によってピンからキリまであるため、適正な報酬額はいったいどの程度なのか迷うかもしれません。

この際に重要なのは、報酬額の高い、安いという単純な比較ではなく、

「どのような根拠に基づいているか」、言い換えれば、「どのような内訳で定められているか」ということです。

たとえば、○○の許可申請は○○時間要するため「○○時間×○○円」と計算して報酬額を定めている行政書士もいれば、○○の許可申請で作成する書類は○○枚だから「○○枚×○○円」と計算している場合もあります。場合によっては、様々な同業者の相場よりも少し高く（安く）しているだけという行政書士もいるかもしれません。念のために報酬額の根拠を聞いたときに、きちんと回答できる行政書士は、自身の業務にも責任を持っていますし、仕事内容もしっかりしていると考えられます（見積りの内訳明細書をもらう方法もあります）。

また、掲示された報酬額に実費（申請手数料や交通費等）や、作業日当（行政書士や行政書士の補助者が実際に従事した時間単価等）は含まれているのか否か等も事前に確認しておきましょう。

なお、報酬額の支払いについてですが、依頼時に半額を着手金として支払い、申請後に残額を支払う場合などがあります。

また、着手金は実費のみという場合や、すべて前払い（後払い）ということもありますし、確実性のない申請（助成金や補助金申請など）においては、成功報酬制を取っている場合もあります。

■ ワンストップサービス機能

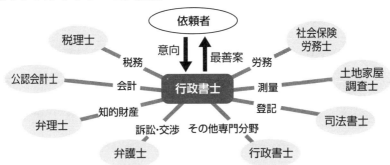

Column

多くの許認可業務に共通する注意点

　本書でとりあげるような申請手続きにおいては、様々な書類を提出する必要がありますが、それぞれの手続きには、いくつかの共通点があります。以下大きな共通点について見ていきましょう。

・**添付書類と確認資料**

　添付書類は申請書類と共に提出することを前提としていますが、確認資料は窓口等での提示で足りる場合も多々あります。なお、いずれも21ページで触れたような「人的要件」「物的要件」「財産的要件」のいずれかを満たすことを証明することを目的としています。

・**住所地や所在地の記載**

　申請書等に記載する住所地や所在地は、法人の場合、登記事項証明書の記載通りに正確に記載します。個人の本籍や住所についても同様で、本籍は戸籍抄本（謄本）、住所地は住民票通り、正確に記載します。この際、「1－1－1」ではなく「1丁目1番地1号」とすることや、通り名、建物名称などを正確に記載することも重要です。

・**訂正の方法**

　記載事項を訂正する場合は修正液等で行わず、訂正箇所に2重線を引き、正しい文字を記載します。そして書類の欄外余白に「削除○字・加入○字」と正確に記載します。

・**誓約書と経歴書（略歴書）**

　多くの許可申請には誓約書や経歴書の提出が求められます。誓約書には「欠格事由」と呼ばれるものが記載されていることが多く、これらに該当しないことを誓約します。関連の証明書と合わせてすべて理解しておきましょう（証明書の説明は22～23ページ）。経歴書は、現況まで明確になるよう、空白期間を作らないように記載します（無職の際も記載）。記載の最後には「現在に至る」と記載します。

・**委任状の必要性**

　第三者に法律行為（許可申請など）を行うよう委託することを「委任」といい、委任の事実を証明するために必ず「委任状」を作成します。委任は行われた法律行為の効果が本人に帰属するため、行政庁としても確たる証拠がなければ申請手続代理行為に応じられません。

第1章

建設業許可をめぐる法律と申請手続き

1 建設業許可にもいろいろな種類がある

区分によって申請先や提出書類が変わる

● 建設工事の分類

建設業法では、建設工事を内容によって29種類に分類しています。これは一般的に「工種」や「業種」と呼びますが、本書では工種という呼び方で統一しています。工種は2つの一式工事（建築一式工事及び土木一式工事）と27の専門工事に分けることができます。

一式工事とは、わかりやすくいうと、複数の下請企業を元請企業が統括することによって行われる大規模な工事のことです。建設する目的物が道路や橋梁などの土木工作物の場合が土木一式工事、家やビルなどの建築物の場合が建築一式工事となります。「一式」という名称ですが、「27の専門工事も含めて何もかも行うことができる」という意味ではありません。

2つの一式工事の許可は、原則として元請業者が取得することになります。その理由は、建設業者が、請け負った建設工事を、一括して他の建設業者に請け負わせることを建設業法では禁止しているからです。

本来、依頼者としては直接仕事を任せた建設業者に工事を行ってもらいたいと考えるものです。しかし、依頼される工事の内容によっては自前で工事を行うことができない場合もあります。特に、工事が大規模であればあるほどすべての部分に手が回らないということはよくあります。

そこで、建設業者（元請業者）は別の建設業者（下請業者）に仕事を回すことで対応します。これが元請と下請の関係です。

ただ、自ら元請として依頼者から工事を請け負ったにもかかわらず、すべての業務を下請業者に丸投げして責任を負わないというのでは、依頼者の信頼に応えることができません。依頼者の信頼に応えるようにするためには、下請業者が直接施工を行う工事に関して総合的に企画、指

導、調整する役割を元請業者が担うようにしなければなりません。このような事情から、一式工事の許可については元請業者が取得するというのが原則とされています。

もう１つ注意すべき点として、一式工事の許可を受けているからといって他の専門工事を単独で請け負うことはできないということが挙げられます。

具体例を出すと、建築一式工事の許可のみを受けている業者が単独で大工工事を請け負うことはできないということになります。現実に、建築一式工事の一部として大工工事を行うことが多いという理由から建築一式工事の許可のみを受けている業者が大工工事にも手を出してしまうことがあるようです。

しかし、建築一式工事は総合的に企画、指導、調整する役割でしかなく、建築一式工事の許可のみを受けている業者の場合、大工工事で行う「木材の加工・取りつけ」を行う許可を受けているわけではありません。もし、大工工事を行うのであれば、大工工事業としての許可を別途取得しなければなりません。

● 建設業許可の区分

建設工事の種類は前述した通りですが、それとは別に建設業の許可区分によって申請先や必要書類が変わってきます。

① 知事許可と大臣許可

建設業の許可は都道府県知事又は国土交通大臣が行います。

知事と大臣のどちらに申請するかは営業所の所在区域によって変わります。建設業の営業所が１つの都道府県のみに存在する場合は都道府県知事の許可が、建設業の営業所が複数の都道府県に存在する場合は国土交通大臣の許可が必要になります。

なお、営業所とは建設工事に関して、見積りをはじめ、請負契約の締結を行う常設事務所をいいます。したがって、本店・支店などの名称や

登記上の表示にとらわれることなく、実質的に請負契約に関与する場であれば営業所になります。

②　一般か特定か

建設業の許可は下請契約の金額などにより一般建設業許可か特定建設業許可かに区分されます。

一般建設業許可は工事を下請に出さない場合や下請に出す場合でも1件の工事代金が4,500万円未満（建築一式工事の場合は7,000万円未満）の場合に取得する許可です。

一方、特定建設業許可は発注者から直接工事を請け負った工事について、下請代金の額が4,500万円以上（建築一式工事は7,000万円以上）となる場合に取得する許可です。

たとえば、発注者から2億円の建設工事を請け負った建設業者が下請業者と下請代金1億円の下請契約を締結したとします。この場合、発注者から2億円の建設工事を請け負った建設業者は特定建設業許可が必要な業者ということになります。

前述した例でさらに下請業者が孫請業者と専門工事下請代金4,500万円以上の下請契約を締結した場合でも、下請業者は特定建設業許可を受ける必要はありません。なぜなら、特定建設業許可は発注者から直接工事を請け負った建設業者が取得するものだからです。

なお、一般建設業許可と特定建設業許可は、1つの工種についてどちらか一方しか取得できませんので、注意してください。

③　法人か個人か

法人・個人を問わず、建設業の許可を受けることができます。

法人とは株式会社などの団体で、登記することにより設立できます。個人とは個人事業主のことで、特に手続きなどは必要なく一人でも始めることができます。

法人と個人では提出する書類が違います。法人の場合は役員（理事・取締役）や出資者（株主）に関する書類の提出を求められますが、個人

事業主には役員も出資者もいないのでそれらの書類を提出する必要はありません。

④　**新規、更新、工種追加**

　新規とは新しく建設業の許可を受けることをいいますが、以下の３つの場合が挙げられます。

> ・建設業者が初めて許可を受けようとする場合
> ・現在国土交通大臣から許可を受けている建設業者が新たに都道府県知事から許可を受ける、あるいは現在都道府県知事から許可を受けている建設業者が新たに国土交通大臣や他の都道府県知事から許可を受けるなどの場合（許可替え新規）
> ・一般建設業の許可のみを受けている者が新たに特定建設業の許可を受けようとする、あるいは特定建設業の許可のみを受けている者が新たに一般建設業の許可を受けようとする場合（般・特新規）

　更新とは、既に受けている許可を更新する手続で５年ごとに行います。更新手続は有効期限の30日前までに行う必要があります。

　工種追加（業種追加ともいいます）とは、現在許可を受けている工種とは別の工種について許可を受けることです。

　具体例で説明すると、「大工工事」の「一般」として許可を受けている建設業者が新たに「石工事」の「一般」として受けようとする場合などです。

　なお、「大工工事」の「一般」として許可を受けている建設業者が新たに「解体工事」の「特定」として受ける場合は工種追加ではなく新規（般・特新規）になります。

2 許可を受けるためには どんな要件が必要なのか

法律が求める要件を充たす必要がある

● 6つの要件がある

建設業の許可を受けるには建設業法で定める6つの要件を満たさなければなりません。要件は、①経営業務管理責任者等がいること、②専任技術者が営業所ごとにいること、③適切な社会保険に加入していること、④誠実性があること、⑤財産的基礎又は金銭的信用を有していること、⑥欠格要件に該当しない、の6つです。以下、それぞれの要件について見ていきましょう。

要件1 経営業務管理責任者等がいること

主たる営業所（本社や本店）には経営業務管理責任者等の要件をクリアしなければなりません。経営業務管理責任者等とは「建設業の経営管理を適正に行う能力を有する者」をいいます。これまでは、「役員個人の経営経験」に基づき経営業務管理責任者を選任していましたが、令和2年10月の法改正により、「常勤役員個人の経営経験」だけでなく、組織の経営経験として「常勤役員を含む社員グループ単位の経営経験」で経営業務の管理責任者等の要件をクリアすればよくなりました（39ページ図参照）。

要件2 専任技術者が営業所ごとにいること

各営業所（本社・支社それぞれ）に専任技術者を常駐させる必要があります。専任技術者とは許可を受けようとする建設工事についての専門的な知識や経験を持つ者のことで、営業所で、その工事に専属的に従事する者のことです。専任技術者になるには、以下で説明するように、一定の学歴、経験、資格などが求められます。必要な学歴は、国土交通省のウェブサイト（www.mlit.go.jp/totikensangyo/const/1_6_bt_000085.html）で確認できます。なお、ICTの活用により専任技術者の常駐が緩和されることがあります。

【一般建設業許可を受けようとする場合】

一般建設業許可を受けようとする場合は、以下の3つのうちいずれかの条件を満たす人材が必要になります。

① 大学・高等専門学校の指定学科卒業後又は施工管理技士試験に合格し、許可を受けようとする工種について3年以上、高校の場合又は試験が二級の場合5年以上の実務経験を有する者

② 学歴、資格の有無を問わず、許可を受けようとする工種について10年以上の実務の経験を有する者

③ 許可を受けようとする工種についての資格を有する者

【特定建設業許可を受けようとする場合】

条件を満たす人材は以下の3つのうちいずれかです。

① 許可を受けようとする工種に関して、国土交通大臣が定めた試験に合格した者、又は国土交通大臣が定めた免許を受けた者

② 「一般建設業許可を受けようとする場合」の3つの要件のいずれかに該当し、かつ元請として4,500万円以上の工事について2年以上指導監督的な実務経験（建設工事の設計又は施行の全般について、工事現場主任又は工事現場監督のような資格で、工事の技術面を総合的に指導した経験）を有する者

③ 国土交通大臣が「特定建設業許可を受けようとする場合」の上記2つに掲げる者と同等以上の能力を有すると認定した者

要件3 適切な社会保険に加入していること

社会保険のうち、健康保険、厚生年金保険、雇用保険にそれぞれ適切に加入している必要があります。

なお、健康保険と厚生年金保険は、法人の場合、建設業許可申請にかかわらず、原則加入しておく義務があります。法人でない場合であっても常時5人以上の従業員を雇用している場合は、原則加入する義務があります。

また、雇用保険についても建設業許可申請にかかわらず、法人・個人事業主いずれの場合も、従業員を1名でも雇った場合は原則加入する義

務があります。

　要件３の適切な社会保険加入要件は、上記の保険加入義務が生じない事業者については、健康保険、厚生年金保険雇用保険いずれについても「適用除外」となり、「適切な社会保険」に加入しているとみなします。

要件４　誠実性があること

　許可申請者について請負契約の締結やその履行に関して法律違反（詐欺、脅迫、横領など）や不誠実な行為（工事内容、工期等につき約束違反）があれば建設業許可を取得することはできません。

　なお、許可申請者とは、法人の場合、当該法人はもちろん、その役員や支配人、営業所の代表者等を含みます。また、個人事業主の場合は、事業主自身、登記された支配人、営業所の代表者となります。

要件５　財産的基礎又は金銭的信用を有していること

　建設業を営むには工事着工費用などが必要になりますので、ある程度の資金を確保していなければなりません。求められる財産的基礎・金銭的信用は一般建設業許可を受けるか、特定建設業許可を受けるかで異なります。

【一般建設業許可を受けようとする場合】

　以下のいずれかに該当することが求められます。

① 　自己資本の額が500万円以上あること

② 　500万円以上の資金を調達する能力があること

③ 　許可申請の直前の過去５年間で許可を受けて継続して建設業を営業した実績を有すること

　既に建設業の許可を受けている業者が対象で、更新の際の要件です。

【特定建設業の許可を受ける場合】

　以下①～③のすべてに該当する必要があります。

① 　欠損の額が資本金の額の20％を超えていないこと

② 　流動比率が75％以上であること

③ 　資本金の額が2,000万円以上であり、かつ、自己資本の額が4,000万円以上であること

要件6　欠格要件に該当しないことも必要

建設業許可を受けようとする者が一定の欠格要件（その要件に該当すると許可などを受けることが認められなくなる事由のこと）に該当しないことも必要になります。許可を受けようとする者とは、法人についてはその役員全員はもちろん、議決権の100分の5以上を有する株主も該当し、個人事業については本人や支配人等をいいます。一定の欠格要件は以下の通りです。

■ **経営業務の管理責任者等の要件を満たすには以下のいずれかの体制を有する必要がある！**

常勤役員個人の経験	常勤役員を含む社員グループ単位の経営経験
常勤役員のいずれか個人が以下のいずれかの要件にあてはまる必要がある。 ① 建設業に関し5年以上の経営業務の管理責任者としての経験を有すること。 ② 建設業に関し経営業務の管理責任者に準ずる者（経営業務を執行する権限の委任を受けた者）として5年以上経営業務を管理した経験を有すること。 ③ 建設業に関し経営業務の管理責任者に準ずる者（経営業務を執行する権限の委任を受けた者）として6年以上経営業務の管理責任者を補助する業務に従事した経験を有すること。	常勤役員のいずれか個人が以下の①〜②のいずれかの要件にあてはまり、加えて、常勤役員を補佐する者が以下の③〜⑤のいずれかの要件にあてはまる必要があります。 **常勤役員のいずれか個人の要件** ① 建設業に関し2年以上の役員等としての経験と5年以上役員等（あるいは財務管理、労務管理、業務運営の業務を担当した職制上の地位）の経験を有すること ② 5年以上役員等としての経験を有し、建設業に関する2年以上役員等としての経験を有する者 **常勤役員を補佐する者** ③ 申請事業者において5年以上の財務管理の経験を有すること ④ 申請事業者において5年以上の労務管理の経験を有すること ⑤ 申請事業者において5年以上の運営業務の経験を有すること

※個人事業主の場合「常勤役員」＝「本人 or 支配人」

- 許可申請書類の重要な事項について、虚偽の記載をしたり、重要な事実の記載を欠いたとき
- 心身の故障により建設業を適正に営むことができない者又は破産者で復権を得ない者
- 不正の手段により許可を受けて許可行政庁からその許可を取り消され、又は営業の停止の処分に違反して許可を取り消され、その取消しの日から5年を経過しない者
- 許可の取消しを免れるために廃業の届出をしてから5年を経過しない者
- 建築工事を適切に施工しなかったために公衆に危害を及ぼしたとき、又は危害を及ぼすおそれが大であるとき
- 請負契約に関し不誠実な行為をしたことにより営業の停止を命じられ、その停止期間が経過しない者
- 禁錮以上の刑に処せられた場合で、刑の執行を終わり、又は刑の執行を受けることがなくなった日から、5年を経過しない者
- 建設業法、労働基準法、暴力団員による不当な行為の防止等に関する法律、刑法の特定の規定等に違反して罰金以上の刑に処せられた場合で、刑の執行を終わり、又は刑の執行を受けることがなくなった日から5年を経過しない者
- 暴力団員でなくなった日から5年を経過しない者
- 暴力団員等がその事業活動を支配する者

3 手続きの全体像・必要書類・提出先をおさえておこう

建設業許可申請の概要を把握する

● 手続きの流れをおさえておく

　まずは、建設業許可の要件を満たしているかを確認していきましょう。この要件は大まかに言うと、①経営業務管理責任者等がいること、②専任技術者が営業所ごとにいること、③適切な社会保険に加入していること、④誠実性があること、⑤財産的基礎又は金銭的信用を有していること、⑥欠格要件に該当しないことの6つです。

　許可要件を満たしていれば、次に許可申請に必要となる書類と添付書類（確認資料など）を用意します。建設業許可申請のほとんどの労力はこの書類作成に費やすことになります。書類の準備が整うと、いよいよ役所の窓口に提出することになりますが、都道府県によっては書類提出前に予備審査等を受けなければならない場合があります。あらかじめ管轄の窓口に問い合わせておきましょう。

　また、書類提出の際には、許可の種類によって一件につき5万円〜15万円の登録免許税や手数料を納付します。

　書類が受理されると、許可するための審査が行われます。特に問題がなければ許可通知書が交付されます。

● どんな書類が必要になるのか

　建設業許可申請に必要な書類は大きく分けて建設業許可申請書類一式と添付書類等です。なお、建設業許可申請書類一式は、下記の国土交通省のホームページよりダウンロードすることができます。

http://www.mlit.go.jp/totikensangyo/const/1_6_bt_000086.html

　法人が新規で許可申請する場合の必要書類は以下の通りです。

【建設業許可申請書類一式】

- 様式第一号　建設業許可申請書
- 別紙一　役員の一覧表（法人用）
- 別紙二　営業所一覧表（新規用）
- 別紙三　収入印紙等貼付用紙
- 別紙四　専任技術者一覧・様式第二号　工事経歴書（直前１期分）
- 様式第三号　直前３年の各事業年度における工事施行金額
- 様式第四号　使用人数
- 様式第六号　誓約書
- 様式第七号　経営業務の管理責任者証明書（証明者別に作成）
- 様式第七号別紙　経営業務の管理責任者の略歴書
- 様式第八号　専任技術者証明書（証明者全員分作成）
- 様式第十一号　建設業法施行令第３条に規定する使用人の一覧表
- 様式第十一号の二　国家資格者等・監理技術者一覧表
- 様式第十二号　許可申請者の住所、生年月日等に関する調書
- 様式第十四号〜十七号　財務諸表類（株主調書、貸借対照表、損益計算書、完成工事原価報告書等）
- 様式第二十号　営業の沿革
- 様式第二十号の二　所属建設業者団体
- 様式第二十号の三　健康保険等の加入状況
- 様式第二十号の四　主要取引金融機関名

【添付書類・確認資料】

- 定款、法人登記事項証明書（履歴事項全部証明書）
- 納税証明書・預金残高証明書（必要な場合）
- 印鑑証明書
- 住民票（経営業務管理責任者、専任技術者等）
- 登記されていないことの証明書（経営業務管理責任者、専任技術者等）
- 身分証明書（経営業務管理責任者、専任技術者等）

・健康保険被保険者証の写し又は雇用保険被保険者証の写し

・経営業務管理責任者、専任技術者等の要件を満たすことを証する資料

・営業所に関する賃貸契約書や不動産登記事項証明書など

◉ 追加書類が必要な場合もある

　必要書類には、他にも申請者の状況により作成の必要なものがあります（実務経験証明書など）。また、ここで挙げた書類以外にも、営業所（本店、支店など）の状況が確認できる資料（写真、見取図）をはじめ、都道府県によっては追加資料を求められることがあります。

◉ 書類の提出先は

　建設業許可書類の提出先は、知事許可と大臣許可によって異なります。大臣許可の場合、提出先は国土交通大臣です。窓口は本店（本社）を管轄する地方整備局等です。

　知事許可の場合、提出先は営業所の所在地を管轄する都道府県知事が提出先となります。窓口は各都道府県を所管する主管課又は土木事務所等です。いずれも詳しい提出先は、窓口に問い合わせるか、下記の国土交通省のホームページを参照してみましょう。

・国土交通省のホームページ

http://www.mlit.go.jp/totikensangyo/const/1_6_bt_000088.html

◉ 書類の提出部数は

　提出部数も許可の種類や、都道府県によって異なります。大臣許可は、正本１部、副本１部（申請者の控え用）となっています。知事許可は都道府県によって異なりますが、正本１部、副本２部、というのが一般的です。詳しくは管轄の窓口に問い合わせてみましょう。

第1章　建設業許可をめぐる法律と申請手続き

● 申請にかかる費用は

　建設業許可申請にかかる費用は、大臣の新規許可の場合、登録免許税が15万円、知事の新規許可の場合、許可手数料が9万円となります。いずれも工種追加又は更新の際は、許可手数料が5万円です。
　「一般」と「特定」を両方申請する場合は、登録免許税や許可手数料もそれぞれ加算されますので、注意しましょう。

● 登録免許税や許可手数料の納付方法

　登録免許税及び許可手数料の納付は、大臣許可の場合、管轄の税務署に納付して、納付済証を建設業許可申請書の所定欄に貼付して行います。知事許可の場合、各都道府県が発行する収入証紙により納付する場合と、現金により納付する場合がありますが、収入証紙で納付する方法が一般的です。収入証紙を建設業許可申請書の所定欄に貼付して行います。現金で納付したときはその領収証書を貼付します。

● 許可がおりるまでの日数

　許可申請書を管轄の窓口に提出し、特に不備がなかった場合は受理されます。受理後は内部審査がなされますが、審査の標準処理期間は、知事許可で約30日、大臣許可で約90日とされています。

■ 建設業許可申請の流れ

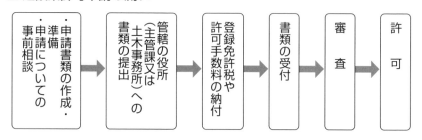

受付から許可までの標準処理期間は、知事許可で約30日、大臣許可で約90日

建設業許可申請書の書き方について知っておこう

建設業許可申請書類一式の中で中心となる書式の作成方法

● 申請書類の書き方

ここでは、株式会社が「新規」で、「知事許可」の「一般」と「特定」を同時申請する場合を例として主な書式の書き方を説明します。

建設業許可申請書 （書式１）

新規の許可申請に限らず、更新など、受けようとする許可の種類を問わず使用する重要な様式です。申請者の基本事項も記入するので、建設業許可申請書類一式の中で土台となります。

① 受けようとする許可が「知事許可」ですので「○○知事」を残し、他を削除の上、都道府県名を記入します。
② 本店所在地と商号（名称）、代表者氏名を記入します。個人の場合は、住所地と屋号（名称）、本人の氏名を記入します。
③ 項番「04」の欄については、許可を受けようとする工事の種類を選択します。□（カラム）内の数字は「一般」は「１」「特定」は「２」となります。
④ 申請者の商号（名称）、代表者氏名、主たる営業所所在地、電話番号、資本金額（出資額）等の詳細を記入します。

なお、「市区町村コード」は各都道府県の窓口に備えつけてありますが、総務省のホームページ（http://www.soumu.go.jp/denshijiti/code.html）で確認することが可能です（最後の１ケタは記載不要）。

役員の一覧表 （書式２）

申請者が法人の場合、役員にあたる者をすべて記入します。この表に記入する役員とは、株式会社や特例有限会社で「取締役」、合資、合名会社で「無限責任社員」、合同会社で「有限責任社員」、その他の法人で

「理事」のことです（監査役、執行役員、会計参与、監事などは含まれません）。なお、申請者が個人の場合、この書類を作成は不要です。

① 役員の氏名を漢字で記入し、フリガナをカタカナで記入します。

② 役員の役職名を記入します。

③ 役員の「常勤」「非常勤」について記入します。

営業所一覧表 （書式３）

この書式では、営業所をすべて記入します。ここでいう営業所とは、建設工事について「見積り」「金銭の授受」「契約締結など請負契約に関する事務」を「継続して」行う事務所をいいます。これらを行わない事務所については、建設業法上、営業所とはされません（法人登記事項証明書上の本店、支店であっても同様です）。

① 「主たる営業所」は、建設業を営む営業所を統括し、指揮監督する権限を有する営業所をいいます。通常は本店や本社と考えられます。

② 「主たる営業所」で行う工事の種類について「一般」の場合は「１」を、「特定」の場合は「２」を記入します。

③ ①以外の営業所名、フリガナ、住所、電話番号等を記入します。また、「従たる営業所」の詳細を書式１と同じ要領で記入します。

書ききれない場合、同じ書式を使ってすべて記入する必要があります（この場合、２枚目以降の「主たる営業所」欄は記入不要です）。

工事経歴書 （経営事項審査を受けない場合）（書式４）

申請日直前１年間に着工した工事（未完成工事も含む）を工事の種類ごとに作成します。経営事項審査（公共工事入札に参加する建設業者に対する客観的審査）を受ける場合と、受けない場合で作成方法は異なりますが、ここでは受けない場合を例として説明します。

① それぞれの工事の種類の名称を記入し、「税込」に○をつけます（経営事項審査を受けない場合であるため）。

② 全体としては、主な完成工事を、請負代金額の大きい順に10件以上記入し、続いて主な未成工事を、請負代金の大きい順に記入します。

46

行ごとに、工事注文者の氏名は個人名の場合、イニシャルで記載します。その他、商号・名称、工事名、配置技術者、工事請負代金額、工事期間などを記入します。下請の場合、記入するのは発注者ではなく、元請会社の名称を記入します。工事名は請負契約書や、注文書に記入されたものを記入します。なお、工事請負代金額はすべて税込みで1,000円未満を切り捨てて記入します。

③　工事の件数と、請負工事の代金合計額を記入します。この欄はページごとの小計となります。工事経歴書の最終ページのみ、すべてのページの工事件数と、請負工事の代金合計額を記入します。

直前３年の各事業年度における工事施工金額　（書式５）

申請日から直前３年の各事業年度に完成した、請負工事の代金を記入します。

①　本書式では、経営事項審査を受けない場合を例としているので、「税込」に〇をつけています。

②　申請日の直前の決算期から起算して、過去３年間の事業年度を記入します。個人の場合は事業年度１月１日〜 12月31日です。

③　申請で許可を受けようとする工事の種類を記入し、元請（公共・民間）と下請の３つに区分して1,000円未満を切り捨てて記入します。

④　「その他の建設工事の施工金額」とは、500万円未満（建築一式工事の場合、1,500万円未満）の工事（軽微な工事）を行った場合の金額のことです。

使用人数　（書式６）

ここでいう「使用人」とは、役員、職員を問わず申請者に雇用され、特に雇用期間を限定されていない者をいいます（役員も含みます）。

ただし、建設業に従事しない者、監査役、パート・アルバイトなどは含まれません。また、申請者が個人の場合、申請者本人も含みます。

①　「営業所一覧表」（書式３）に記入された営業所ごとに使用人数を記入しますが、「技術系」「事務系」に区分する必要があります。また、

47

申請日当日の人数を記入する必要があります。

② 　記入する営業所の順番は、「営業所一覧表」（書式３）にあわせます。

③ 　「建設業法第７条第２号イ、ロ若しくはハ又は同法第15条第２号イ若しくはハに該当する者」の枠に記入するのは専任技術者と、その資格を有する者の人数です。

誓約書 （書式７）

この書式は、申請者等が建設業法に定められる欠格要件に該当しないことを示すために作成します。法人の場合、本店所在地と商号（名称）、代表者氏名を記載します。個人の場合、住所地と屋号（名称）本人の氏名を記載します。

常勤役員等（経営業務の管理責任者等）証明書（書式８）

書式（様式７号）の上部(1)欄で経営業務管理責任者等となる者が要件を満たすことを証明者（場合によっては以前の雇用者など）が証明します。証明者の証明が得られない場合は、本人が証明します。以下、書式に掲げる番号の順番に、記載方法を説明します。

① 　経営業務管理責任者等となる者が、以下のどの要件を満たすのかを選択します。

ⓐ 　建設業に関し５年以上の経営業務の管理責任者としての経験

ⓑ 　建設業に関し５年以上の経営業務の管理責任者に準ずる地位にある者（執行役員等）として経営業務を管理した経験

ⓒ 　建設業に関し６年以上経営業務の管理責任者に準ずる地位にある者として経営業務の管理責任者を補佐する業務に従事した経験

---

② 　証明しようとする期間中の役職名を記載します。

③ 　経営業務管理責任者等となれる経験の期間・年数を記載します。

④ 　証明者側からの経営業務管理責任者等となる者との関係（使用人、役員、本人など）を記載します。

⑤ 「備考」欄は、証明者が第三者で、建設業を営んでいるときは、「許可番号」「許可年月日」「許可工種」などを記載します。他にも本人証明の場合に、その理由などを記載します。「備考」欄の取扱いは、都道府県によって異なります。

⑥ 証明者が法人の場合、本店所在地と商号、代表者氏名を記載します。個人の場合、住所地と屋号、本人の氏名を記載します。

⑦ 申請者が法人の場合「の常勤の役員」を残し、他を削除します。個人の場合「本人」又は「の支配人」を残し、他を削除します。

⑧ 経営業務管理責任者等となる者の満たす要件について①と同じ数字を選択します。

⑨ 受けようとする許可が「大臣許可」の場合、「○○地方整備局長」を残し、他を削除します（北海道の場合のみ、「北海道開発局長」を残し、他を削除）。○○にはそれぞれの地区の管轄地方（東北、関東、北陸、中部、近畿、中国、四国、九州の８地方）を記載します。

⑩ 申請者が、法人の場合、本店所在地と商号、代表者氏名を記載します。個人の場合、住所地と屋号、本人の氏名を記載します。

⑪ 経営業務管理責任者等となる者が、初めて証明を行う場合は「１」を記載します。現在証明されている経営業務管理責任者等の変更届については「２」を、新たに経営業務管理責任者等を追加する場合は「３」を記載します。

⑫ ⑪が「２」又は「３」の場合に、変更や追加の年月日を記載します。

⑬ ⑪が「１」以外の場合、現在受けている許可に該当する「大臣知事コード」「許可番号」「許可年月日」を記載します。現在の許可年月日が複数ある場合、最も古いものを記載します。

⑭ 経営業務管理責任者等となる者の姓の最初の２文字をカタカナで記載します。

⑮ 経営業務管理責任者等となる者の氏名を漢字で記載します。左詰めで姓と名の間は、１カラム空けます。

⑯　経営業務管理責任者等となる者の生年月日を記載します。元号については「S」「H」などの略号を使います。

⑰　経営業務管理責任者等となる者の住所を記載します。

⑱　⑪が「2」の場合、変更前の氏名と生年月日を記載します。

常勤役員等の略歴書（書式9）

　常勤役員等（経営業務の管理責任者等）証明書とは別に、経営業務管理責任者等の職歴などの詳細を記載する用紙（第7号別紙）です。

①　経営業務管理責任者等の「住所」「氏名」「生年月日」「職名」を記載します。申請者が個人の場合、「職名」は「事業主」でかまいません。「法人の役員」については「常勤」「非常勤」の記載も必要です。

②　現在に至るまでの職歴を記載します。建設業に関する職歴はなるべく詳細に記載します。

③　行政処分や、その他の処分がなければ「なし」と記載します。

④　この略歴書を作成した年月日を記載します。

常勤役員等及び当該常勤役員等を直接に補佐する者の証明書（第1面）（書式10）

　経営業務管理責任者等となる者が個人で要件を満たさない場合に、社員グループ単位の経営経験を証明するために常勤役員等の要件がクリアされていることを証明する書類です。証明者の証明が得られない場合は、本人が証明します。

①　常勤役員等が、以下のどの要件を満たすのかを選択します。

②　証明しようとする期間中の役職名を記載します。

ⓐ　建設業における2年以上役員等としての経験と5年以上役員等の経験、あるいは建設業における2年以上役員等としての経験と「役員等に次ぐ職制上の地位（財務管理、労務管理、業務運営の業務経験に限る）としての経験

ⓑ　5年以上役員等としての経験を有しつつ、建設業に関し、2年

> 以上の役員等としての経験

③　常勤役員等として認められる経験の期間・年数を記載します。

④　証明者側からの常勤役員等との関係（使用人、役員、本人など）を記載します。

⑤　「備考」欄は、証明者が第三者で、建設業を営んでいるときは、「許可番号」「許可年月日」「許可工種」などを記載します。他にも本人証明の場合に、その理由などを記載します。「備考」欄の取扱いは、都道府県によって異なります。

⑥　証明者が法人の場合、本店所在地と商号、代表者氏名を記載します。個人の場合、住所地と屋号、本人の氏名を記載します。

⑦　申請者が法人の場合「の常勤の役員」を残し、他を削除します。個人の場合「本人」又は「の支配人」を残し、他を削除します。

⑧　常勤役員等を補佐する者の満たす要件について①と同じ数字を選択します。

⑨　受けようとする許可が「大臣許可」の場合、「○○地方整備局長」を残し、他を削除します（北海道の場合のみ、「北海道開発局長」を残し、他を削除）。○○にはそれぞれの地区の管轄地方（東北、関東、北陸、中部、近畿、中国、四国、九州の８地方）を記載します。

⑩　申請者が、法人の場合、本店所在地と商号、代表者氏名を記載します。個人の場合、住所地と屋号、本人の氏名を記載します。

⑪　常勤役員等が、初めて証明を行う場合は「１」を記載します。現在証明されている常勤役員等の変更届については「２」を、新たに常勤役員等を追加する場合は「３」を記載します。

⑫　⑪が「２」又は「３」の場合に、変更や追加の年月日を記載します。

⑬　⑪が「１」以外の場合、現在受けている許可に該当する「大臣知事コード」「許可番号」「許可年月日」を記載します。現在の許可年月日が複数ある場合、最も古いものを記載します。

⑭　常勤役員等の姓の最初の2文字をカタカナで記載します。

⑮　常勤役員等の氏名を漢字で記載します。左詰めで姓と名の間は、1カラム空けます。

⑯　常勤役員等の生年月日を記載します。元号については「S」「H」などの略号を使います。

⑰　常勤役員等の住所を記載します。

⑱　⑪が「2」の場合、変更前の氏名と生年月日を記載します。

常勤役員等及び当該常勤役員等を直接に補佐する者の証明書（第2面）（第3面）（第4面）（書式11、12、13）

　この書式は、66ページ（第1面）（書式10）に記載した常勤役員等を直接に補佐する者について記載するものとなります。

　本書式に記載する者が常勤役員等を補佐した経験について、各5年以上ある場合、66ページ（第1面）（書式10）に記載する常勤役員等の経営経験が2年以上さえあれば、経営業務管理責任者となれます。この経験は、当該常勤役員等との間に他の者を介在させず、直接指揮命令を受け業務を常勤で行うものでなければなりません。具体的な業務は以下の通りです。

	役職の例	経験内容
財務管理	財務部長、経理部長	資金の調達、資金繰り管理、下請け人への代金の支払い等
労務管理	総務部長	勤怠管理、社会保険手続き
業務管理	事業部長、経営管理部長	経営方針や運営方針の策定、実施

　これら（第2面）（第3面）（第4面）の書式記載内容は、書式10（第1面）と多くが共通していますので、ここでは相違点のみ解説します。

①　申請者における役職を記載します。

②　上記①の役職の経験年数を積んだ期間を記載します。5年以上である必要があります。

③　証明者側からの関係（使用人、役員、本人など）を記載します。

専任技術者証明書 （書式14）

　専任技術者とは、許可を受けようとする工事の種類に対応した「専門的知識や、技術を持つ者」をいいます。営業所ごとに専任技術者を配置することは、建設業許可の要件の1つですので、この様式で証明します。

① 受けようとする許可が「一般」の場合、「法第15条第2号」を削除し、「特定」の場合、「建設業法第7条第2号」を削除します。ここでは「一般」と「特定」を両方申請するので、いずれも削除せず、そのままにしています。

② 新規申請なので「申請者」としています（「届出者」は変更や、削除、新たな専任技術者の追加などの場合です）。

③ 本店所在地と商号（名称）、代表者氏名を記入します。

④ 「区分欄」は新規申請のため「1」を記入しています。

⑤ 専任技術者となる者の氏名、生年月日、住所、所属営業所等を記入します。

　項番「64」（今後担当する建設工事の種類）の□（カラム）内は、専任技術者の要件ごとに記入する数字が異なります。

専任技術者一覧表 （書式15）

　専任技術者一覧表（別紙4）の基本的な内容は「専任技術者証明書と同じで記載内容が簡略化された様式となっています。

① 営業所の名称を、建設業許可申請書 別紙二「営業所一覧表」（59ページ）に記載した順番どおりに記載します。

② 営業所に配置しようとする専任技術者となる者の氏名を記載します。

③ 専任技術者となる者が担当する工事の種類や有資格区分を記載します。

許可申請者の住所、生年月日等に関する調書 （書式16）

　「許可申請者の住所、生年月日等に関する調書」は、許可申請者が法人の場合、建設業許可申請書別紙一「役員等の一覧表」（58ページ）に記載されたすべての役員等のうち経営業務管理責任者（様式7号64ページに記載した者）以外の分を作成します。

① 申請者が法人の場合、「法人の役員等」を残し、他を削除します。申請者が本人の場合、「本人」「法定代理人」「法定代理人の役員」のいずれかを残し、他を削除します。

② 許可申請者（許可申請者が法人の場合には法人の役員等）の「住所」「氏名」「生年月日」「職名」を記載します。申請者が個人の場合、「職名」は「事業主」でかまいません。「法人の役員」については「常勤」「非常勤」の記載も必要です。

③ 行政処分や、その他の処分がなければ「なし」と記載します。

④ この調書を作成した年月日を記載した者の氏名を記入します。

貸借対照表（法人用）（書式17）

建設業許可申請で提出する貸借対照表は一般的なものでは不十分なため、建設業法に対応した様式で作成しなければなりません。顧問税理士が対応できない場合もありますので、これら財務諸表の知識を有する必要があります。

① 金額は千円単位で記入します。千円未満の端数は切捨て、四捨五入、切下げのいずれの方法でもかまいませんが、統一する必要があります。

② 勘定科目に関して、一般的な貸借対照表に用いられていない勘定科目として以下のようなものがあります。

・完成工事未収入金

一般的な「売掛金」にあたります。完了した工事の請負代金で、まだ回収が行われていないものです。決算報告用では売掛金として表示している法人も多いので注意が必要です。

・未成工事支出金

一般的な「前渡金」や「手付金」にあたり、完了していない工事にかかる工事費、材料費、外注費等になります。決算報告用の貸借対照表上では「仕掛品」「仕掛工事」などの科目で表示されている場合があります。

・工事未払金

一般的な「買掛金」「未払費用」にあたります。工事原価に算入され

54

るべき工事費の未払額です。材料貯蔵品を購入した仕入先に対する債務
も含みます。

・未成工事受入金

　一般的な「前受金」にあたります。引渡が完了しておらず、完成して
いない工事の請負代金として受け取った金額をいいます。

損益計算書（法人用）（書式18）

　損益計算書も貸借対照表同様、一般的なものでは不十分なため、建設
業法に対応した様式で作成しなければなりません。

① 　金額は千円単位で記入します。千円未満の端数は切捨て、四捨五入、
　　切下げのいずれの方法でもかまいませんが、統一する必要があります。

② 　勘定科目に関して、一般的な損益計算書に用いられていない勘定科
　　目として以下のようなものがあります。

・完成工事高

　一般的な「売上高」にあたります。引渡しが完了した工事の総請負高
です。この金額は「直前3年の各事業年度における工事施工金額」上の
直前年度の合計額（61ページの書式例では「第25期」）と一致します。

・完成工事原価

　完成工事高に対応する工事原価をいいます。一般的な「売上原価」に
あたります。建設工事では、完成工事原価を「材料費」「労務費」「外注
費」「経費」に分類する必要があります。したがって組み替え作業を行
うと一般的な損益計算書と金額が異なる結果となる場合があります。

・完成工事総利益

　一般的な「売上総利益」にあたります。完成工事高から完成工事原価
を除いた額をいいます。

完成工事原価報告書（書式19）

　完成工事原価報告書は、事業年度中に完成した工事の原価である材料
費、労務費、経費、外注費、経費の内訳を明らかにする書類です。

　株式会社の場合、事業年度ごとに株主総会や税務申告のための決算書

類として「製造原価報告書」を作成しますが、そのまま代用せず、これを参考に作成します。

　完成工事原価報告書の場合は、未成工事にかかったものは予め除外して表示するため、以下①～④のように期末仕掛品を「材料費」「労務費」「外注費」「経費」に振り分ける作業が必要になります。

① 　材料費

　工事のために直接購入した素材、半製品、製品、材料貯蔵品勘定などから振り替えられた材料費の額を記入します。

② 　労務費

　現場で建設作業をする作業員に対する賃金、給料及び手当などの工事に直接要した人件費の額を記入します。人件費には、作業員に対する社会保険料などの法定福利費も含まれます。なお、直接雇用した作業員以外の賃金は下記④の経費として計上します。

③ 　外注費

　材料などを会社が供給して他社へ作業を外注した費用の額を記入します。ただし②の労務費（書式内の労務外注費）に含めた金額は除きます。

④ 　経費

　材料費、労務費、外注費以外の経費で、完成工事のために直接かかった動力用水道光熱費、機械等経費、設計費、労務管理費、租税公課、地代家賃、保険料、従業員給与手当、退職金、法定福利費、福利厚生費、消耗品費、通信交通費、交際費、雑費などの額が含まれます。

　かっこ書きの「うち人件費」には、経費のうち作業現場事務所の事務員の給与手当、退職金、法定福利費、福利厚生費など人件費の合計額を記入します。

書式1　建設業許可申請書

様式第一号（第二条関係）　　　　　　　　　　　　　　　　　　　　　　　　（用紙A4）

00001

建 設 業 許 可 申 請 書

この申請書により、建設業の許可を申請します。
この申請書及び添付書類の記載事項は、事実に相違ありません。

令和 ○ 年 ○ 月 ○ 日

東京都世田谷区××1丁目2番3号
② 株式会社穴沢建設
申請者　代表取締役　穴沢　幸雄

① 地方整備局長
北海道開発局長
東京都 知事　殿

行政庁側記入欄

項目	番号	内容
許　可　番　号	01	国土交通大臣 許可（一般・特-□□）第□□□□□号　令和□□年□□月□□日
申 請 の 区 分	02	1 新　規　4 業種追加　7 般・特新規＋更新　2 許可換え新規　5 更　新　8 業種追加＋更新　3 般・特新規　6 般・特新規＋業種追加　9 般・特新規＋業種追加＋更新　許可の有効期間の調整 2 （1.する 2.しない）
申 請 年 月 日	03	令和□□年□□月□□日

④

項目	番号	土建大左と石屋電管タ鋼筋舗しゅ板ガ塗防内機絶通園井具水消清解	
許可を受けようとする建設業	04	2□1□□□□□□□□□□□□□□□□□□□□□□□□□□	（1.一般　2.特定）
申請時において既に許可を受けている建設業	05	□□□□□□□□□□□□□□□□□□□□□□□□□□□□	
商号又は名称のフリガナ	06	アナザワケンセツ	
商 号 又 は 名 称	07	（株）穴沢建設	
代表者又は個人の氏名のフリガナ	08	アナザワ　ユキオ	支配人の氏名
代 表 者 又 は 個 人 の 氏 名	09	穴沢　幸雄	
主たる営業所の所在地市区町村コード	10	13112　都道府県名 東京都　市区町村名 世田谷区	
主たる営業所の所 在 地	11	××1丁目2番3号	
郵 便 番 号	12	100-0000　電話番号 03-0000-0000	

ファックス番号 03-9999-9999

項目	番号	内容
法人又は個人の別	13	1 （1.法人 2.個人）　資本金額又は出資総額 □□□□50000（千円）　法人番号 1234567890123
兼 業 の 有 無	14	2 （1.有 2.無）　建設業以外に行っている営業の種類
許可換えの区分	15	□ （1.大臣許可→知事許可　2.知事許可→大臣許可　3.知事許可→他の知事許可）
旧 許 可 番 号	16	大臣 知事 □コード　国土交通大臣 許可（一般・特-□□）第□□□□□号　令和□□年□□月□□日　旧許可年月日

役員等、営業所及び営業所に置く専任の技術者については別紙による。

連絡先
所属等　　　　　　氏名　穴沢　幸雄　　　電話番号 03-0000-0000
ファックス番号 03-9999-9999

第1章　建設業許可をめぐる法律と申請手続き

57

書式2　役員の一覧表

別紙一 (用紙A4)

役 員 等 の 一 覧 表

令和 ○ 年 ○ 月 ○ 日

役員等の氏名及び役名等		
氏　　　　　名	役　名　等	常勤・非常勤の別
① 穴沢　幸雄 アナザワ　ユキオ	② 代表取締役	③ 常勤
穴沢　義裕 アナザワ　ヨシヒロ	取締役	常勤

1　法人の役員、顧問、相談役又は総株主の議決権の100分の5以上を有する株主若しくは出資の総額の100分の5以上に相当する出資をしている者（個人であるものに限る。以下「株主等」という。）について記載すること。
2　「株主等」については、「役名等」の欄には「株主等」と記載することとし、「常勤・非常勤の別」の欄に記載することを要しない。

書式3 営業所一覧表

別紙二（1）　　　　　　　　　　　　　　　　　　　　　　　　　　　　　　　　（用紙Ａ4）

営業所一覧表（新規許可等）

行政庁側記入欄

区　　　分　　項番　8　1　1

許　可　番　号　項番　8　2　□　□　国土交通大臣　許可　（一般 特）－□□　第　□□□□□　号　許可年月日　令和　□□年　□□月　□□日
　　　　　　　　　　　　　　　　　　知事

（主たる営業所）

主たる営業所の名称　フリガナ　ホンシャ　①　本　社

営業しようとする建設業　②　8　3　｜土建大左と石屋電管タ鋼筋舗しゅ板ガ塗防内機絶通園井具水消清解｜　2　　　（1．一般 2．特定）

変更前

（従たる営業所）

従たる営業所の名称　③　8　4　フリガナ　ウエノシテン　上野支店

従たる営業所の所在地市区町村コード　8　5　1　3　1　0　6　（都道府県名）　東京都　　市区町村名　台東区

従たる営業所の所在地　8　6　△△1丁目2番3号

内容

郵便番号　8　7　1　1　0　－　0　0　0　0　　電話番号　0　3　－　1　1　1　1　－　1　1　1　1

営業しようとする建設業　8　8　｜土建大左と石屋電管タ鋼筋舗しゅ板ガ塗防内機絶通園井具水消清解｜　2　　1　　　1　1　　　（1．一般 2．特定）

変更前

（従たる営業所）

従たる営業所の名称　8　4　フリガナ

従たる営業所の所在地市区町村コード　8　5　（都道府県名）　市区町村名

従たる営業所の所在地　8　6

内容

郵便番号　8　7　－　　電話番号

営業しようとする建設業　8　8　｜土建大左と石屋電管タ鋼筋舗しゅ板ガ塗防内機絶通園井具水消清解｜　（1．一般 2．特定）

変更前

第1章　建設業許可をめぐる法律と申請手続き

書式4 工事経歴書（経営事項審査を受けない場合）

様式第二号（第二条、第十三条の二、第十三条の三、第十九条の八関係）　　　　　　　　　　（用紙Ａ４）

（建設工事の種類）①　とび・土木・コンクリート工事

工事経歴書

（税込・税抜）

注文者	元請又は下請の別　JVの別	工事名	工事現場のある都道府県及び市区町村名	配置技術者　氏名	主任技術者又は監理技術者の別（該当箇所に○印を記載）　主任技術者・監理技術者	請負代金の額（PC・法面処理・鋼構造物塗装）	工期　着工年月	完成又は完成予定年月
② K・H	下請	H邸木造住宅解体工事	東京都	黒沢　銀次	レ	9,398千円	令和3年8月	令和4年1月
(株)中根産業	元請	中町道路法面工事	東京都	黒沢　銀次	レ	4,754千円	令和3年9月	令和4年11月
東友(株)	元請	東友ストア新装工事の外構工事	東京都	黒沢　銀次	レ	4,510千円	令和3年12月	令和4年4月
(株)鷲洋建設	下請	藤崎二中旧棟解体工事	東京都	黒沢　銀次	レ	8,369千円	令和3年11月	令和4年9月
						千円	令和　年　月	令和　年　月
						千円	令和　年　月	令和　年　月

③　小計　4件　27,031千円　　うち元請工事　9,264千円

合計　件　千円　　うち元請工事　千円

60

書式5　直前３年の各事業年度における工事施工金額

様式第三号（第二条、第十三条の二、第十三条の三関係）

（用紙Ａ４）

直前３年の各事業年度における工事施工金額

① （税込）税抜／単位：千円

事　業　年　度	注文者の区分		許可に係る建設工事の施工金額				その他の建設工事の施工金額 ④	合　計
			土木一式工事	とび・土工コンクリート工事	鋼　工事	舗　工事		
② ③ 第23期 令和元年5月1日から 令和2年4月30日まで	元請	公　共						
		民　間	85,232	7,380	5,655	2,400	0	100,667
	下　請			4,285			0	4,285
	計		85,232	11,665	5,655	2,400	0	104,952
第24期 令和2年5月1日から 令和3年4月30日まで	元請	公　共						
		民　間	55,264	6,699	15,238	5,200	0	82,401
	下　請			1,211			0	1,211
	計		55,264	7,910	15,238	5,200	0	83,612
第25期 令和3年5月1日から 令和4年4月30日まで	元請	公　共						
		民　間	45,489	9,264	1,865	2,925	0	59,543
	下　請			17,767			0	17,767
	計		45,489	27,031	1,865	2,925	0	77,310
第　期 令和　年　月　日から 令和　年　月　日まで	元請	公　共						
		民　間						
	下　請							
	計							
第　期 令和　年　月　日から 令和　年　月　日まで	元請	公　共						
		民　間						
	下　請							
	計							
第　期 令和　年　月　日から 令和　年　月　日まで	元請	公　共						
		民　間						
	下　請							
	計							

記載要領
1　この表には、申請又は届出をする日の直前３年の各事業年度に完成した建設工事の請負代金の額を記載すること。
2　「税込・税抜」については、該当するものに丸を付すこと。
3　「許可に係る建設工事の施工金額」の欄は、許可に係る建設工事の種類ごとに区分して記載し、「その他の建設工事の施工金額」の欄は、許可を受けていない建設工事について記載すること。
4　記載すべき金額は、千円単位をもって表示すること。
　　ただし、会社法（平成17年法律第86号）第２条第６号に規定する大会社にあっては、百万円単位をもって表示することができる。この場合、「（単位：千円）」とあるのは「（単位：百万円）」として記載すること。
5　「公共」の欄は、国、地方公共団体、法人税法（昭和40年法律第34号）別表第一に掲げる公共法人（地方公共団体を除く。）及び第18条に規定する法人が注文者である施設又は工作物に関する建設工事の合計額を記載すること。
6　「許可に係る建設工事の施工金額」に記載する建設工事の種類が５業種以上にわたるため、用紙が２枚以上になる場合は、「その他の建設工事の施工金額」及び「合計」の欄は、最終ページにのみ記載すること。
7　当該工事に係る実績が無い場合においては、欄に「０」と記載すること。

書式6 使用人数

様式第四号（第二条、第十三条の二、第十三条の三関係）

（用紙Ａ４）

令和 ○ 年 ○ 月 ○ 日

使 用 人 数

① 営 業 所 の 名 称	技 術 関 係 使 用 人		事務関係使用人	合　　計
	建設業法第7条第2号イ、ロ若しくはハ又は同法第15条第2号イ若しくはハに該当する者	② その他の技術関係使用人		
本　社	2 人	3 人	2 人	7 人
上野支店	1	6	2	9
合　　　計	3 人	9 人	4 人	16 人

記載要領
1 この表には、法第5条の規定（法第17条において準用する場合を含む。）に基づく許可の申請の場合は、当該申請をする日、法第11条第3項（法第17条において準用する場合を含む。）の規定に基づく届出の場合は、当該事業年度の終了の日において建設業に従事している使用人数を、法第17条の2の規定に基づく認可の申請の場合は、譲渡及び譲受け又は合併若しくは分割をした後に、法第17条の3の規定に基づく認可の申請の場合は、相続の認可を受けた後に建設業に従事する予定である使用人数を、営業所ごとに記載すること。
2 「使用人」は、役員、職員を問わず雇用期間を特に限定することなく雇用された者（申請者が法人の場合は常勤の役員を、個人の場合はその事業主を含む。）をいう。
3 「その他の技術関係使用人」の欄は、法第7条第2号イ、ロ若しくはハ又は法第15条第2号イ若しくはハに該当する者ではないが、技術関係の業務に従事している者の数を記載すること。

書式7　誓約書

様式第六号（第二条、第十三条の二、第十三条の三関係）

（用紙Ａ４）

誓　約　書

の役員等及び建設業法施行令第３条に規定する使用人並びに法定代理人及び法定代理人の役員等は、建設業法第８条各号（同法第17条において準用される場合を含む。）に規定されている欠格要件に該当しないことを誓約します。

令和〇年　〇月　〇日

　　　地方整備局長
　　　北海道開発局長
　　東京都 知事　殿

　　　　　　　　　　　　　東京都世田谷区××１丁目２番３号
　　　　　　　　　　　　　株式会社穴沢建設
　　　　　　　　　　　　　代表取締役：穴沢 幸雄

記載要領

｛申請者／譲受人／合併存続法人／分割承継法人｝、「｛申請者／譲受人／合併存続法人／分割承継法人｝」、「地方整備局長／北海道開発局長／知事」については不要なものを消すこと

書式8 常勤役員等（経営業務の管理責任者等）証明書

様式第七号（第三条関係）

(用紙A4)

0	0	0	0	2

常 勤 役 員 等 （ 経 営 業 務 の 管 理 責 任 者 等 ） 証 明 書

①
(1)　下記の者は、建設業に関し、次のとおり第7条第1号イ { (1) / (2) / (3) } に掲げる経験を有することを証明します。

② 役 職 名 等　**代表取締役**

③ 経 験 年 数　**平成**○ 年 ○ 月 から **令和**○ 年 ○ 月 まで 満 **21** 年 **10** 月

④ 証明者と被証明者との関係　**役員**

⑤ 備　　考

令和 ○ 年 ○ 月 ○ 日

⑥ **東京都世田谷区××1丁目2番3号**
株式会社穴沢建設

証明者 　　　**代表取締役　穴沢　幸雄**

⑦
(2)　下記の者は、許可申請者の { ~~の常勤の役員~~ / 本　人 / ~~の支配人~~ } で第7条第1号イ ⑧ { (1) / (2) / (3) } に該当する者であることに相違ありません。

令和 ○ 年 ○ 月 ○ 日

⑨ ~~地方整備局長~~
~~北海道開発局長~~
東京都知事　殿

⑩ **東京都世田谷区××1丁目2番3号**
株式会社穴沢建設

申請者 / ~~届出者~~ 　　　**代表取締役　穴沢　幸雄**

⑪ 申請又は届出の区分　項番 3

1	7	1

（1. 新規　　2. 変更　　3. 常勤役員等の更新等）

⑫ 変　更　の　年　月　日　　令和　　年　　月　　日

⑬ 許 可 番 号

大臣 知事コード

| 1 | 8 | | |

国土交通大臣 知事　許可（ 一般 特 -□□ ）第

5				10	

号

許可年月日　令和

11		13		15	

年　　月　　日

◎【新規・変更後・常勤役員等の更新等】

⑭ 氏名のフリガナ　3

1	9	ア	ナ

元号〔令和R、平成H、昭和S、大正T、明治M〕

⑮ 氏　　名　　2 0

2	0	穴	沢		幸	雄			

⑯ 生 年 月 日　S 32 年 10 月 07 日

⑰ 住　　所　**東京都千代田区○○1丁目2番3号**

◎【変　更　前】

⑱ 氏　　名　3

2	1						10		

元号〔令和R、平成H、昭和S、大正T、明治M〕

生 年 月 日

13				18	

年　　月　　日

備考
常勤役員等の略歴については、別紙による。

64

書式9 常勤役員等の略歴書

別紙 （用紙Ａ４）

常勤役員等の略歴書

現　住　所	東京都千代田区○○１丁目２番３号		
氏　　名	① 穴沢　幸雄	生年月日	昭和32年 10月 7日生
職　　名	代表取締役（常勤）		

	期　　　間	従事した職務内容
職	自 S○年○月○日 至 H○年○月○日	株式会社　西条建設　入社　土木部に所属
	自 H○年○月○日 至 H○年○月○日	株式会社　西条建設　土木本部　第二工事課　退社（課長）
	自 H○年○月○日 至 H○年○月○日	個人事業開業　とび・土工業
	自 H○年○月○日 至 H○年○月○日	株式会社　穴沢建設　設立　代表取締役として従事
	② 自　年　月　日 至　年　月　日	現在に至る
	自　年　月　日 至　年　月　日	
	自　年　月　日 至　年　月　日	
	自　年　月　日 至　年　月　日	
	自　年　月　日 至　年　月　日	
	自　年　月　日 至　年　月　日	
歴	自　年　月　日 至　年　月　日	
	自　年　月　日 至　年　月　日	
	自　年　月　日 至　年　月　日	

	年　月　日	賞罰の内容
賞	③	なし
罰		

上記のとおり相違ありません。

令和　○年　○月　○日　　　　　　　　④ 氏名　穴沢　幸雄

記載要領
※　「賞罰」の欄は、行政処分等についても記載すること。

第1章　建設業許可をめぐる法律と申請手続き

65

書式10 常勤役員等及び当該常勤役員等を直接に補佐する者の証明書（第1面）

様式第七号の二（第三条関係）　　　　　　　　　　　　　　　　　　　　　　　　　　（用紙Ａ４）

〔0 0 0 0 2〕

常勤役員等及び当該常勤役員等を直接に補佐する者の証明書
（第一面）

①
（1）　下記の者は、次のとおり第7条第1号ロ{(1)/(2)}に掲げる経験を有することを証明します。

② 役 職 名 等　**代表取締役**

③ 経 験 年 数　**令和○ 年 ○ 月 から 令和○年 ○ 月まで 満 2 年 3 月**

④ 証明者と被証明者との関係　**役員**

⑤ 備　　　考

令和 ○ 年 ○ 月 ○ 日

⑥ **東京都世田谷区××１丁目２番３号**
　株式会社穴沢建設
　　証明者　**代表取締役 穴沢　幸雄**

⑦　　　　　　　　　　　　　　⑧
（2）　下記の者は、許可申請者{の常勤の役員／本 人／の支配人}で第7条第1号ロ{(1)/(2)}に該当する者であることに相違ありません。

令和 ○ 年 ○ 月 ○ 日

⑨ 地方整備局長　　　　　　　⑩ **東京都世田谷区××１丁目２番３号**
　北海道開発局長　　　　　　　**株式会社穴沢建設**
　東京都知事 殿　　申請者
　　　　　　　　　　　　届出者　**代表取締役 穴沢　幸雄**

申 請 又 は 届 出 の 区 分　項番 ⑪ 〔1 7〕〔1〕　（1．新規　　2．変更　　3．常勤役員等の更新等）

⑫ 変　更　の 年 月 日　令和　　年　　月　　日

大臣
知事コード
⑬ 許 可 番 号 〔1 8〕〔　　〕　国土交通大臣 許可{般／特}-〔　　〕第〔　　　　　〕号　令和〔　　〕年〔　　〕月〔　　〕日
知事　記

◎【新規・変更後・常勤役員等の更新等】

氏名のフリガナ ⑭ 〔1 9〕〔アナ　　　　　　〕　元号〔令和Ｒ、平成Ｈ、昭和Ｓ、大正Ｔ、明治Ｍ〕

氏　　　　名 ⑮ 〔2 0〕〔穴沢　義裕　　　　〕　⑯ 生 年 月 日 〔S〕40年〔09〕月〔03〕日

住　　　　所 ⑰

◎【変　更　前】

元号〔令和Ｒ、平成Ｈ、昭和Ｓ、大正Ｔ、明治Ｍ〕

氏　　　　名 ⑱ 〔2 1〕〔　　　　　　　　〕　生 年 月 日 〔　〕　年〔　　〕月〔　　〕日

備考
　常勤役員等の略歴については、別紙による。

書式11 常勤役員等を直接に補佐する者の証明書（第2面、一部抜粋）

（第二面）　　　　　　　　　　　　　　　　　　　　　（用紙A4）

（3）　下記の者は、次のとおり5年以上の建設業の財務管理の業務経験を有し、上記の常勤役員等を直接に補佐する者として適切に配置するものである

ことに相違ありません。

令和 ◯ 年 ◯ 月 ◯ 日

東京都世田谷区××1丁目2番3号
株式会社穴沢建設
申請者　　代表取締役 穴沢　幸雄

地方整備局長
北海道開発局長
東京都 知事　殿

① 役 職 名 等　財務部長
② 経 験 年 数　平成 ◯ 年 ◯ 月から 令和 ◯ 年 ◯ 月まで 満 7 年 1 月
③ 証明者と被証明者との関係　法人の従業員

備　　　考

書式12 常勤役員等を直接に補佐する者の証明書（第3面、一部抜粋）

（第三面）　　　　　　　　　　　　　　　　　　　　　（用紙A4）

下記の者は、次のとおり5年以上の建設業の労務管理の業務経験を有し、上記の常勤役員等を直接に補佐する者として適切に配置するものである

ことに相違ありません。

令和 ◯ 年 ◯ 月 ◯ 日

東京都世田谷区××1丁目2番3号
株式会社穴沢建設
申請者　　代表取締役 穴沢　幸雄

地方整備局長
北海道開発局長
東京都 知事　殿

① 役 職 名 等　総務部長
② 経 験 年 数　平成 ◯ 年 ◯ 月から 令和 ◯ 年 ◯ 月まで 満 5 年 1 月
③ 証明者と被証明者との関係　法人の従業員

備　　　考

書式13 常勤役員等を直接に補佐する者の証明書（第4面、一部抜粋）

（第四面）　　　　　　　　　　　　　　　　　　　　　（用紙A4）

下記の者は、次のとおり5年以上の建設業の業務運営の業務経験を有し、上記の常勤役員等を直接に補佐する者として適切に配置するものである

ことに相違ありません。

令和 ◯ 年 ◯ 月 ◯ 日

東京都世田谷区××1丁目2番3号
株式会社穴沢建設
申請者　　代表取締役 穴沢　幸雄

地方整備局長
北海道開発局長
東京都 知事　殿

① 役 職 名 等　事務部長
② 経 験 年 数　平成 ◯ 年 ◯ 月から 令和 ◯ 年 ◯ 月まで 満 9 年 1 月
③ 証明者と被証明者との関係　法人の従業員

備　　　考

書式14 専任技術者証明書

様式第八号（第三条関係）　　　　　　　　　　　　　　　　　　　　　　　　　　（用紙Ａ４）

〔00003〕

専任技術者証明書（新規・変更）

① （1）　下記のとおり、{建設業法第7条第2号／建設業法第15条第2号} に規定する専任の技術者を営業所に置いていることに相違ありません。

（2）　下記のとおり、専任の技術者の交替に伴う削除の届出をします。

令和 ○ 年 ○ 月 ○ 日

地方整備局長
北海道開発局長
東京都 知事 殿 ④

② 申請者
届出者

③ 東京都世田谷区××1丁目2番3号
株式会社穴沢建設
穴沢 幸雄

区　分　〔6〕〔1〕〔1〕 大臣
知事コード （1．新規許可 2．専任技術者の担当業種又は有資格区分の変更 3．専任技術者の追加 4．専任技術者の交替に伴う削除 5．専任技術者が置かれた営業所のみの変更）

許可番号　〔6〕〔2〕〔　〕 国土交通大臣／知事 許可（般-特-□□）第〔　　　　　〕号 令和〔　〕〔　〕年〔　〕〔　〕月〔　〕〔　〕日 許可年月日

記

⑤

氏　名　〔6〕〔3〕 フリガナ アナザワ ユキオ
〔ア〕〔ナ〕 穴沢 幸雄 元号〔令和R、平成H、昭和S、大正T、明治M〕生年月日〔S〕〔3〕〔2〕年〔1〕〔0〕月〔0〕〔7〕日

今後担当する建設工事の種類　〔6〕〔4〕〔9〕〔　〕〔　〕〔7〕〔　〕〔　〕〔　〕〔7〕〔　〕〔　〕〔　〕〔　〕〔　〕〔　〕〔　〕〔　〕〔　〕〔　〕〔　〕〔　〕〔　〕〔　〕〔　〕〔　〕〔　〕〔　〕〔　〕
（土 建 大 左 と 石 屋 電 管 タ 鋼 筋 舗 しゅ 板 ガ 塗 防 内 機 絶 通 園 井 具 水 消 清 解）

現在担当している建設工事の種類　〔　〕①〔　〕②〔　〕③〔　〕④〔　〕⑤〔　〕⑥〔　〕⑦〔　〕⑧〔　〕

有資格区分　〔6〕〔5〕〔1〕〔1〕〔　〕〔　〕〔　〕〔　〕〔　〕〔　〕

変更、追加又は削除の年月日　令和　年　月　日

営業所の名称（旧所属）

専任技術者の住所　東京都千代田区○○1丁目2番3号

営業所の名称（新所属）　**本社**

氏　名　〔6〕〔3〕 フリガナ アカマツ シュウイチ
〔ア〕〔カ〕 赤松 修一 元号〔令和R、平成H、昭和S、大正T、明治M〕生年月日〔S〕〔5〕〔7〕年〔0〕〔4〕月〔0〕〔1〕日

今後担当する建設工事の種類　〔6〕〔4〕〔9〕〔　〕〔　〕〔　〕〔　〕〔7〕〔　〕〔7〕〔　〕〔　〕〔　〕〔　〕〔　〕〔　〕〔　〕〔　〕〔　〕〔　〕〔　〕〔　〕〔　〕〔　〕〔　〕〔　〕〔　〕〔　〕〔　〕
（土 建 大 左 と 石 屋 電 管 タ 鋼 筋 舗 しゅ 板 ガ 塗 防 内 機 絶 通 園 井 具 水 消 清 解）

現在担当している建設工事の種類　〔　〕①〔　〕②〔　〕③〔　〕④〔　〕⑤〔　〕⑥〔　〕⑦〔　〕⑧〔　〕

有資格区分　〔6〕〔5〕〔1〕〔3〕〔　〕〔　〕〔　〕〔　〕〔　〕〔　〕

変更、追加又は削除の年月日　令和　年　月　日

営業所の名称（旧所属）

専任技術者の住所　東京都台東区◇◇1丁目2番3号

営業所の名称（新所属）　**上野支店**

氏　名　〔6〕〔3〕 フリガナ
元号〔令和R、平成H、昭和S、大正T、明治M〕生年月日〔　〕〔　〕年〔　〕〔　〕月〔　〕〔　〕日

今後担当する建設工事の種類　〔6〕〔4〕〔　〕
（土 建 大 左 と 石 屋 電 管 タ 鋼 筋 舗 しゅ 板 ガ 塗 防 内 機 絶 通 園 井 具 水 消 清 解）

現在担当している建設工事の種類　〔　〕①〔　〕②〔　〕③〔　〕④〔　〕⑤〔　〕⑥〔　〕⑦〔　〕⑧〔　〕

有資格区分　〔6〕〔5〕〔　〕〔　〕〔　〕〔　〕〔　〕〔　〕〔　〕〔　〕

変更、追加又は削除の年月日　令和　年　月　日

営業所の名称（旧所属）

専任技術者の住所

営業所の名称（新所属）

68

書式15 専任技術者一覧

別紙四

専任技術者一覧表

令和 ◯ 年 ◯ 月 ◯ 日

① 営 業 所 の 名 称	② 専任の技術者の氏名	③ 建 設 工 事 の 種 類	有 資 格 区 分
本　社	アナザワ　ユキオ 穴沢　幸雄	土－7	11
		と－7	11
		舗－7	11
		土－7	13
	アカマツ　シュウイチ 赤松　修一	と－7	13
		鋼－7	13
		舗－7	13

書式16 許可申請者の住所、生年月日等に関する調書

様式第十二号（第四条関係） （用紙Ａ４）

① 許可申請者（ 法 人 の 役 員 等 ／ 本 人 ／ 法 定 代 理 人 ／ 法定代理人の役員等 ）の住所、生年月日等に関する調書

住　　　　所	東京都千代田区△△１丁目２番３号		
氏　　　　名	② 穴沢　義裕	生 年 月 日	昭和 40 年　9 月　3 日生
役 名 等	取締役（常勤）		

	年　　月　　日	賞 罰 の 内 容
賞		③ なし
罰		

上記のとおり相違ありません。

④ 　令和 ◯ 年 ◯ 月 ◯ 日　　　　　　　　　氏 名 **穴沢　義裕**

記載要領
1 「（ 法 人 の 役 員 等 ／ 本 人 ／ 法 定 代 理 人 ／ 法定代理人の役員等 ）」については、不要のものを消すこと。
2 法人である場合においては、法人の役員、顧問、相談役又は総株主の議決権の100分の5以上を有する株主若しくは出資の総額の100分の
　5以上に相当する出資をしている者（個人であるものに限る。以下「株主等」という。）について記載すること。
3 株主等については、「役名等」の欄には「株主等」と記載することとし、「賞罰」の欄及び確認欄への記載を要しない。
4 顧問及び相談役については、「賞罰」の欄及び確認欄への記載を要しない。
5 「賞罰」の欄は、行政処分等についても記載すること。
6 様式第7号別紙又は様式第7号の2別紙に記載のある者については、本様式の作成を要しない。

書式17 貸借対照表（法人用）

様式第十五号（第四条、第十条、第十九条の四関係）

貸　借　対　照　表

令和 ○ 年　○ 月 ○ 日　　現在

（会社名）　株式会社穴沢建設

資　産　の　部

Ⅰ　流　動　資　産			千円
現金預金			21,337
受取手形			18,612
完成工事未収入金			11,553
有価証券			
未成工事支出金			10,975
材料貯蔵品			835
短期貸付金			752
前払費用			219
その他			
貸倒引当金		△	211
流動資産合計			64,072
Ⅱ　固　定　資　産			
(1)　有形固定資産			
建物・構築物	28,000		
減価償却累計額	△ 5,040	△	22,960
機械・運搬具	17,500		
減価償却累計額	△ 13,125		4,375
工具器具・備品	1,056		
減価償却累計額	△ 855		201

土　地		53,000
リース資産		
減価償却累計額	△	
建設仮勘定		
その他		
減価償却累計額	△	
有形固定資産合計		80,536

(2)　無形固定資産

特許権	
借地権	
のれん	
リース資産	
その他	
無形固定資産合計	

(3)　投資その他の資産

投資有価証券		
関係会社出資金・関係会社株式		
長期貸付金		
破産更生債権等		1,975
長期前払費用		
繰延税金資産		
その他		
貸倒引当金	△	658
投資その他の資産合計		1,317
固定資産合計		81,853

Ⅲ　繰　延　資　産

創立費	
開業費	

株式交付費	
社債発行費	
開発費	
繰延資産合計	
資産合計	145,925

負　債　の　部

Ⅰ　流　動　負　債	
支払手形	12,664
工事未払金	21,613
短期借入金	2,879
リース債務	
未払金	75
未払費用	398
未払法人税等	188
未成工事受入金	6,952
預り金	897
前受収益	
＿＿＿＿＿引当金	
その他	249
流動負債合計	45,915
Ⅱ　固　定　負　債	
社債	
長期借入金	44,381
リース債務	
繰延税金負債	
＿＿＿＿＿引当金	
負ののれん	
その他	

第1章　建設業許可をめぐる法律と申請手続き

固定負債合計	44,381
負債合計	90,296

純 資 産 の 部

Ⅰ　株　主　資　本	
（1）　資本金	50,000
（2）　新株式申込証拠金	
（3）　資本剰余金	
資本準備金	
その他資本剰余金	
資本剰余金合計	
（4）　利益剰余金	
利益準備金	
その他利益剰余金	
準備金	
任意　積立金	4,500
繰越利益剰余金	1,129
利益剰余金合計	5,629
（5）　自己株式	
（6）　自己株式申込証拠金	
株主資本合計	55,629
Ⅱ　評価・換算差額等	
（1）　その他有価証券評価差額金	
（2）　繰延ヘッジ損益	
（3）　土地再評価差額金	
評価・換算差額等合計	
Ⅲ　新株予約権	
純資産合計	55,629
負債純資産合計	145,925

書式18 損益計算書（法人用）

損 益 計 算 書

自 令和○年 ○月 ○日
至 令和○年 ○月 ○日

（会社名） 株式会社穴沢建設

		千円
I 売 上 高		
完成工事高	77,310	
兼業事業売上高		77,310
II 売 上 原 価		
完成工事原価	55,196	
兼業事業売上原価		55,196
売上総利益（売上総損失）		
完成工事総利益（完成工事総損失）	22,114	
兼業事業総利益（兼業事業総損失）		22,114
III 販売費及び一般管理費		
役員報酬	9,000	
従業員給料手当	8,787	
退職金		
法定福利費	521	
福利厚生費	289	
修繕維持費		
事務用品費	126	
通信交通費	310	
動力用水光熱費	282	
調査研究費		
広告宣伝費	21	
貸倒引当金繰入額	211	
貸倒損失		

第1章 建設業許可をめぐる法律と申請手続き

75

交際費	177	
寄付金		
地代家賃		
減価償却費	715	
開発費償却		
租税公課	87	
保険料	246	
雑　費	53	20,825
営業利益（営業損失）		1,289

Ⅳ　営業外収益

受取利息及び配当金	2	
その他	2	

Ⅴ　営業外費用

支払利息	672	
貸倒引当金繰入額	658	
貸倒損失		
その他		1,330
経常利益（経常損失）		△ 39

Ⅵ　特　別　利　益

前期損益修正益	1,143	
その他		1,143

Ⅶ　特　別　損　失

前期損益修正損		
その他		
税引前当期純利益（税引前当期純損失）		1,104
法人税、住民税及び事業税	306	
法人税等調整額		306
当期純利益（当期純損失）		798

書式19 完成工事原価報告書

完 成 工 事 原 価 報 告 書

自　令和○年　○月　○日
至　令和○年　○月　○日

（会社名）　　株式会社穴沢建設

千円

Ⅰ	材　料　費	8,432
Ⅱ	労　務　費	25,031
	（うち労務外注費	）
Ⅲ	外　注　費	9,468
Ⅳ	経　　　費	12,265
	（うち人件費	3,209 ）
	完成工事原価	55,196

5 許可取得後の手続きについて知っておこう

許可取得後に提出する書類などを知っておく

● どんな書類を提出しなければならないのか

建設業の許可を受けた業者には、許可取得後にも様々な書類の提出義務が生じます。有効期間の5年ごとに行う更新の手続きはもちろんですが、他にも毎事業年度終了後に「決算変更届」を提出しなければなりません。また、商号や名称の変更、経営業務の管理責任者の変更、専任技術者の変更など、様々な変更が生じた際に変更届の提出をする必要があります。

なお、下図の「令第3条に規定する使用人」とは、支店や営業所に配置された支店長や営業所長などの代表者をいいます。

■ 許可取得後の更新・各種変更・廃業 ……………………………………

① 5年ごとの建設業許可の更新手続き
② 毎事業年度終了後の決算変更届
③ 事業年度終了後4か月以内に提出する変更届（②と同時に行う） ・使用人数の変更 ・定款の変更 ・令第3条に規定する使用人一覧表の変更
④ 30日以内に提出する変更届 ・商号や名称の変更 ・代表者・役員・事業主・支配人等の氏名変更 ・営業所の名称・所在地・工種の変更 ・営業所の新設・廃止 ・資本金額（出資総額）の変更
⑤ 2週間以内に提出する変更届 ・経営業務の管理責任者等の変更 ・専任技術者の変更 ・令第3条に規定する使用人の変更 ・建設業許可の要件を欠いたとき
⑥ 廃業届

第2章

飲食・風俗営業をめぐる法律と申請手続き

1 飲食店営業許可申請手続きについて知っておこう

食品衛生法に基づいて保健所に提出する営業許可申請手続き

● どんな仕事が対象なのか

「飲食店」というと一般的にはレストランや食堂を思い浮かべますが、食品衛生法ではそれらに限らず「食品を調理し設備を設けて客に飲食させる営業」と定められています。

ここでいう調理とは、「①その場で客に飲食させること」に限らず、「②短期間のうちに消費されることを前提として、飲食に最も適するように食品を加工成形すること」も含まれます。

このことから、レストランや食堂に限らず「その場で飲食させない」クレープ、ソフトクリーム、ポテトフライ、から揚げといった食べ歩きするような食品を提供する事業も「飲食店」に該当します。

食品衛生法は平成30年（2018年）6月に15年ぶりの大改正がなされました。旧法では「飲食店営業」扱いだった「弁当類の卸売」は「そうざい製造業」という業種に移行されました。一方で、旧法では独立していた「喫茶店営業」は「飲食店営業」に統合されています。

● 許可の可否と関連の営業許可

飲食店は、当然ですが衛生的でなければなりません。そのため、食品や調理器具等、一定の基準をクリアし、飲食店営業許可を取得する必要があります。申請先は出店地管轄の保健所です。ただし、平成30年の改正により以前は許可対象だった業種のうち食中毒のリスクが低いと考えられる「乳類販売業」や包装品だけを扱う「食肉販売業」「魚介類販売業」などは簡易な届出のみとされました。あわせて缶詰食品、ビン詰め食品の販売といった公衆衛生に与える影響が少ない（食品衛生上のリスクが低い）営業は許可取得も届出も不要となっています。

なお、午前0時から日出時までに営業する酒類提供を伴った飲食店の場合、飲食店営業許可申請だけでなく深夜酒類提供飲食店営業届出申請を管轄の警察署生活安全課に行う必要があります。これらの判断は、アルコール飲料の提供がメインの営業かどうかで決まります。

● 飲食店営業許可申請手続きと提出書類

食品に関する営業許可は大きく「調理業」「製造業」「処理業」「販売業」に分かれますが、飲食店営業許可は「調理業」に該当します。

・資格

通常の飲食店であれば、特に資格がなくても開業することはできます。ただし、営業者は施設ごとに食品衛生責任者を置く必要があります。食品衛生責任者に就任できるのは、主なものとして、①調理師、栄養士、製菓衛生師などの有資格者、②都道府県知事の指定する食品衛生責任者養成講習を終了した者、が挙げられます。

・手続き

許可申請までの手続きの流れは、以下のようになります。

① 施設工事着工前に、設計図を持参して所管の保健所に事前相談に行きます。また、受水槽や井戸水を使用する場合は、水質検査を受けておきます。
② 申請書などの書類を作成します。また、食品衛生責任者についても決定します。

■ 営業を許可するまでの手続きの流れ

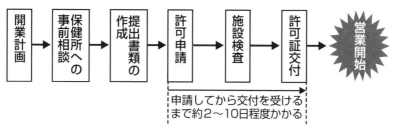

③　手数料と共に申請書・添付書類を提出し、書類審査を受けます。提出日については事前に保健所と相談すべきですが、工事完成予定日の約10日前には提出できるようにしておくのが理想です。

④　現場で施設検査を受けます。

⑤　所管の保健所で、「営業許可証」が交付されます。営業許可証が交付されるまでの期間は、保健所ごとに異なりますが、2〜10日程度の日数を要します。

⑥　営業を開始できます。営業許可証や食品衛生責任者の名札は、施設の見やすい場所に提示しておきます。

・提出書類

以下の書式を提出し、手数料を支払います。ただし、都道府県によって異なることがあるので、事前に問い合わせておきましょう。

①　営業許可申請書

②　施設の構造及び設備を示す図面

③　食品衛生責任者の資格を証明するもの

④　水質検査成績書（水道水や専用水道以外の水を使用する場合。不要の場合もある）

⑤　法人登記事項証明書（申請者が法人の場合）

● 営業施設の共通基準について

飲食店営業では、その営業施設は一定の基準を満たしていなければなりません。施設の基準は各都道府県の条例で定められていますが、平成30年（2018年）の法改正後は、厚生労働省令で定める基準に合わせる（全国標準化する）よう図られつつあります。ここでは、東京都保健医療局の「営業施設の共通基準」を挙げておきますので、参考にしてみてください。

なお、食品衛生法に基づく営業許可は、飲食店営業や菓子製造業など32種類あります。いずれも食品を扱う以上、共通して備えていなければ

ならない営業施設の基準が存在します。以下の内容は、全業種に共通して要求されている施設基準となっています。

【営業施設の共通基準】

建物の構造や設備について、細かく基準が定められています。

① 営業施設の構造

・施設

施設は、屋外からの汚染を防止し、衛生的な作業を継続的に実施するために必要な構造や設備、機械器具の配置・食品・添加物を取り扱う量に応じた十分な広さを有すること。

・区画

食品等への汚染を考慮し、公衆衛生上の危害の発生を防止するため、作業区分に応じて間仕切り等により必要な区画がされ、工程を踏まえて施設設備が適切に配置されていたり、空気の流れを管理する設備が設置されていること。

・汚染等防止

じんあい・廃水や廃棄物による汚染を防止できる構造、あるいは設備、ねずみ、昆虫等の侵入を防止できる設備を有すること。

・床面、内壁、天井

清掃等を容易にすることができる材料で作られ、清掃等を容易に行うことができる構造であること。

床面と内壁の清掃等に水が必要な施設の場合、床面は不浸透性の材質で作られ、排水が良好であること。また、内壁は床面から容易に汚染される高さまで不浸透性材料で腰張りされていること。

・照明設備

作業、検査、清掃等を十分にすることができるよう必要な照度を確保できる機能を備えていること。

・換気設備

食品等を取り扱う作業をする場所の真上は、結露しにくく、結露によ

るかびの発生を防止し、結露による水滴により食品等を汚染しないよう
換気が適切にできる構造や設備を有すること。

・**駆除設備**

必要に応じて、ねずみ、昆虫等の侵入を防ぐ設備や侵入した際に駆除
するための設備を有すること。

・**手洗設備**

従事者の手指を洗浄消毒する装置を備えた流水式手洗い設備を必要な
個数有すること。なお、水栓は、洗浄後の手指の再汚染が防止できる構
造であること。

・**洗浄設備**

食品等を洗浄するため、必要に応じて熱湯、蒸気等を供給できる使用
目的に応じた大きさ及び数の洗浄設備を有すること。

・**冷蔵冷凍設備**

食品や添加物を衛生的に取り扱うために必要な機能を有する冷蔵、あ
るいは冷凍設備を必要に応じて有すること等。

・**保管設備**

原材料を種類や特性に応じた温度で、汚染の防止可能な状態で保管す
ることができる十分な規模の保管設備 設備を有すること。

また、施設で使用する洗浄剤、殺菌剤等の薬剤は、食品等と区分して
保管する設備を有すること。

・**製品包装場所**

製品を包装する営業では、製品を衛生的に容器包装に入れることがで
きる場所を有すること。

・**添加物取扱設備**

添加物を使用する施設では、それを専用で保管することができる設備
や場所、あるいは計量器を備えること。

・**更衣場所**

従事者の数に応じた十分な広さがあり、作業場への出入りが容易な位

置に有すること。

② **食品取扱設備**

・**機械器具**

適正に洗浄、保守及び点検をすることができる構造であることや、作業に応じた機械器具等を備えること。

食品や添加物に直接触れる機械器具等は耐水性材料で作られ、洗浄が容易で熱湯、蒸気、機械器具は殺菌剤で消毒が可能なものであること。

なお、固定や移動が難しい機械器具等は、作業に便利で清掃や洗浄をしやすい位置に有すること。

組立式の機械器具等は、分解・清掃しやすい構造で必要に応じて洗浄・消毒が可能な構造であること。

・**運搬容器**

食品又は添加物を運搬する場合にあっては、汚染を防止できる専用の容器を使用すること。

・**計量器**

冷蔵、冷凍、殺菌、加熱等の設備には、温度計を備え、必要に応じて圧力計、流量計その他の計量器を備えること。

③ **給水 排水及び汚物処理**

・**給水設備**

水道水等を施設の必要な場所に適切な温度で十分な量を供給することができる給水設備を有すること。

水道等以外の水を使用する場合は必要に応じて消毒装置や浄水装置を備え、水源は外部から汚染されない構造を有すること。

・**排水設備**

十分な排水機能を有し、水で洗浄をする区画や廃水、液性の廃棄物等が流れる区画の床面に設置されていること。

汚水の逆流により食品や添加物を汚染しないよう配管され、施設外に適切に排出できる機能を有すること。なお、配管は十分な容量を有し、

適切な位置に配置されていること

・便所

作業場に汚染の影響を及ぼさない構造であり、専用の流水式手洗い設備を有する便所を従事者の数に応じて設置すること。

・廃棄物容器

廃棄物を入れる容器や廃棄物を保管する設備は、不浸透性及び十分な容量を備え、清掃がしやすく汚液及び汚臭が漏れない構造であること。

・清掃用具

作業場の清掃等をするための専用の用具を必要数備え、従事者が作業を理解しすい保管場所、作業内容を掲示するための設備を有すること。

■ 食品に関する許可制度と届出制度 ……………………………………

高 ↑ 公衆衛生への影響 ↓ 低	①要許可	1 飲食店営業 2 調理の機能を有する自動販売機に調理された食品を販売する営業 3 食肉販売業 4 魚介類販売業 5 魚介類競り売り営業 6 集乳業 7 乳処理業 8 特別牛乳搾取処理業 9 食肉処理業	10 食品の放射線照射業 11 菓子製造業 12 アイスクリーム類製造業 13 乳製品製造業 14 清涼飲料水製造業 15 食肉製品製造業 16 水産製品製造業 17 氷雪製造業 18 液卵製造業 19 食用油脂製造業 20 みそ・しょうゆ製造業 21 酒類製造業	22 豆腐製造業 23 納豆製造業 24 麺類製造業 25 そうざい製造業 26 複合型そうざい製造業 27 冷凍食品製造業 28 複合型冷凍食品製造業 29 漬物製造業 30 密封包装食品製造業 31 食品の小分け業 32 添加物製造業
	②要届出	ⓐ要許可業種や、ⓑ許可・届出対象外業種以外の食品を扱う営業		
	③許可・届出対象外	・食品又は添加物の輸入業 ・食品又は添加物の貯蔵又は運搬のみをする営業 ・常温で長期間保存しても腐敗・変敗その他品質の劣化による食品衛生上の危害の発生のおそれがない包装食品又は添加物の販売業 ・合成樹脂以外の器具・容器包装の製造業 ・器具・容器包装の輸入又は販売業		

2 風俗営業にはどんな種類があるのか

風俗営業法によって明確に分類されている

● 風俗と性風俗に分けられる

世間一般で「風俗産業」などと呼ばれている事業は、風俗営業法上は、風俗営業と性風俗営業とに分けられています。

風俗営業は、法律上、都道府県公安委員会の許可を必要とします。一定の要件を満たしていないと許可されず、開業できない反面、許可の要件を満たせば、許可は原則として下りることになります。

これに対して、性風俗営業は、許可制ではなく届出制となっています。つまり、ただ届出さえすればよく、届出がある以上行政庁は必ず受理しなければならないのです。この点が、決定的な違いです。

風俗営業は、風営法上5つの種類に分類されており、以下のようにそれぞれが「○号営業」と呼称されています。

・1号営業

キャバレーなど社交飲食店等が1号営業に該当します。1号営業の特徴は「接待」＋「遊興又は飲食」という形態である点です。

・2号営業

喫茶店、バーその他設備を設けて客に飲食をさせる営業で、「国家公安委員会規則で定めるところにより計った営業所内における照度を10ルクス（ルクスとは照度の単位のこと）以下として営むもの（低照度飲食店）」を2号営業と呼びます。

・3号営業

喫茶店、バーその他設備を設けて客に飲食をさせる営業で、他から見通すことが困難であり、かつ、その広さが5㎡以下である客席を設けて営むものを3号営業と呼びます。

・4号営業

87

マージャン屋、パチンコ屋その他設備を設けて客に射幸心（偶然によって金銭などの利益を得たいとする気持ち）をそそるおそれのある遊技をさせる営業を4号営業と呼びます。

なお、風営法には遊戯、ゲーム、競技などを行わせたり、不特定多数の客に演奏やダンス、ショウなどを見せる「遊興」という概念があります。これらは1号営業、2号営業、又は後述する「特定遊興飲食店（93ページ）」に分類しますので混同しないようにしましょう。

・5号営業

スロットマシン、テレビゲーム機その他の遊技設備で本来の用途以外の用途として射幸心をそそるおそれのある遊技に用いることができるもの（風俗営業法施行規則5条で定めるものに限る）を備える店舗その他これに類する区画された施設（旅館業その他の営業の用に供し、又はこれに随伴する施設で政令で定めるものを除く）において当該遊技設備により客に遊技をさせる営業を5号営業と呼びます。

◉ 接待とはどういうものを指すか

接待とは、歓楽的雰囲気を醸し出す方法により客をもてなすことをいい、具体的には、客に同席して歓談したり、一緒にカラオケを歌ったりする行為を意味します。このことから、通常の居酒屋で飲食物を差し出す行為のようなものは「接待」には含まれないわけです。

一方、キャバクラやラウンジでは、飲食をする客のソファーにホステスが同席して談笑するといった「接待」に該当するサービスが行われることが多く、1号営業として風俗営業に該当します。

1号営業はその特徴から社交飲食店と呼ばれることもあります。なお、流行のメイドカフェは客席に同席することは少ないかもしれませんが、歓楽的雰囲気を醸し出し、継続して談笑をすることが多いため、社交飲食店と判断されるおそれがあるので注意が必要です。

その他、近年ではガールズバーが風俗営業に該当するにもかかわらず、

風俗営業の許可を受けていないとして、摘発される例が見受けられます。

　ガールズバーであっても、サービスの態様が接待に該当するおそれがある場合は風俗営業許可を得ておかないと、罰則が科せられます。

　この判断は、利用客への対応により総合的に行うことになりますが、具体的には以下の諸要素を考慮します。

①　特定少数の利用客に侍って、談笑、お酌などの相手をする。

②　特定少数の利用客に侍りつつ、カラオケの歌唱に手拍子をとったり、一緒に歌ったりする。

③　利用客と共にゲームなどに興じる。

④　利用客に身体を密着させたり、社交儀礼以上に手を握ったりする。

　これらに至らない程度の対応であれば、「接客」として風俗営業許可ではなく、深夜酒類提供飲食店営業として届出をしておけばOKです。このように、多くのガールズバーは客席に同席こそしないものの①や②から接待を行っているとみなされることが多いため、注意が必要です。

◉ 性風俗特殊営業には11種類ある

　性風俗営業は届出制が採用されているのですが、これらは特殊営業と

■ 風俗営業の区別と可能な営業内容 ·······························

名称	具体例	営業の内容	ルクス
1号営業	キャバレー 大規模なショーパブ キャバクラ ラウンジ、料亭	接待 ＋ 遊興 or 飲食	5以上
2号営業	照度10ルクス以下の 飲食店、ナイトクラブ等	低照度 ＋ 飲食	5以上
3号営業	見通し困難かつ客席の 広さ5㎡以下の飲食店	見通し ＋ 飲食	10以上
4号営業	マージャン屋　パチンコ屋	遊技方法が射幸心	10以上
5号営業	ゲームセンター	遊技設備が射幸心	10以上

89

呼び、一般の風俗営業と明確に区別されています。

　まず、店舗型性風俗特殊営業と呼ばれるものがあります。これは、店舗を設営し、そこでサービスを提供する形態の営業です。具体的には、1号営業（ソープランド）、2号営業（ファッションヘルス）、3号営業（ストリップ、個室ビデオ）、4号営業（ラブホテル）、5号営業（店舗型アダルトショップ）、6号営業（出会い系喫茶）、の6種類の営業があります。無店舗型性風俗特殊営業とは、店舗を設営しないで、自宅又は事務所で電話やインターネット、Eメールを通じて顧客から注文を受けて、従業員や商品を顧客に対して配送する形態の営業のことで、派遣型ファッションヘルス（1号営業）とアダルトビデオ等の通信販売業（2号営業）の2種類があります。映像送信型性風俗特殊営業とは、希望する顧客に対して成人向け映像つまりアダルト画像を送信して、対価を徴収する形態の営業のことです。インターネットの普及に伴って登場したサービスといえます。また、その他の性風俗関連特殊営業として、店舗型電話異性紹介営業（入店型のテレクラ）や、無店舗電話異性紹介営業（無店舗型テレクラ）があります。

● 風俗営業を行う場合の遵守事項

　風俗営業許可を取得した業者は、許可証を営業所の見やすい場所に掲示する義務や、18歳未満立入禁止のプレートを、入口や看板などの見やすい場所に表示する義務等が課されます。

　また、許可取得にあたって整えた構造、設備、照明等についても引き続いて適合した状態で維持し続ける義務が課されます。特に、クライアントが大規模な修繕や模様替えを行う場合は注意が必要になります。さらに、許可取得者の名称や所在地、代表者、役員、管理者、営業所等に変更があった場合は、変更届を提出する必要もあります。これは前述した大規模な修繕や模様替えの際も、該当する場合がありますが、専門的な知識を有していなければ、これらの判断が難しいことが多いでしょう。

そこで、行政書士などに許可取得後であっても、しっかりフォローしてもらう必要があります。

● 深夜酒類提供飲食店の特徴について

　繁華街でよく見かける、午前０時以降も営業しているお店では一体どのようにしているのでしょうか。

　風俗営業法は、一部の業種を除いて原則として風俗業と性風俗業の営

■風俗業の種類‥‥‥‥‥‥‥‥‥‥‥‥‥‥‥‥‥‥‥‥‥‥‥‥‥‥‥

風俗営業

接待飲食等営業
１号営業	キャバレー、ラウンジ、料理店
２号営業	低照度飲食店
３号営業	区画席飲食店

遊技場営業
４号営業	パチンコ、麻雀店
５号営業	ゲームセンター

性風俗特殊営業

店舗型性風俗特殊営業
１号営業	ソープランド
２号営業	ファッションヘルス
３号営業	ストリップ、個室ビデオ
４号営業	ラブホテル
５号営業	店舗型アダルトショップ
６号営業	出会い系喫茶

無店舗型性風俗特殊営業
１号営業	派遣型ファッションヘルス（デリヘル）
２号営業	アダルトビデオなどの通信販売業

映像配信型性風俗特殊営業

店舗型電話異性紹介営業

無店舗型電話異性紹介営業

第２章　飲食・風俗営業をめぐる法律と申請手続き

業時間を午前6時から午前0時に制限しています。つまり、「接待」を行う風俗営業や性的サービスを施す性風俗業は、基本的に午前0時以降営業できません。しかし、逆に言えば風俗・性風俗業には該当しないものの酒食を提供する居酒屋のような業種であれば、午前0時以降も営業できます。このように、午前0時から午前6時までに主に酒類を提供することを営業内容とする飲食店を深夜酒類提供飲食店といいます。

　深夜酒類提供飲食店を経営する場合、営業所を管轄する公安委員会に深夜酒類提供飲食店営業の届出をしなければなりません。また、その営業設備として、客室の床面積は、1室の床面積を9.5㎡以上、客室の内部に見通しを妨げる設備を設けない、善良の風俗又は清浄な風俗環境を害するおそれのある写真、広告物を設けないといった基準を満たす必要があります。ただし、届出が必要になるのは、深夜に提供するメニューのメインが酒類である場合です。つまり、主にめん類や丼物を提供し、付随的に酒類を提供する店は「深夜酒類提供飲食店」には該当しないので、届出不要で営業できます。自分の経営する店舗が深夜酒類提供飲食店に該当するかどうか判断に迷うこともあるので、あらかじめ管轄の警察署に営業内容を説明し、相談することが大切だといえるでしょう。

● 風俗営業と深夜営業の両方をすることは可能か

　たとえば、接待を行うラウンジを営業する場合、深夜0時以降も接待を行うことはできるのでしょうか。繁華街などで盛り上がった顧客が多いところでは、営業時間を延長したいところです。前述した点からすれば、風俗営業の許可を得て、さらに深夜酒類提供飲食店営業の届出をすれば、午前0時を回っても営業できるようにも思えます。

　しかし、実際のところ、このような営業は認められていません。これを認めてしまうと、「深夜の風俗営業はできない」という規制が骨抜きになってしまうからです。業務遂行上、この点を十分に頭に入れておいて、営業形態を選択しなければなりません。

3 特定遊興飲食店営業の特徴について知っておこう

ダンスなどの遊興を提供する飲食店向けの許可類型

● 特定遊興飲食店営業とは

　ここまでで、飲食店営業と風営法上の風俗営業、深夜酒類提供飲食店営業について説明してきましたが、風営法には、さらに特定遊興飲食店営業という許可類型があります。これは、飲食店営業と風俗営業を兼ねたような内容で、具体的には「遊興を提供し、かつ、客に飲食をさせる営業」で、「照度10ルクス以上として営むもの」のうち「深夜営業するもの（午前０時以降も営業するもの）」を特定遊興飲食店営業に分類しています。

　逆に言えば、遊興を提供する場合でも、照度10ルクス以下として営むものは風俗営業の２号営業（ただし深夜営業不可）に該当しますし、深夜営業を行わないものは通常の飲食店営業となります。

● 遊興の提供とは

　特定遊興飲食店営業は、その名前の通り、特に特徴的なのが、「遊興」を提供する飲食店であることです。

　この遊興の考え方について、警察庁の通達では「お店側の積極的な働きかけにより、客に遊びを興じさせる場合」を指すとされており、以下のように示しています。

①　不特定多数の客に歌、ダンス、ショウ、演芸、映画等を見せる行為
②　生バンドの演奏を不特定多数の客に聴かせる行為
③　不特定多数の客が参加する遊戯・ゲーム・競技等を行わせる行為

　ここでのポイントは、「不特定多数の客」という前提があることです。店側が特定の客とカラオケを唄ったり、ゲームに興じる行為であれば、特定遊興飲食店営業とはならず、従来からの風俗営業に該当することになります（風俗営業の「接待」に該当）。

第２章　飲食・風俗営業をめぐる法律と申請手続き

また、深夜に酒類を提供したとしてもお店側の積極的な働きかけにより、客に遊びを興じさせないのであれば、深夜酒類提供飲食店営業許可のみで可能です。あくまで深夜に酒類を提供し、客に遊興を提供しようとする飲食店のみが特定遊興飲食店営業となります。

　たとえば、カラオケは遊興であることに変わりがありませんが、カラオケ装置を設置し、客が任意に選曲し唄う形態であれば、特定遊興飲食店営業とはなりません。一方で店側から不特定の客に歌うことを勧奨して照明や合いの手等により、歌を盛り上げるような場合は規制対象になります。

　次にスポーツバーなどで客にスポーツ観戦をさせる行為は規制対象となりません。しかし、客に呼びかけて応援等に参加させる行為がある場合は特定遊興飲食店営業となります。ダーツやビリヤードなどについても同様で、単に客が自らの意思でゲームに興じる限りは規制対象外ですが、これらのゲームを不特定多数の客に煽り、応援等に参加させる行為や、照明等で演出する行為があれば、特定遊興飲食店営業となるおそれがあります。

● 営業できる地域の制限

　特定遊興飲食店営業は、従来の風俗営業と比べて許可を取得できる地域が狭められています。

　まず、前提として特定遊興飲食店営業を行えるのは都市計画法に基づく準住居地域、近隣商業地域、商業地域、準工業地域のうちで風俗営業等密集地域（風俗営業の営業時間延長が許容されている地域）、あるいは深夜の居住人数が1km²につき100人以下の地域とされています。

　さらに、その中から都道府県の条例で告示された地域（営業所設置許容地域）のみ、許可取得可能とされています。

　なお、風俗営業同様に、児童福祉施設や病院等の保全対象施設の周辺を営業所設置制限地域として、許可取得ができないよう、制限がかけられています。

具体的に許可を取りたい地域で取得可能かを知るには、候補の地域を管轄する警察署に問い合わせるか、最寄りの行政書士に確認してみるとよいでしょう。

● 特定遊興飲食店営業の許可要件

　特定遊興飲食店営業についても、風俗営業や通常の飲食店営業同様、営業施設や設備は、一定の基準を満たしていなければなりません。

　詳細な基準については各都道府県の条例で定められますが、おおまかなところでは、都道府県ごとに違いはありません。

　ここでは風営法施行規則や風営法施行令に基づく基準について列挙しますので、参考にしてみてください。

【営業施設の構造についての基準】

① 客室の床面積は、1室の床面積を33㎡以上とされます。

② 客室の内部に見通しを妨げる設備を設けられません。

③ 善良の風俗・清浄な風俗環境を害し、少年の健全な育成に障害を及ぼすおそれのある写真、広告物、装飾等の設備を設けることはできません。

④ 客室の出入口に施錠の設備を設けることはできません（営業所外に直接通ずる客室の出入口についてのみ可能です）。

⑤ 営業所内の照度が10ルクス以下とならないように維持されるため必要な構造や設備が必要です。

■ 特定遊興飲食店営業を行える地域制限 ……………………………

準住居地域、近隣商業地域、商業地域、準工業地域

風俗営業等密集地域又は
深夜の居住人数が1km²につき100人以下

都道府県の条例で告示された地域　──　**営業可能**

95

⑥ 騒音・振動の数値が条例で定める数値に満たないように維持される
ため必要な構造や設備が必要です。

【照度の計測方法に関する基準】

(1) 遊興を伴わない客室

(2) 遊興を伴うが客室に対して客席の割合が20％を超える客室

上記(1)、(2)の客室は以下①、②、③を計測場所とします。

　① 机がある場合：机の上面とその高さで客が通常利用する部分

　② 机がない場合：椅子の座面とその高さで客が通常利用する部分

　③ 机も椅子もない場合：床面

(3) 遊興を伴う客室で客室に対して客席の割合が20％を超えない客室は、
上記①、②、③に加えて遊興をさせる部分を計測場所とします。

　この計測は水平面について測るものとされています。なお、客席とは
飲食をさせるために椅子やテーブルを設けた部分のことを指します。

◉ 特定遊興飲食店営業に課せられる義務

　特定遊興飲食店営業の許可取得後は、いくつかの義務を果たさなければなりません。

　まず、特定遊興飲食店営業は、深夜に営業を行えることを前提としているため、営業所周囲において他人に迷惑を及ぼしてはならない旨を掲示・交付するか、客に説明しなければなりません。

　また、泥酔した客に対して酒を提供することが禁止され、営業所周辺を定期的に巡回の上、迷惑行為を行う客を発見した場合、やめさせる義務等が発生します。同様に、深夜における客の迷惑行為防止義務について従業員教育や関連規程の整備を行い、苦情等に関する処理の帳簿設置が義務付けられます。

　警察庁では、一般的に深夜は人々の監視・制御機能が弱まり、規範を逸脱しやすくなる時間帯と考えられています。そこで、特に深夜営業については、客の迷惑行為を防止するような義務が設けられました。

また、都道府県ごとに個別の条例を定めることがありますが、その中に「営業所内での卑わいな行為の禁止」「客が求めない飲食物の提供禁止」「営業中の出入口、客室の施錠禁止」「客の宿泊禁止」などの各種義務も盛り込まれることが多いようです。

少し、別の観点になりますが、各都道府県の条例では騒音や振動に関する規制（たとえば、40～55デシベルを超える騒音禁止など）や、周辺地域の環境を悪化させない義務等も詳細に定められます。

● 許可申請手続きはどうなっているのか

特定遊興飲食店では、営業所を管轄する警察署の生活安全課に以下のような流れに従って手続きをする必要があります。

① 特定遊興飲食店の営業が可能な地域（94ページ）か確認をする。
　　確認が不可能な場合は、まず警察署に相談が必要で、営業所の変更又は営業形態の変更を行う必要が生じる。

② 経営者（役員）が人的欠格事由に該当していないか、営業所が営業施設の構造についての基準（95ページ）をクリアしているかを確認する。

③ 警察署への事前相談と必要となる公的証明書の収集をする。

④ 手数料を支払い、所管の警察署の生活安全課に許可申請をする。

⑤ 営業所の検査が行われる。

⑥ 問題がなければ、60日以内で許可年月日・許可番号の連絡と、所管警察署での許可証の交付がなされる。

⑦ 迷惑行為防止関連規程の整備、苦情等に関する帳簿、窓口の設置
　　なお、上記②の人的欠格事由とは以下のようなものをいいます。

・一定の刑に処せられ、その執行を終わり又は執行を受けることがなくなってから5年経過していない者。

・暴力団構成員。アルコール、麻薬、大麻、あへん又は覚せい剤の中毒者。

● 提出書類と添付種類には何があるのか

　以下の書類の提出が必要です。ただし、都道府県によっては別途書類の提出を要求されることもありますので、所管の警察署に確認することが大切です。

① 　特定遊興飲食店営業許可申請書

② 　営業の方法を記載した書類

③ 　営業所についての賃貸借契約書（使用承諾書）又は建物についての
　　登記事項証明書等

④ 　営業所の平面図等と営業所周囲の略図

⑤ 　営業者が個人の場合の提出書類
　　住民票（本籍記載のもの。日本国籍を有しない者は、国籍記載のもの）の写し、市区町村長発行の身分証明書、誓約書を提出します。

⑥ 　営業者が法人の場合の提出書類
　　・定款、法人登記事項証明書
　　・役員についての⑤の各書類

⑦ 　管理者についての⑤の各書類、写真等

● 特定遊興飲食店営業に必要な手数料

　特定遊興飲食店営業の許可にかかる手数料は、以下に記載するような区分に応じて異なります。

① 　新規の許可申請：24,000円

② 　同時に同一業種の2つ以上の申請を行う場合：1つにつき16,000円

③ 　3か月以内の期間に限った営業：14,000円

風俗営業開業のための法律や手続きはどうなっているのか

健全な性風俗を守るため、手続きを遵守しなければならない

● どんな法令と関わってくるのか

　風俗営業は一定の需要はあるとはいえ、無制限に認めてしまうと、善良な風俗や近隣の環境を損ねるおそれが生じます。それだけでなく青少年の健全な育成を阻害しかねません。場合によっては暴力団の介入や犯罪の温床になる危険性があります。

　そのため風俗営業法は、風俗営業を始める場合には都道府県公安委員会の許可を得なければならないと定めています。しかし、風俗店を営もうとする歓楽街の規模や周辺環境は地域によって異なるので、法律による全国一律の規制だけでは適切な規制ができないのも事実です。

　そこで風俗営業については通常、風俗営業法による規制だけでなく各自治体による独自の条例による規制が存在します。たとえば、開業それ自体は規制されていなくても、地元の条例によって、営業時間が制限されていたり、カラオケによる騒音が厳格に規制されている場合があります。したがって、風俗営業許可申請を行う場合、地元の条例がどのような規制をしているのかについて、事前に十分調査しておくことが不可欠といえます（詳しくは、警察署の生活安全課に照会します）。

　さらに、風俗店内で食品を取り扱う場合には、風俗営業法に基づく許可だけでなく、食品衛生法に基づく都道府県知事の許可も必要になります（80ページ）。飲食店の営業許可申請については、営業所の所在地を所管する保健所で手続きを行うことになります。

● 許可を受ける手順について

　87ページで説明しましたが、風俗営業であれば許可制、性風俗営業であれば届出制ということになります。届出の場合は、記載内容に不備が

99

なければ受理してもらえますが、許可制の場合は、審査を得ないと許可はもらえません。手順としては、以下のようになります。

① **事前相談**

　管轄の警察署の生活安全課で開業する店の図面などを示して、許可のための手続きについて、事前相談をしておきます。新たに建築物を建てて店舗を設営する場合は、消防法上の規制が問題となります。この場合は、建築前に所管の消防署に図面を持参して相談しておくことになります。

② **書類の準備**

　申請書を作成し、添付書類を用意します。準備が大変な場合もありますので、急ぎの場合は早めに公的証明書を収集しておきましょう。

③ **申請**

　書類を担当窓口に提出します。書式に不備があると補正を求められますが、補正をすれば受理されます。また、手数料もこの時支払います。

④ **検査**

　申請後に、検査が行われます。検査によって問題がないと判断されると許可証が交付されます。申請から2か月程度はかかると思ってください。許可のないまま営業をすると処罰されますので、注意が必要です。

● 開業のための必要な資格や手続きと提出書類

　本書では、風俗営業について1号営業（87ページ）に該当するラウンジを事例として取り上げます。ラウンジといっても様々なタイプがありますが、ここでは女性がカウンター越しに接客を行うサービスが「接待」に該当する場合を想定してください。

　ラウンジを開業する場合、店舗で飲食を提供することになりますから、風俗営業法上の手続きの他に、80ページで述べた飲食店営業についての許可申請手続きも必要です。所管の警察署で風俗営業法に基づく許可申請手続きを行う際に添付書類として飲食店営業についての営業許可書のコピーを要求されますので、手続きの順序としては、まず飲食店営業の

許可申請手続きから行うことになります。風俗営業法関係の資格、営業所の基準、営業時間、手続き、提出書類は以下の通りです。

【資格】

　積極的に必要となる資格はありません。しかし、風俗営業法4条1項が欠格事項を明記しており、当該事由に該当する場合には、営業の許可が下りません。以下、風俗営業の許可を受けることができない主な場合を例示します。

① 　破産者でいまだ復権（破産の決定により制限された権利や資格の回復を図るための制度）していない者

② 　1年以上の懲役若しくは禁錮の刑に処せられ、又は公然わいせつ罪や淫行勧誘罪などの風俗営業法4条1項2号で列挙する罪を犯して1年未満の懲役若しくは罰金の刑に処せられ、その執行を終わり、又は執行を受けることがなくなった日から起算して5年を経過していない者

③ 　集団的、常習的に暴力的不法行為を行うおそれのある者

④ 　アルコール、麻薬、大麻、あへん又は覚せい剤の中毒者

⑤ 　風俗営業の許可を取り消されて5年を経過しない者

⑥ 　法人の役員、法定代理人が上記の事項に該当するとき

【営業所の基準】

　風俗営業で使用する営業所について一切の制限を置かないとすると、管理が行き届かず、法が認めた範囲外の営業行為がなされる危険が生じます。また、違法行為の場所に利用され、犯罪行為を助長するおそれも生じます。そこで風俗営業で利用される営業所については、内部的な制限と外部的な制限が設けられ、健全な性風俗の維持が図られています。

① 　内部的な制限

　2号営業で使用する営業所として認められるためには、営業所の構造や設備が一定の技術的基準を満たしていなければなりません。

　以下、要求されている主な基準を例示します。この基準をクリアしないと風俗営業の許可は認められませんから、基準を明記している風俗営

業法施行規則第8条を読んでみるのもよいでしょう。

・客室の床面積は、16.5㎡以上（和風は9.5㎡以上、1室の場合は制限なし）であること
・営業所の外部から客室が見えないこと
・客室に見通しを妨げる設備がないこと
・善良な風俗等を害するおそれのある写真、装飾等の設備がないこと
・ダンスをする踊り場がないこと
・客室の出入口に施錠の設備を設けないこと（ただし、営業所外に直接通ずる客室の出入口については、施錠設備を設けてもかまわない）

② 外部的な制限

　風俗営業は仕事ごとの性質が、健全な性風俗を害しかねないものであるため、営業所を置く際には、周囲の環境にも配慮する必要があります。そこで以下の点に注意することになります。

・都市計画法上の用途地域による制限にかからないこと
・保全対象施設から一定の距離以内で営業しないこと。たとえば、東京都商業地域の場合、「学校・図書館・児童福祉施設から50m」、大学・病院・診療所（7人以下の有床施設や第二種助産施設では10m）から20mなど定められています。
・賃貸物件で営業する場合、賃貸人の承諾があること
・その他、条例、建築基準法、消防法による制限対象にかからないこと

【営業時間】

　営業時間は、原則として午前6時から午前0時です。ただし、地域の条例で別途制限が加えられることがあります。

　このように、0時までしか風俗営業ができないとなると、「それなら0時以降は深夜酒類提供飲食店として営業を行い、24時間営業しよう」というアイデアを思いつく経営者が出てきます。

　しかし、残念ながら0時まで風俗営業を行いながら0時以降は深夜酒類提供飲食店として営業するという営業形態はかなり難しいといってよ

いでしょう。100％不可能ではないのですが、0時以降の風俗営業は認められない以上、0時を境に営業態様や客をすべて変更させないと、風俗業を閉店させたとはいえなくなってしまうからです。

【手続き】

風俗営業法上の許可は、営業所ごとに、当該営業所の所在地を管轄する都道府県公安委員会の許可を受けますが、窓口は、所管の警察署の生活安全課になります。手続きの流れは以下のようになります。

① 大まかな営業企画を計画する。
② 経営者（役員）が人的欠格事由に該当していないか、営業所が内部的制限、外部的制限に反していないかを調査・確認する。
③ 警察署への事前相談と必要となる公的証明書の収集をする。
④ 手数料を支払い、所管の警察署の生活安全課に許可申請をする。
⑤ 営業所の検査が行われる。
⑥ 問題がなければ、60日以内で許可年月日・許可番号の連絡と、所管警察署での許可証の交付がなされる。

【提出書類】

以下の書類の提出が必要です。ただし、自治体によっては会社の定款

■ 風俗営業の許可申請手続きの流れ

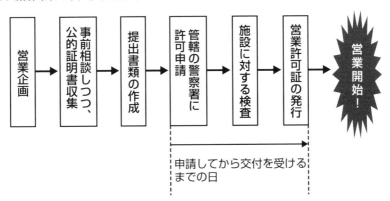

のコピーやメニュー表などの提出を要求されることもあるので、所管の警察署に確認することが大切です。
① 許可申請書
② 営業の方法を記載した書類
③ 営業所についての賃貸借契約書（使用承諾書）と建物についての登記事項証明書等
④ 営業所の平面図と営業所周囲の略図
⑤ 営業者が個人の場合の提出書類
　住民票（本籍記載のもの。日本国籍を有しない者は、国籍記載のもの）の写し、市区町村長発行の身分証明書、誓約書を提出します。
⑥ 営業者が法人の場合の提出書類
　・定款、法人登記事項証明書
　・役員についての⑤の各書類
⑦ 管理者についての⑤の各書類、写真（サイズ、枚数、撮影日といった詳細については、生活安全課に問い合わせる）

■ 許可事項と届出事項の区別

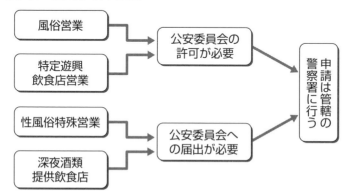

5 申請書式の書き方について知っておこう

飲食の提供を行う風俗営業（第1号）許可申請のケース

● どんな書類を書くのか

　Lounge　NAKANOが食品衛生法による飲食店営業許可と風俗営業法による風俗営業許可を申請する場合を例に、主な書式の書き方を説明します。また、特定遊興飲食店営業は株式会社ロック・アンド・ライがJAZZバーを営業する場合を例としていますが、提出書類の書き方の大部分は風俗営業許可の申請書類と同様となります。なお、本書で掲載している書式はサンプルの一例であり、図面類の記載内容については、各都道府県の警察署によってそれぞれ判断が違う場合があります。詳細は、管轄の警察署の担当まで問い合わせてみてください。

【飲食店営業許可関係】

営業許可申請書（表面）（書式1）

① **許可か届出か**

　営業許可が必要なものか、届出かによって異なりますが、本事例は営業許可が必要な「飲食店営業」のため、（営業許可申請・営業届）のうち「営業許可申請」該当部分に○をつけます。

② **新規か継続か**

　（新規・継続）の該当部分に○をつけます。本事例では「新規」に該当します。

③ **日付、申請者・届出者情報**

　日付は、申請年月日を記入します。郵便番号、電話番号は「—（ハイフン）」も一緒に記入します。住所については、個人が申請する場合は、住民票の記載通りに記入し、マンション・アパートの場合はその名称・部屋番号まで正確に記入します。法人が申請する場合は、法人登記事項

証明書通りに本店（本社）又は支店の所在地を記入します。

　なお、法人の場合の電話番号は本社の電話番号を記入します。氏名は、個人が申請する場合は、住民票の記載通りに記入します。法人が申請する場合は、法人登記事項証明書通りに商号、代表者氏名を記入します。ただし、法人番号については13桁必要ですので、法人登記事項証明書ではなく、「国税庁　法人番号公表サイト（https://www.houjin-bangou.nta.go.jp/）で確認します。

④　営業施設情報

　営業施設の所在地は、賃貸借の場合、賃貸借契約書通りに記入し、建物の名称・階層・部屋番号まで記入します。電話番号は営業施設にある固定電話の番号です。ただし、電子メールアドレスは営業施設に常駐する者が確認できるものであれば、制限はありません。

　施設の名称は、営業施設に実際に掲示されるものを正確に記入します。食品衛生責任者の氏名は、必ず当該営業施設の「食品衛生責任者」を記入します。あわせて食品衛生責任者となることができる根拠となる資格に「○」をつけ、資格取得日、番号を記入します（講習の場合は講習会場も記入）。

　「主として取り扱う食品、添加物、器具又は容器包装」については、申請する主な業種を記入しますが、他にも取り扱う食品等がある場合は、「自由記載欄」に、そのすべてを記入します。なお、飲食店営業の場合は「業態欄」に「和食、洋食、中華、イタリアンレストラン、焼肉店、居酒屋」などの業態の記入も必要です。

　「HCCAPの取組」は継続の場合に使用します。飲食店営業の場合は「HACCAPの考えを取り入れた衛生管理」でかまいません（「HCCAPに基づく衛生管理」は、「複合型そうざい製造業」や「複合型冷凍食品製造」などになります）。

⑤　担当者

　当該、許可申請について受け答えできる者の氏名と連絡先を記入します。

営業許可申請書（裏面）（書式2）

① 法第55条第2項関係というのは、欠格事由です。(1)〜(3)に該当する場合はチェックを入れます。

② **営業施設情報**

「食品衛生法施行令第13条に規定する食品又は添加物の別」は、書式内の①〜⑪に列挙されている食品や添加物を製造する場合に記載するものです（本事例のような飲食店営業は記載不要です）。

「食品衛生管理者の氏名」は、書式内の①〜⑪に該当する場合に記載するものですので、飲食店営業では記載不要です。

「使用水の種類」は、営業に使用する水を選択しチェックします。

③ **業種に応じた情報**

飲食店営業のうち、「そうざい」「缶詰」「ソーセージ」など、既製品を開封、加温、盛り付け等して提供するだけの営業や、「から揚げ」「ポテトフライ」など、既製品を揚げたり、焼いたりするだけの営業、ジュースなどの飲料を提供するだけの営業などは「簡易飲食店営業」として、施設基準の一部が緩和されますので該当する場合はチェックを入れます。

その他、「生食用食肉の加工や料理を行う営業」や「ふぐの処理を行う営業」などは、別途、都道府県の条例の要件が必要になりますので、チェックを入れます。

④ **添付書類**

「施設の構造及び設備を示す図面」は必須となりますのでチェックが必要です。その他、水道水や専用水道水以外の水を使用する場合は「水質検査結果」の添付が必要ですのでチェックを入れます。

⑤ 営業許可業種は、当該申請に該当する業種を記入します。

施設の構造及び設備を示す図面（書式3）

① 82ページに挙げたような施設の基準を満たすことを示す構造や設備の位置をすべて明示する必要があります。

107

②　営業施設の各方向の寸法を記入し、調理場、トイレなど衛生面に関わる設備はすべて詳細に記載し、名称を入れます（客席は位置と寸法、面積のみでかまいません）。

　また、冷蔵、冷凍、殺菌、加熱等の設備には温度計を備え、必要に応じて圧力計などの計量器が必要となります。

　都道府県にもよりますが、洗浄設備は「給湯設備必須」「食材用と器具洗浄用のシンクを分けて２槽設置」、手洗設備には「洗浄消毒装置」「洗浄後の手指再汚染を防ぐ構造（レバータイプやセンサー式など）」といった基準がある場合もあります。

【風俗営業許可関係】

許可申請書（書式４）

　「その２」の様式は、業種によって異なります。書式中「※」がついている項目については記載をしないようにしてください。

①　建物の構造

　木造・鉄筋コンクリート造・鉄骨造・れんが造・コンクリートブロック造の別、階数（地階も含む）の別を記載します。

②　建物内の営業所の位置

　階の別、当該階の全部又は一部の使用の別を記載します。

③　照明設備、音響設備、防音設備

　照明設備、音響設備については、設備の種類、仕様、基数、設置位置などを記載します。防音設備については、設備の種類、仕様などを記載します。

④　その他

　出入口の数、間仕切りの位置と数、装飾その他の設備の概要などを記載します。所定欄に記載しきれない場合には別紙に記載し、これを添付します。その場合、「別紙○○○○図」の通りと記載します。

営業の方法（書式５）

　該当する個所に○をつけ、適宜正当な補足説明を記入します。

① 「提供する飲食物の種類及び提供の方法」

　営業において提供する飲食物（酒類を除く）のうち、主なものの種類と提供方法（調理の有無、給仕の方法など）を記載します。

② 「提供する酒類の種類、提供の方法及び20歳未満の者への酒類の提供を防止する方法」

　営業において提供する酒類（焼酎、ビール、日本酒、洋酒など）のうち主なものの種類、提供方法（調理の有無、給仕の方法など）、及び、20歳未満の者への酒類の提供を防止する方法を具体的に記載します。

③ 「客の接待をする場合はその内容」

　接待の種類とこれを行う方法を記載します。

④ その他

　所定欄に記載できないときは、別紙に記載し、添付します。その場合、当該所定欄には、「別紙○○○○の通り」と記載します。

　なお、提供する飲食についての料金は、「営業の方法その２（A）」の「料金」の欄に記載することになっていますが、通常は、書き切れるものではないので、料金表を別途添付し、「営業の方法」の方には、「料金は別添の料金メニューに記載」などと記載しておきます。

営業所周辺の略図（書式６）

　保護対象施設の有無について、営業所周辺の略図を添付することによって示します（提出書面はカラー印刷したものを用います）。

① 略図

　略図は、本書では縮尺1000分の１のものを使用します。営業所を中心として半径10m、20m、50m、100mの円を記入します。

　営業所は目立つ色にしてわかりやすく記入し、保全対象施設、保全対象施設外施設の所在場所にそれぞれ色別にして○印で番号を記載します。

② 所在地・名称・用途地域

　所在地・名称・用途地域について、それぞれ記載します。所在地については、建物の名称、部屋番号に至るまで、許可申請書など他の書類と

必ず一致している必要があります。

③　保全対象施設不在の文言

　規定距離内に保全対象施設がないことを宣言する文言を記載します。

④　半径100m内の保全対象施設

　半径100m内に所在する保全対象施設について、営業所からの距離、所在地、施設名をそれぞれ記載します。略図内の所在場所に番号を記入し、それと同じ番号を記載します。これらは、保全対象施設以外の施設と区別がつくように色分けします。病院や診療所については病床の有無や数も記載します。

⑤　用途地域の凡例、各施設の凡例

　用途地域について、略図中に用途地域別に網がけをするなどして区分けをし、それに応じて凡例を記載しておきます。

建物概要書（書式７）

　建物概要書には、階層別施設と申請にかかる営業所の所在する階の見取図を記載します。

　階層別施設については、地階があれば地階から最上階に至るまで、各階の階数、用途、各店舗の名称を記載します（テナントの場合、他にどのような店舗があるのかを示します）。申請店舗については、赤字など目立つ色で記入し、かっこ書きで所在場所を明確にしておきます。

　見取図は、申請店舗の所在する階全体の図面です。申請店舗については、赤字かつかっこ書きで所在場所を明確にします。また、出入口についても矢印と共に赤字など目立つ色で示しておきます。

平面図（書式８）

　本書では、平面図の縮尺については50分の１のものを使用しています。ただし、特定の比率の図面でなければならないということではありませんので、広い店舗の場合には100分の１の縮尺など、提出図面として適切な縮尺で作成することになります。

　平面図については、壁の中心部を通る線を記入しますが、色は青色に

します。客室の内のりを赤色の線で示します。そして、対面との距離を記入します。調理場内は別の色で囲みます。出入口も目立つ色で示します。他の各部についても名称を記載します。特に、テーブルとイスについては、凡例に対応して区別ができるように名称をつけます。

　また、面積表については、営業所全体の面積を記載し、さらに内訳をして記載します。平面図内の各部分の色分けがわかるように、対応した色枠も記載しておきます（通常、営業所面積は青色、客席は赤色を使用）。

　なお、凡例では、平面図中に記入してある各テーブルとイスについて記載します。それぞれの名称・たて・よこ・高さ・個数を記載します。

求積図（書式9）

　営業所内各部分の面積の算出過程を記載します。営業所全体のものと、客室・調理場・その他の部分について面積を求めたものを作成します。本書では縮尺50分の1の図面を掲載していますが、店舗が広い場合には、100分の1、150分の1の縮尺を使用して適切な図面になるように調整してください。各部分の長さを計測し、図面内に記入します。そして、面積を求めた過程がわかるように、計算式を記入していきます。

音響照明設備図（書式10）

　音響照明設備図では、スピーカーと照明の所在、種類、数をそれぞれ記入します。識別がつくように、それぞれの記号を色や形を変えて記入しておきます。そして、一覧表を作成し、記号、種類、照度（w）、客室・調理場・その他、合計の別に数を記載します。

営業所の使用について権原を有することを疎明する書類（書式11）

　営業所を使用する法律的権原があることを確かめるための書類のことです。賃貸物件の場合は、通常建物所有者に記入してもらいます。この使用権原を疎明するための書類は府令により提出が義務とされているのですが、厳密に様式が定められているわけではありません。

誓約書（書式12）

　提出する誓約書は、法人の場合、①役員用と②管理者用があります。

本事例は個人事業主の場合です。個人事業主の誓約書は営業者が、風俗営業法第4条第1項の1号から8号に掲げている人的欠格事由に該当していないことを宣誓する書類です（法人の役員の場合、風俗営業法第4条第1項の1号から7号となります）。

　営業所所在地は、建物の名称、部屋番号に至るまで、許可申請書などの他の書類と正確に一致するように注意します。また、法人の場合で管理者用の誓約書は管理者となる者が、業務を誠実に行うことを誓約する書類です。ここでも、営業所の所在地は、建物の名称、部屋番号に至るまで許可申請書などの他の書類と正確に一致するように注意します。なお、誓約書についても様式が厳密に定められているわけではありません。

【深夜酒類提供飲食店営業届出関係】

深夜における酒類提供飲食店営業営業開始届出書（書式13）

　書式1～12までで見てきたラウンジ営業（本書では「Lounge NAKANO」）の開業申請とは事例が異なりますが、接待を行わない居酒屋のようなタイプであれば風俗営業にあたらないため、深夜に営業することも可能です。この場合、「深夜における酒類提供飲食店営業営業開始届出書」を提出します。提出する書式は異なりますが、記入事項については風俗営業の許可申請書（書式4）とほぼ同様ですので、記載方法については108ページの解説を参考にしてください。

営業の方法（書式14）

　風俗営業の場合と様式は異なりますが、記入事項については風俗営業の営業の方法（書式5）と共通する部分も多いので、記載方法については108ページの解説を参考にしてください。

【特定遊興飲食店営業許可関係】

特定遊興飲食店営業許可申請書（書式15）

　その1の書式には基本的な法人の詳細と営業所、管理者（店長等）の

詳細を記載します。その2以下の記載のポイントは以下の通りです。

① 建物の構造欄

木造・鉄筋コンクリート造・鉄骨造・れんが造・コンクリートブロック造の別、階数（地階も含む）の別を記載します。

② 照明設備、音響設備、防音設備

照明設備や音響設備について、設備の種類、仕様、基数、設置位置等を記載しますが、ここには書ききれない分は、別添資料を作成します。

③ その他

出入口や、間仕切りの位置と数、装飾その他の設備の概要などを記載します。

営業の方法（書式16）

該当する個所に○をつけ、適宜正当な補足説明を記入します。

① 飲食物の提供については、主なものの種類と提供方法（調理の有無、給仕の方法など）を記載します。なお、20歳未満の者への酒類の提供を防止する方法も具体的に記載します。

② 遊興の内容については、行うサービスの提供が遊興の考え方（93ページ）にどのように適合するか明確にわかるように具体的に説明します。

営業所周辺の略図（書式17）

保全対象施設の有無について、営業所周辺の略図を添付することによって示します（提出書面はカラー印刷したものを用います）。

① 略図

営業所を中心として半径10m、20m、50m、100mの円を記載します。営業所は目立つ色にしてわかりやすく色付けし、保全対象施設、保全対象施設外施設の所在場所についてもわかるように色付けします。

② 所在地・名称・用途地域、宣言文

所在地・名称・用途地域について記載します。規定距離内に保全対象施設がない場合、その旨を宣言する文言を記載します。また、特定遊興飲食店では、営業可能地域が風俗営業等密集地域（1km²につき概ね300

第2章　飲食・風俗営業をめぐる法律と申請手続き

店舗以上）であることや深夜過疎地域（深夜1km²につき概ね100人以下の居住）とされていますので、この点についても宣言文を記載します。

③　半径100m内の保全対象施設、保全対象外施設

　半径100m内に所在する保全対象施設について、略図内の所在場所に番号を記入し、凡例として同じ番号、営業所からの距離、所在地、施設名をそれぞれ記載します。あわせて保全対象外施設（病床のない診療所や児童福祉法上に基づかない公園、専門学校など）についても同様に記載します。なお、保全対象施設と保全対象施設以外の施設はしっかり区別がつくように色分けします。

④　用途地域の凡例、各施設の凡例

　用途地域について、略図中に用途地域別に色分けした網がけをするなどして区分けをし、それに応じて凡例を記載しておきます。

建物概要書（書式18）

　建物概要書には、階層別施設と申請にかかる営業所の所在する階の見取図を記載します。階層別施設については、地階があれば地階から最上階に至るまで、各階の階数、用途、各店舗の名称を記載します（テナントの場合、他にどのような店舗があるのかを示します）。

　申請店舗については、赤字など目立つ色で記入し、かっこ書きで所在場所を明確にしておきます。また、出入口についても赤い矢印などで示しておきます。

平面図（書式19）

　平面図は、壁の中心部を通る線を記入します。平面図内の各部分の色分けがわかるように、対応した色枠も記載しておきます（たとえば、営業所面積は青色、客席は赤色、調理場は緑を使用）。

　面積表については、営業所全体の面積を記載し、さらに内訳を区分して記載します。テーブルとイスについては、凡例に対応して区別ができるように名称をつけます。凡例では、平面図中に記入してある各テーブルとイスについて記載し、それぞれの名称・たて・よこ・高さ・個数を

記載します。

求積図（書式20）

　営業所内各部分の面積の算出過程を記載しますが、営業所全体のものと、客室・調理場・その他の部分について面積を求めます。

　各部分の長さを計測し、図面内に記入します。そして、面積を求めた過程がわかるように、計算式を記入していきます。

音響照明設備図（書式21）

　音響照明設備図では、音響設備と照明の所在、種類、数をそれぞれ記載します。記載例のように区別のつく記号を用いるか、それぞれ色を変えるなどの工夫をします。

　凡例として一覧表を作成し、記号、種類、照度（出力）について客室・調理場・その他、合計の別に数を記載します。

営業所の使用について権原を有することを疎明する書類（書式22）

　賃貸物件の場合、貸主である建物所有者に署名押印してもらいます。

　この使用権原を疎明するための書類は提出が義務付けられていますが、様式自体は定められていませんので任意の形式でかまいません。

誓約書（書式23）

　風俗営業許可の場合と同様、風俗営業法第4条第1項の1号から7号に掲げている人的欠格事由に該当していないことを宣誓する書類となりますが、厳密に定められているわけではありません。

書式1 営業許可申請書（表面）

（表）

【許可・届出共通】　　　　　　　　　　　　　　　　○ 年 ○ 月 ○ 日

整理番号：
※申請者、届出者による記載は不要です。

東京都○○保健所長　殿

（営業許可申請書） 営業届 **（新規** 継続**）**

食品衛生法（第55条第1項・第57条第1項）の規定に基づき、次のとおり関係書類を提出します。

※ 以下の情報は「官民データ活用推進基本法」の目的に沿つて、原則オープンデータとして公開します。
申請者又は届出者の氏名等のオープンデータに不都合がある場合は、次の欄にチェックしてください。（チェック欄 □ ）

申請者・届出者情報	郵便番号：○○○-○○○○	電話番号：03-○○○-○○○○	FAX番号：03-○○○-○○○○
	電子メールアドレス：　○○○○○@○○○○○.co.jp		法人番号：○○○○○○○○○○
	申請者・届出者住所　※法人にあつては、所在地　　東京都○○区○○町○丁目○番○号		
	（ふりがな）　　　　こうの　いちろう		（生年月日）
	申請者・届出者氏名　※法人にあつては、その名称及び代表者の氏名　　甲野 一郎		○○○○ 年 ○ 月 ○ 日生

営業施設情報	郵便番号：○○○-○○○○	電話番号：03-□□□□-□□□□	FAX番号：
	電子メールアドレス：		
	施設の所在地　　○○区○○町○丁目○番○号大江戸ビル1階102号		
	（ふりがな）　　　　らうんじ　なかの		
	施設の名称、屋号又は商号　　Lounge　NAKANO		
	（ふりがな）　こうの　いちろう	資格の種類	食管・食監・調・製・栄・船舶・と畜・食鳥
	食品衛生責任者の氏名 令和成横型が使用された器具又は容器包装を製造する営業者を除く。　甲野 一郎	受講した講習会	都道府県知事等の講習（適正と認める場合を含む。）
			講習会名称　東京都　○年○月○日
	主として取り扱う食品、添加物、器具又は容器包装	自由記載	
	調理食品（飲食店営業）		
	自動販売機の型番	業態	
			洋食
	HACCPの取組	※ 引き続き営業許可を受けようとする場合に限る。ただし、複合型そうざい製造業、複合型冷凍食品製造業の場合は、新規の場合を含む。 □ HACCPに基づく衛生管理 □ HACCPの考え方を取り入れた衛生管理	

業種に応じた情報	指定成分等含有食品を取り扱う施設	□
	輸出食品取扱施設 ※この申請等の情報は、国の事務に必要な限度において、輸出時の要件確認等のために使用します。	□

営業届出		営業の形態	備考
	1		
	2		
	3		

担当者	（ふりがな）　　　こうの　いちろう	電話番号
	担当者氏名　　甲野 一郎	03-○○○-○○○○

保健所収受印	料金収納済印	手数料印

116

書式2 営業許可申請書（裏面）

(裏)

【許可のみ】

<table>
<tr><td rowspan="4">申請者・届出者情報</td><td colspan="2">法第55条第2項関係</td><td>該当には☑</td></tr>
<tr><td>(1)</td><td>食品衛生法又は同法に基づく処分に違反して刑に処せられ、その執行を終わり、又は執行を受けることがなくなった日から起算して2年を経過していないこと。</td><td>□</td></tr>
<tr><td>(2)</td><td>食品衛生法第59条から第61条までの規定により許可を取り消され、その取消しの日から起算して2年を経過していないこと。</td><td>□</td></tr>
<tr><td>(3)</td><td>法人であつて、その業務を行う役員のうちに(1)(2)のいずれかに該当する者があるもの</td><td>□</td></tr>
</table>

<table>
<tr><td rowspan="4">営業施設情報</td><td rowspan="2">食品衛生法施行令第13条に規定する食品又は添加物の別</td><td colspan="2">□①全粉乳（容量が1,400グラム以下である缶に収められたもの）
□②加糖粉乳　□⑤魚肉ハム　　　□⑧食用油脂（脱色又は脱臭の過程を経て製造されるもの）
□③調製粉乳　□⑥魚肉ソーセージ　□⑨マーガリン　□⑪添加物（法第13条第1項の規定により規格が定められたもの）
□④食肉製品　□⑦放射線照射食品　□⑩ショートニング</td></tr>
<tr><td colspan="2"></td></tr>
<tr><td>(ふりがな)
食品衛生管理者の氏名　※「食品衛生管理者選任（変更）届」も別途必要</td><td>資格の種類</td></tr>
<tr><td></td><td>受講した講習会　　　　講習会名称　　　　　年　　　月　　　日</td></tr>
</table>

使用水の種類
① 水道水 ☑水道水　□専用水道　□簡易専用水道）
② □ ①以外の飲用に適する水

自動車登録番号 ※自動車において調理をする営業の場合

<table>
<tr><td rowspan="3">業種に応じた情報</td><td>飲食店のうち簡易飲食店営業の施設</td><td>□</td><td>生食用食肉の加工又は調理を行う施設</td><td>□</td></tr>
<tr><td>ふぐの処理を行う施設</td><td colspan="3">□</td></tr>
<tr><td>(ふりがな)
ふぐ処理者氏名　※ふぐ処理する営業の場合</td><td colspan="2">認定番号等</td><td></td></tr>
</table>

<table>
<tr><td rowspan="4">添付書類</td><td>☑ 施設の構造及び設備を示す図面</td><td>□</td></tr>
<tr><td>□　（飲用に適する水使用の場合）水質検査の結果</td><td>□</td></tr>
<tr><td>□</td><td>□</td></tr>
<tr><td></td><td></td></tr>
</table>

<table>
<tr><td rowspan="5">営業許可業種</td><td>許可の番号及び許可年月日</td><td>営 業 の 種 類</td><td>備　考</td></tr>
<tr><td>1　　　年　　月　　日</td><td>飲食店営業</td><td></td></tr>
<tr><td>2　　　年　　月　　日</td><td></td><td></td></tr>
<tr><td>3　　　年　　月　　日</td><td></td><td></td></tr>
<tr><td>4　　　年　　月　　日</td><td></td><td></td></tr>
</table>

<table>
<tr><td>備考</td><td></td></tr>
</table>

書式3　施設の構造及び設備を示す図

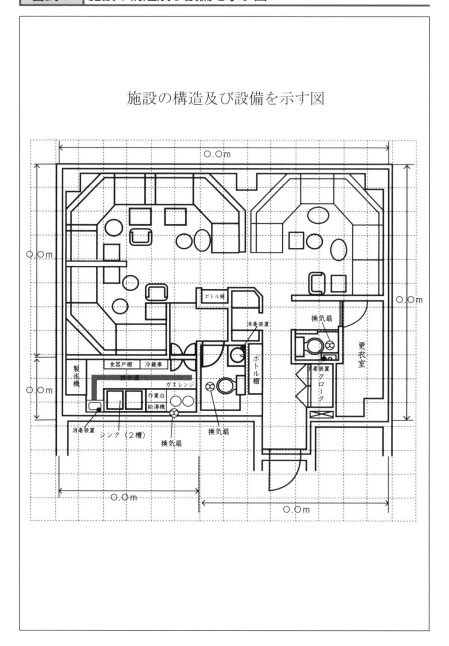

書式4 許可申請書

別記様式第1号（第9条関係）

その1

※	受 理 年 月 日		※	許 可 年 月 日	
※	受 理 番 号		※	許 可 番 号	

許 可 申 請 書

風俗営業等の規制及び業務の適正化等に関する法律第5条第1項の規定により許可を申請します。

○ 年 ○ 月 ○ 日

東 京 都 公 安 委 員 会 殿

届出者の氏名又は名称及び住所
東京都○○区○○町○丁目○番○号
甲野　一郎

（ふりがな）氏 名 又 は 名 称	こうの　いちろう 甲 野　一 郎
住　　　　所	〒（○○○-○○○○） 東京都○○区○○町○丁目○番○号 （ 03 ）○○○○ 局 ○○○○ 番
（ふりがな）営 業 所 の 名 称	らうんじ　なかの Lounge　NAKANO
営 業 所 の 所 在 地	〒（○○○-○○○○） 東京都○○区○○町○丁目○番○号大江戸ビル1階102号 （ 03 ）□□□□ 局 □□□□ 番
風 俗 営 業 の 種 別	法第2条第1項第 1 号の営業
（ふりがな）管 理 者 の 氏 名	こうの　いちろう 甲 野　一 郎
管 理 者 の 住 所	〒（○○○-○○○○） 東京都○○区○○町○丁目○番○号 （ 03 ）○○○○ 局 ○○○○ 番
（ふりがな）法人にあってはその役員の氏名	法 人 に あ っ て は 、 そ の 役 員 の 住 所
代表者	該当なし
	以下余白

滅失により廃止した風俗営業	廃 止 の 事 由	廃 止 年 月 日 年　　月　　日	許 可 番 号
現に許可を受けて営む風俗営業	許 可 年 月 日	年　　月　　日	許 可 番 号
	営 業 所 の 名 称及 び 所 在 地		

119

その2（A）（法第2条第1項第1号から第3号までの営業）

<table>
<tr><td rowspan="11">営業所の構造及び設備の概要</td><td>建 物 の 構 造</td><td colspan="3">鉄筋コンクリート陸屋根□階建</td></tr>
<tr><td>建 物 内 の
営業所の位置</td><td colspan="3">□階一部</td></tr>
<tr><td>客 室 数</td><td>1 室</td><td>営業所の床面積</td><td>㎡</td></tr>
<tr><td colspan="2">客 室 の 総 床 面 積</td><td>□□.□□</td><td>㎡</td></tr>
<tr><td rowspan="2">各客室の床面積</td><td>□□□.□□ ㎡</td><td>以下余白</td><td>㎡</td></tr>
<tr><td>㎡</td><td></td><td>㎡</td></tr>
<tr><td>照 明 設 備</td><td colspan="3">別紙「照明設備図」のとおり</td></tr>
<tr><td>音 響 設 備</td><td colspan="3">別紙「音響設備図」のとおり</td></tr>
<tr><td>防 音 設 備</td><td colspan="3">天井□□□貼り、外壁□□□版、内壁□□□貼り、
床□□□貼り</td></tr>
<tr><td>そ の 他</td><td colspan="3">営業所の出入口は1か所とする。
客室に間仕切りはない。
客室に装飾はない。</td></tr>
<tr><td></td><td colspan="3"></td></tr>
</table>

<table>
<tr><td>※</td><td>風 俗 営 業 の 種 類</td><td colspan="4"></td></tr>
<tr><td>※</td><td>兼 業</td><td colspan="4"></td></tr>
<tr><td>※</td><td>同 時 申 請 の 有 無</td><td>① 有 ② 無</td><td>※ 受理警察署長</td><td></td></tr>
<tr><td>※</td><td>年 月 日</td><td colspan="3"></td></tr>
<tr><td>条</td><td>年 月 日</td><td colspan="3"></td></tr>
<tr><td>件</td><td>年 月 日</td><td colspan="3"></td></tr>
</table>

書式5 営業の方法

別記様式第2号（第9条関係）

その1

営 業 の 方 法

営業所の名称　Lounge　NAKANO

営業所の所在地　東京都○○区○○町○丁目○番○号大江戸ビル1階102号

風俗営業の種別　法第2条第1項第 **1** 号の営業

営　業　時　間	（午前/午後）8時00分から （午前/午後）0時00分まで ただし、　　　　の日にあっては、 　　　　午前　　　時　　分から　　午前　　　時　　分まで 　　　　午後　　　　　　　　　　午後
18歳未満の者を 従業者として使用 すること	①する　②しない ①の場合：その者の従事する業務の内容（具体的に）
18歳未満の者の 立入禁止の表示方法	営業所の出入口（1か所）の扉の高さ1mの位置に 「18歳未満立入禁止」と記載した表示板を掲示する。
飲食物（酒類を除 く。）の提供	①する　②しない ①の場合：提供する飲食物の種類及び提供の方法 客の求めに応じて各種おつまみ類やオードブルを提供する。
酒　類　の　提　供	①する　②しない ①の場合：提供する酒類の種類、提供の方法及び20歳未満の者への 酒類の提供を防止する方法 客の求めに応じてビール、焼酎等を有料で提供する。 20歳未満らしき客に対して、身分証明書の提示を求める。
当該営業所 において他の 営業を兼業 すること	①する　②しない ①の場合：当該兼業する営業の内容

その2（A）（法第2条第1項第1号から第3号までの営業）			

料　　　　金	飲み放題1時間5,000円（お通し付） カラオケ1曲200円、その他の飲食料金は「料金メニュー」に記載。

料金の表示方法	客室内の見やすい位置に「料金表」を掲示し、 各テーブルに「料金メニュー」を備え置く。

役務の提供の態様	客の接待をする場合はその内容	客に対して、当店の従業員が同席しお酌、歓談、カラオケなどで接待する。		
	客の接待をする場合は接待を行う者の区分	常時当該営業所に雇用されている者	5名	
		それ以外の者	0名	
			主たる派遣元	（ふりがな） 氏名又は名称	-------
				住　　所	〒（　　） （　　）局　番
				（ふりがな） 法人にあっては、 その代表者の氏名	-------
	客に遊興をさせる場合はその内容及び時間帯	遊興の内容	**カラオケの遊興をさせる** （通信カラオケ）	
		時　間　帯	午前 ⊖午後 8時00分から 午前 午後 0時00分まで	

（法第2条第1項第1号の営業のみ記載すること）

客室　　　室	和風のもの　0 室	その他のもの　1 室

書式6 営業所周辺の略図

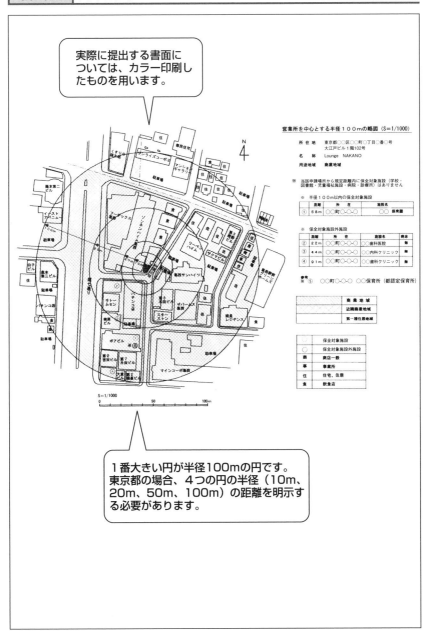

第2章 飲食・風俗営業をめぐる法律と申請手続き

書式7　建物概要書

建物概要書

階層別施設

階	用途	名称	
8	飲食店	英国ラウンジ・スガワラ	ホストクラブ・ヒラノ
7	飲食店	焼酎居酒屋　三浦	
6	飲食店	スナック　中山	居酒屋　藤原
5	飲食店	ふぐ料理　中島	海鮮料理　高田
4	飲食店	割烹　酒井　　小料理　柴田	和風居酒屋　清水
3	飲食店	ビアバー岩崎	日本酒バー　宮崎
2	飲食店	フランスワインバー・サトウ	
1	飲食店	居酒屋　石川	Lounge　NAKANO（申請店舗）
地下1	飲食店	立ち飲屋　小川	個室居酒屋　山下

建物1階　見取図

ビルの場合、他にどのような店舗があるのかを示します。

書式8　平面図

使用した色と面積を明示します。使用する色については、通常営業所面積は青色、客室は赤色で記入します。

書式9 求積図

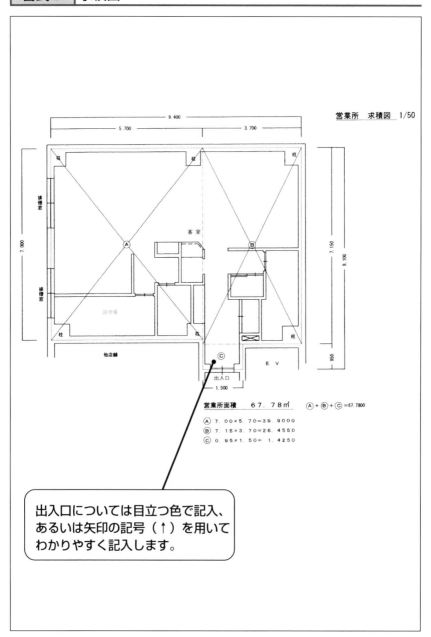

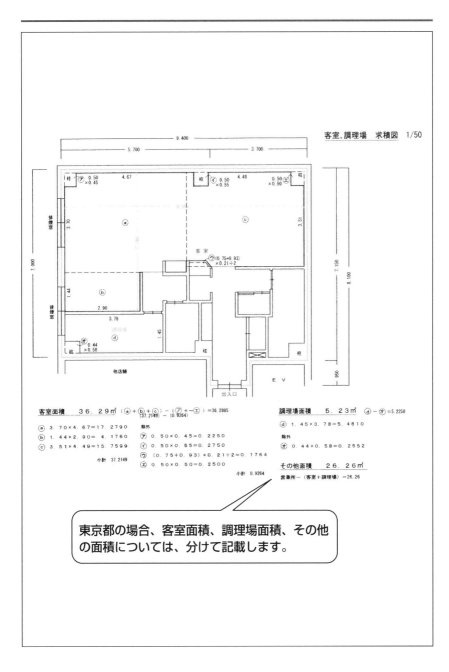

第2章 飲食・風俗営業をめぐる法律と申請手続き

127

書式10　音響照明設備図

書式11 営業所の使用について権原を有することを疎明する書類

使 用 承 諾 書

○ 年 ○ 月 ○ 日

甲野　一郎　　殿

住　所　東京都□□区□□町□丁目□番□号

氏　名　乙野　花子　㊞

電話番号　03-○○○○-○○○○

　私は、下記1の建物等の　所有者　として下記2、3及び4の

条件で下記1の建物等をあなたが使用することを承諾します。

1	建物等	構　造	鉄筋コンクリート造8階建
		所在地	東京都○○区○○町○丁目○番○号 大江戸ビル　1階102号
2	使用する目的		風俗営業等の規制及び業務の適正化等に関する法律 第2条第1項第2号の営業所として使用するものと する。
3	営業所として 使用を承諾する 建物等の部分		①　建物等の全部　　　②　建物等の一部
			②の場合：その部分 　　　　1階一部
4	使用を承諾 する期間		○○○○年　○　月　○　日より ○○○○年　○　月　○　日まで

書式12 誓約書

[個 人 用]

誓 約 書

私は、風俗営業等の規制及び業務の適正化等に関する法律第4条第1項第1号から第8号までに掲げる者のいずれにも該当しないことを誓約します。

○ 年 ○ 月 ○ 日

営業所所在地　　東京都○○区○○町○丁目○番○号
　　　　　　　　大江戸ビル1階102号

営業種別・名称　法第2条第1項第2号の営業
　　　　　　　　Lounge NAKANO

氏名　　　　　　甲野　一郎

東京都公安委員会　殿

130

書式13 深夜における酒類提供飲食店営業営業開始届出書

別記様式第47号（第103条関係）

※受理年月日		※受理番号	

深夜における酒類提供飲食店営業営業開始届出書

風俗営業等の規制及び業務の適正化等に関する法律第33条第1項の規定により届出をします。

○ 年 ○ 月 ○ 日

東京都公安委員会殿

届出者の氏名又は名称及び住所
東京都○○区○○町○丁目○番○号
甲野　一郎

（ふりがな） 氏名又は名称	こうの　いちろう 甲野　一郎			
住　所	〒（○○○-○○○○） 東京都○○区○○町○丁目○番○号　（03）○○○○局○○○○番			
（ふりがな） 法人にあつては、その代表者の氏名				
（ふりがな） 営業所の名称	ようふういざかや　こうの 洋風居酒屋　甲野			
営業所の所在地	〒（□□□-□□□□） 東京都□□区□□町□丁目□番□号　（03）□□□□局□□□□番			
営業所の構造及び設備の概要	建物の構造	鉄筋コンクリート造陸屋根□階建		
	建物内の営業所の位置	□階一部		
	客室数	1　室	営業所の床面積	□□□.□□　m²
	客室の総床面積	□□□.□□　m²	各客室の床面積	□□.□□ m²　以下余白 m² m²　m²
	照明設備	別紙「照明設備図」の通り		
	音響設備	別紙「音響設備図」の通り		
	防音設備	天井□□□貼り、外壁□□□版、内壁□□□貼り、床□□□貼り		
	その他	営業所の出入口は1か所とする。 客室に間仕切りはない。 客室に装飾はない。		

書式14 営業の方法

別記様式第48号（第103条関係）

営　業　の　方　法

営業所の名称　　居酒屋　甲野

営業所の所在地　東京都□□区□□町□丁目□番□号□□ビル□階□号

営　業　時　間	~~午前~~ ⓐ午後 8 時 00 分から ⓐ午前 ~~午後~~ 2 時 00分まで

18 歳 未 満 の 者 を 従 業 者 と し て 使 用 す る こ と	①する　　②しない（○）
	①の場合：その者の従事する業務の内容（具体的に）

18 歳 未 満 の 者 を 客 と し て 立 ち 入 ら せ る こ と	①する　　②しない（○）
	①の場合：保護者が同伴しない18歳未満の者を客として立ち入らせることを防止する方法

飲 食 物（酒 類 を 除 く。）の 提 供	①する（○）　②しない
	①の場合：提供する飲食物の種類及び提供の方法
	客の求めに応じて各種おつまみ類やオードブルを提供する。

酒 類 の 提 供	提供する酒類の種類及び提供の方法
	客の求めに応じてビール、焼酎等を有料で提供する。
	20歳未満の者への酒類の提供を防止する方法
	20歳未満らしき客に対して従業員が身分証明書等の提供を求めて、年齢を確認する。

客 に 遊 興 を さ せ る 場 合 は そ の 内 容 及 び 時 間 帯	遊 興 の 内 容	
	時　間　帯	午前 午後 時 分から 午前 午後 時 分まで

当 該 営 業 所 に お い て 他 の 営 業 を 兼 業 す る こ と	①する　　②しない（○）
	①の場合：当該兼業する営業の内容

132

書式15 特定遊興飲食店営業許可申請書

別記様式第40号（第77条関係）

その1	※受理年月日		※許可年月日	
	※受理番号		※許可番号	

許　可　申　請　書

　風俗営業等の規制及び業務の適正化等に関する法律第31条の23において準用する同法第5条第1項の規定により許可を申請します。

○　年　○　月　○　日

東京都 公安委員会殿

申請者の氏名又は名称及び住所
東京都渋谷区○○町○丁目○番地○号
株式会社ロック・アンド・ライ　代表取締役　垂水　晴夫

（ふりがな） 氏　名　又　は　名　称	かぶしきかいしゃ　ろっくあんどらい **株式会社ロック・アンド・ライ**
住　　　　　　所	〒（○○○-○○○○）**東京都渋谷区○○町○丁目○番地○号** （　03　）○○○○局　○○○○番
（ふりがな） 営　業　所　の　名　称	みんとんず　ぷれいるーむ **ミントンズ　プレイルーム**
営　業　所　の　所　在　地	〒（○○○-○○○○）**東京都港区○○○○丁目○番地○号○○○○ビル4階** （　03　）○○○○局　○○○○番
（ふりがな） 管　理　者　の　氏　名	えんどう　こXた **遠藤　滝太**
管　理　者　の　住　所	〒（○○○-○○○○）**東京都世田谷区○○町○丁目○番地○号** （　03　）○○○○局　○○○○番

（ふりがな） 法人にあつては、 その役員の氏名	法人にあつては、その役員の住所
代表者 たるみ　はるお **垂水　晴夫**	東京都大田区○○町○丁目○番地○号
ひにし　はく **桧西　珀**	東京都目黒区○○町○丁目○番地○号

滅失により廃止した特定遊興飲食店営業	廃　止　の　事　由	廃止年月日	許可番号
		年　月　日	

現に特定遊興飲食店営業許可等を受けて営む特定遊興飲食店営業	許可年月日	年　　月　　日	許可番号	
	営業所の名称及び所在地			

その2							
営業所の構造及び設備の概要	建 物 の 構 造		鉄筋コンクリート造地上５階建て				
	建 物 内 の 営 業 所 の 位 置		４階の一部				
	客 室 数		１ 室	営業所の床面積		73.07	㎡
	客 室 の 総 床 面 積		32.53 ㎡	各客室の床面積	32.53 ㎡		㎡
							㎡
	照 明 設 備		別紙「照明設備図」のとおり				
	音 響 設 備		別紙「音響設備図」のとおり				
	防 音 設 備		部材間に空気層をとった二重壁かつ、壁と壁の間に中間の空気層にグラスウール(吸音材)を入れます。天井も同様です。床は遮音シート(厚さ10mm程のゴムシート)とします。				
	そ の 他		顧客用の入口は一箇所のみですが、出演者用の入口が別にあり、専用の控え室として設置しています。なお、客室に仕切りや飾りはありません。				
※	兼 業						
※	同 時 申 請 の 有 無		① 有 ② 無	※ 受理警察署長			
※	年 月 日						
条	年 月 日						
件	年 月 日						

備考
1 ※印欄には、記載しないこと。
2 申請者は、氏名を記載し及び押印することに代えて、署名することができる。
3 「滅失により廃止した特定遊興飲食店営業」欄は、法第31条の23において準用する法第4条第3項の事由により消滅したために廃止した特定遊興飲食店営業に係る事項を記載すること。
4 「現に特定遊興飲食店営業許可等を受けて営む特定遊興飲食店営業」欄は、申請に係る営業所以外の営業所において当該申請に係る公安委員会から現に特定遊興飲食店営業許可等を受けて営んでいる特定遊興飲食店営業で、当該申請の日の直近の日に許可を受けたものについて記載すること。
5 「建物の構造」欄には、木造家屋にあつては平家建て又は二階建て等の別を、木造以外の家屋にあつては鉄骨鉄筋コンクリート造、鉄筋コンクリート造、鉄骨造、れんが造又はコンクリートブロック造の別及び階数（地階を含む。）の別を記載すること。
6 「建物内の営業所の位置」欄には、営業所の位置する階の別及び当該階の全部又は一部の使用の別を記載すること。
7 「照明設備」欄には、照明設備の種類、仕様、基数、設置位置等を記載すること。
8 「音響設備」欄には、音響設備の種類、仕様、台数、設置位置等を記載すること。
9 「防音設備」欄には、防音設備の種類、仕様等を記載すること。
10 「その他」欄には、出入口の数、間仕切りの位置及び数、装飾その他の設備の概要等を記載すること。
11 所定の欄に記載し得ないときは、別紙に記載の上、これを添付すること。
12 用紙の大きさは、日本工業規格Ａ４とすること。

書式16 営業の方法

別記様式第41号（第77条関係）

<table>
<tr><td colspan="2" align="center">営 業 の 方 法
（特定遊興飲食店営業）</td></tr>
<tr><td>営 業 所 の 名 称</td><td>ミントンズ プレイルーム</td></tr>
<tr><td>営 業 所 の 所 在 地</td><td>東京都港区○○○ ○丁目○番地○号○○○○ビル4階</td></tr>
<tr><td>営 業 時 間</td><td>午前
午後 7時00分から 午前
午後 4時30分まで</td></tr>
<tr><td>18歳未満の者を
従業者として使用
すること</td><td>①する ②しない

①の場合：その者の従事する業務の内容（具体的に）</td></tr>
<tr><td>18歳未満の者を
客として立ち入らせ
ること</td><td>①する ②しない

①の場合：午後10時以後翌日の午前0時前の時間において保護者
が同伴しない18歳未満の者を客として立ち入らせるこ
とを防止する方法及び午前0時から午前6時までの時
間において18歳未満の者を客として立ち入らせること
を防止する方法</td></tr>
<tr><td>18歳未満の者の
立入禁止の表示方法</td><td>営業所の出入口のドア付近の柱の高さ1メートルの部分に、長さ
70センチメートル、幅20センチメートルの白色プラスチック板
に黒色で「18歳未満の立入りを禁止します」と記入したプレート
を掲示します。</td></tr>
<tr><td rowspan="3">飲 食 物 の 提 供</td><td>提供する飲食物（酒類を除く。）の種類及び提供の方法
客の求めに応じて、食べ物は、ピーナッツ、柿の種、さきいか等の乾きも
の、ポテトフライ、から揚げの揚げ物、その他、ピザ等を提供し、酒類以外
の飲物ではジュース類を提供します。調理はレンジで温める程度です。</td></tr>
<tr><td>提供する酒類の種類及び提供の方法
酒類はビール、ウィスキー、カクテル、果実酒、焼酎等を提供します。
提供の方法は各テーブルで客の求めに応じて従業員が提供します。</td></tr>
<tr><td>20歳未満の者への酒類の提供を防止する方法
　20歳未満らしき者に対しては必ず運転免許証の提示を求めます。</td></tr>
<tr><td>遊 興 の 内 容</td><td>不特定多数の客に向けて歌手がその場で歌を唄ったり、生演
奏等を聞かせます。なお、客に生演奏の参加をさせることもあ
ります。</td></tr>
<tr><td>当該営業所において
他の営業を兼業
すること</td><td>①する ②しない

①の場合：当該兼業する営業の内容
　営業時間外にレッスンスタジオとして貸し出し</td></tr>
</table>

第2章 飲食・風俗営業をめぐる法律と申請手続き

書式17 営業所の周囲の略図

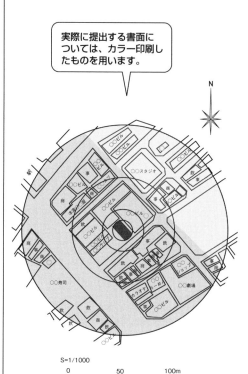

実際に提出する書面については、カラー印刷したものを用います。

営業所を中心とする半径100mの略図

所在地　東京都港区○○○　○丁目○番地○号
　　　　○○○○ビル4階
名　称　ミントンズ プレイルーム
用途地域　商業地域

※ 当該申請場所から規定距離内に保全対象施設（学校・図書館・児童福祉施設・病院・診療所）はありません。
※ 当該申請場所は、風俗営業等密集地域（1平方キロメートルにつき概ね300店舗以上）です。
※ 当該申請場所は、深夜過疎地域（深夜、1平方キロメートルにつき概ね100人以下の居住）です。

※ 半径100m以内の保全対象施設

距離	所　在	施設名
		なし

※ 保全対象施設外施設

	距離	所　在	施設名	病床
①	24m	○○○　○丁目○番地○号	○○デンタルクリニック	無
②	72m	○○○　○丁目○番地○号	○○耳鼻咽喉科クリニック	無
③	89m	○○○　○丁目○番地○号	○○整形外科医院	無

	商業地域
	近隣商業地域

	保全対象施設施設
	保全対象施設外施設
商	商店一般
事	事務所
住	住宅、住居
飲	飲食店

S=1/1000
0　　50　　100m

1番大きい円が半径100mの円です
東京都の場合、4つの円の半径（10m、20m、50m、100m）の距離を明示する必要があります。

書式18 建物概要書

建物概要書

階層別施設

階	用途	名称
5	事務所	株式会社Jハモンド
4	飲食店	ミントンズプレイルーム
3	飲食店	Bar L
2	事務所	ネオザムライ株式会社
1	飲食店	マルティーノ!!

> ビルの場合、他にどのような店舗があるのかを示します。

建物4階見取図

第2章 飲食・風俗営業をめぐる法律と申請手続き

書式19 平面図

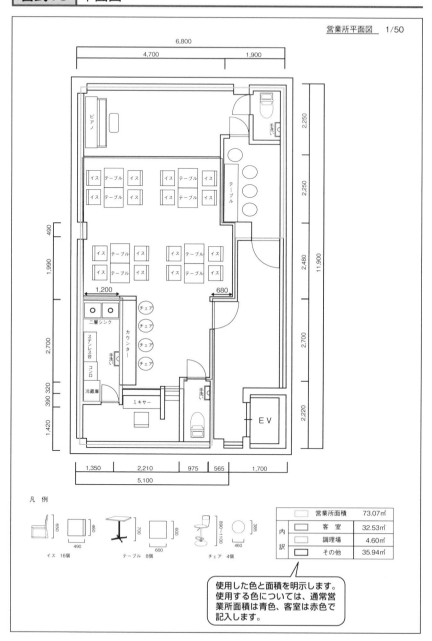

書式20 求積図

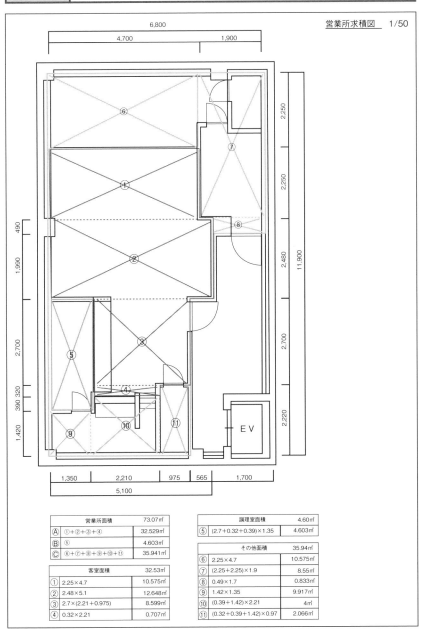

営業所求積図　1/50

営業所面積		73.07㎡
Ⓐ	①+②+③+④	32.529㎡
Ⓑ	⑤	4.603㎡
Ⓒ	⑥+⑦+⑧+⑨+⑩+⑪	35.941㎡

客室面積		32.53㎡
①	2.25×4.7	10.575㎡
②	2.48×5.1	12.648㎡
③	2.7×(2.21+0.975)	8.599㎡
④	0.32×2.21	0.707㎡

調理室面積		4.60㎡
⑤	(2.7+0.32+0.39)×1.35	4.603㎡

その他面積		35.94㎡
⑥	2.25×4.7	10.575㎡
⑦	(2.25+2.25)×1.9	8.55㎡
⑧	0.49×1.7	0.833㎡
⑨	1.42×1.35	9.917㎡
⑩	(0.39+1.42)×2.21	4㎡
⑪	(0.32+0.39+1.42)×0.97	2.066㎡

第2章　飲食・風俗営業をめぐる法律と申請手続き

書式21 音響照明設備図

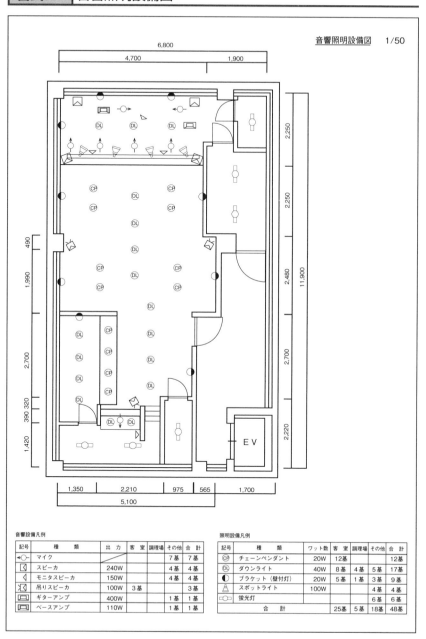

140

書式22 営業所の使用について権原を有することを疎明する書類

使 用 承 諾 書

○ 年 ○ 月 ○ 日

垂水　晴夫　殿

住　所　東京都港区○○○　○丁目○番地○号

氏　名　紅井　良男　㊞

電話番号　03-○○○○-○○○○

私は、下記1の建物等の　所有者　として下記2、3及び4の

条件で下記1の建物等をあなたが使用することを承諾します。

1	建物等	構　造	鉄筋コンクリート造地上5階建て
		所在地	東京都港区○○○　○丁目○番地○号 ○○○○ビル4階
2	使用する目的		風俗営業等の規制及び業務の適正化等に関する法律 第2条第11項の営業所として使用するものとする。
3	営業所として 使用を承諾する 建物等の部分		①　建物等の全部　　　②　建物等の一部
			②の場合：その部分 　　4階一部
4	使用を承諾 する期間		○○○○年　○　月　○　日より ○○○○年　○　月　○　日まで

書式23 誓約書

[役員用]

誓　約　書

　私共は、風俗営業等の規制及び業務の適正化等に関する法律第４条第１項第
１号から第７号の２までに掲げる者のいずれにも該当しないことを誓約します。

　　　　　　　　　　　　　　　　　　　　　　　○ 年 ○ 月 ○ 日

　　　　　　営業所所在地　　東京都港区○○○　○丁目○番地○号
　　　　　　　　　　　　　　○○○○ビル4階

　　　　　　営業所の名称　　ミントンズ プレイルーム

　　　　　　本店所在地　　　東京都渋谷区○○町○丁目○番地○号

　　　　　　商　号　　　　　株式会社ロック・アンド・ライ

　　　　　　役員氏名　　　　垂水　晴夫

　東京都公安委員会　殿

第3章

産業廃棄物処理をめぐる法律と申請手続き

1 産業廃棄物業務について知っておこう

事業により発生する廃棄物に関する業務

● 産業廃棄物とは

　廃棄物とは、自分で利用したり売却できないために、不要となった固形物又は液状のものです。廃棄物処理法（第2条）では、一般廃棄物と産業廃棄物の2つに分類されており、一般廃棄物は、産業廃棄物以外の廃棄物ということになっています。つまり一般廃棄物とは一定の基準があるのではなく、その時々の経済活動や環境保護を背景にした廃棄物処理法の見直しの中で産業廃棄物に該当しないとされるすべての廃棄物をいいます。では、産業廃棄物とはどのようなものでしょうか。よく産業廃棄物は危険なものと考えられますが、法律で明確に分類されています。

　現在の法律では、簡単に言えば、事業活動により排出される廃棄物になり、主に2つに分けられています。

① あらゆる事業活動に伴い排出されるもの

　燃え殻・汚泥・廃油・廃酸・廃アルカリ・廃プラスチック類・ゴムくず・ガラスくず等（コンクリートくず及び陶磁器くず）・鉱さい・がれき類・ばいじんなど、12種類あります。

　あらゆる事業活動に伴い排出されるものとは、業種に関係なく排出される廃棄物のことです。

② 限定業種（特定の事業活動）に伴い排出されるもの

　紙くず・木くず・繊維くず・動植物性残渣・動物系固形不要物・動物の糞尿・動物の死体など、7種類あります。

　特定の事業活動に伴い排出されるものとは、特定の業種が事業に伴って排出した廃棄物です。たとえば建設業での新築、改装に伴う木くずや、紙くずは産業廃棄物ですが、運送業で梱包によって出た木くずや紙くずは運送業が特定の事業にはあたらないため、一般廃棄物（事業系一般廃

■ 産業廃棄物の種類 ··

あらゆる事業活動に伴うもの	1 燃え殻	…	石炭がら、コークス灰、重油燃焼灰、産業廃棄物焼却灰、炉清掃排出物など焼却残渣、廃カーボン類(廃活性炭等)
	2 汚泥	…	有機性汚泥(製紙スラッジ、下水道汚泥等)、無機性汚泥(メッキ汚泥、砕石スラッジ等)など工場排水処理や製造工程で排出される泥状のもの
	3 廃油	…	潤滑油系廃油(タービン油、マシン油等)、鉱物油系廃油(揮発油、灯油等)、動植物系廃油(魚油、なたね油)、廃溶剤類(シンナー、ベンゼン)など
	4 廃酸	…	無機廃酸(硫酸、塩酸、硝酸、フッ酸等)、有機廃酸(ギ酸、酢酸、シュウ酸等)などすべての酸性廃液
	5 廃アルカリ	…	写真現像廃液、アルカリ性メッキ廃液、廃ソーダ廃液、金属石鹸液などすべてのアルカリ性廃液
	6 廃プラスチック類	…	合成樹脂くず、合成繊維くず、廃タイヤ等合成ゴムくず、廃ポリウレタン、廃シート類、合成樹脂系梱包材料くずなど
	7 ゴムくず	…	生ゴム、天然ゴム
	8 金属くず	…	鉄鋼・非鉄金属の研磨くず、切削くず、研磨くずなど
	9 ガラスくず等	…	ガラスくず、ガラス繊維くず、陶磁器くず、石膏くず、耐火レンガくずなど
	10 鉱さい	…	高炉、電気炉などの残さい、不良鉱石、不良石炭、粉炭かす等製鉄所の炉の残さいなど
	11 がれき類	…	工作物の新築、改築又は除去に伴って出たコンクリート破片、アスファルト破片など
	12 ばいじん	…	大気汚染防止法に定めるばい煙発生施設又は焼却施設で発生するばいじんで集塵施設により集められたもの
特定の事業活動に伴うもの	13 紙くず	…	建設業に係るもの(工作物の新築、改築又は除去に伴って生じた紙くず)、パルプ製造業、紙加工品製造業、新聞業、出版業から生ずる紙くずなど
	14 木くず	…	建設業に係るもの(工作物の新築、改築又は除去に伴って生じる木くず)、木材製造業(家具製造業を含む)、パルプ製造業など
	15 繊維くず	…	建設業に係るもの(工作物の新築、改築又は除去に伴って生じる繊維くず)、繊維製品製造業以外の繊維工業から生じる木綿くず、羊毛くずなど
	16 動植物性残渣	…	食品製造業、医薬品製造業、香料製造業から生じる動物性残さ(魚・獣の骨、内臓等のあら等)、植物性残さ(野菜くず、果実の皮、油かす、茶かす等)など
	17 動物系固形不要物	…	と畜場において処分した獣畜及び食鳥処理場において処理をした食鳥に係る固形状の不要物
	18 動物のふん尿	…	畜産農業から排出される牛、馬、豚、にわとり、毛皮獣等のふん尿
	19 動物の死体	…	畜産農業から排出される牛、馬、豚、にわとり、毛皮獣等の死体

20	1〜19 の産業廃棄物を処分するために処理したもので、1〜19 に該当しないもの ※ 有期汚泥のコンクリート固形化物など
21	輸入された廃棄物 (航行廃棄物及び携帯廃棄物を除く) ※ 処分、再生のため輸入した廃棄物

第3章 産業廃棄物処理をめぐる法律と申請手続き

145

棄物）となります。オフィスで発生する紙くずも同様です。一般の家庭で出るゴミも産業廃棄物にあたりません。

　また、廃棄物処理法（第3条）では「事業者は、その事業活動に伴って生じた廃棄物を自らの責任において適正に処理しなければならない」とされています。言い換えれば、法律で産業廃棄物の種類は定義されてはいますが、実務上は産業廃棄物かどうかの判断は事業者自らが行い、処理しなければならないのです。廃棄物処理法は、その判断を地方自治体に任せています。地方自治体は地域の実情を考慮して自主的・自律的な判断で廃棄物処理法を運用できるため、地方自治体によって判断が異なる場合があります。さらに、廃棄物処理法では、「爆発性、毒性、感染性その他の人の健康又は生活環境に係る被害を生ずるおそれがある性状を有する廃棄物」を特別管理一般廃棄物及び特別管理産業廃棄物として規定しています。特別管理産業廃棄物は、取扱いを間違えると、生命や環境に深刻な被害をもたらす可能性が高い廃棄物です。

　このため厳格な管理を求められており、必要な処理基準を設け、通常の廃棄物よりも厳しく規制されています。特別管理産業廃棄物は、厳しい管理が必要とされますが、産業廃棄物の一種です。

● 産業廃棄物処理業務の種類

　産業廃棄物処理業務の種類には産業廃棄物収集運搬業と産業廃棄物処分業があります。産業廃棄物収集運搬業は、扱う産業廃棄物の種類によって産業廃棄物収集運搬業と特別管理産業廃棄物収集運搬業に分かれます。

　産業廃棄物収集運搬業とは排出業者から委託を受けた廃棄物を産業廃棄物処理施設まで運搬する業務で、積替保管を含まない場合と積替保管を含む場合があります。「積替保管を含まない場合」とは、廃棄物を収集した後、産業廃棄物処理施設まで下ろすことなく、直行運搬する業務です。

「積替保管を含む場合」とは、収集した廃棄物を保管場所で保管し、一定量に達した時にまとめて運搬したり、運搬の途中で別の車に積み替えて産業廃棄物処理施設に運搬する業務です。積替えや保管ができると効率的な配送ができ、運送コストを削減することができます。

ただし、産業廃棄物の積替えを行う場合は一定の基準を満たす必要があります。たとえば、周囲に囲いが設けられ、産業廃棄物の積替え場所であることの表示がされている場所で行うことや、積替えの場所から、産業廃棄物が流出、放出、地下浸透したり、悪臭が発散しないように必要な措置を講じることになっています。

また、産業廃棄物を処分する業務として産業廃棄物処分業と特別管理産業廃棄物処分業があります。

処分業は、法律で区分が規定されているわけではありませんが、最終処分業と中間処理業の2種類に分かれます。廃棄物を自然界に捨てるのが（埋め立てなど）最終処分業で、中間処理業はリサイクルしたり、最終処分の前段階として、最終処分しやすくするために廃棄物の容量を小さくしたり（減容、焼却、破砕、圧縮）、最終処分の際に自然環境を汚染しないように無害化（焼却、中和）することが目的です。

■ **廃棄物の分類**

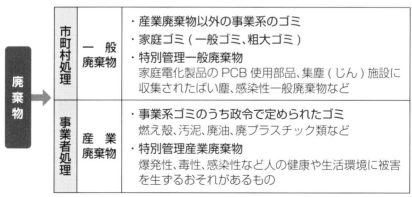

● 産業廃棄物業の現状

　産業廃棄物業者の許可件数は環境省の令和3年4月のデータで収集運運搬積替保管ありが8,601件、積替保管なしが205,841件で中間処理・最終処分業の13,275件を大きく上回っています。

　許可取得は産業廃棄物収集運搬業の多くが、建設業や運輸業を行っている事業者の参入です。

　収集運搬業の許可は産業廃棄物を積む場所と降ろす場所の都道府県への個々の申請が必要で、都道府県知事の許可が必要になっています。

　たとえば東京で積んで静岡で降ろすような可能性がある事業の場合、東京都知事と静岡県知事の2か所への申請が必要となります。一般廃棄物の許可は自治体の廃棄物処理計画の一般廃棄物の計画に乗っとって自治体が募集している必要があるなど、参入が難しくなってきています。

　とはいえ、産業廃棄物は許可の要件が整っていれば許可を出すことが原則となっており、参入しやすい事業です。ただ、ローカルルールが多く許可を受けるには地方自治体ごとの正確な情報の把握が必要です。

　さらに、廃棄物の種類ごとに許可を出すことになっており、扱いたい廃棄物が何であるかを考え、計画的に取得する必要があります。

　産業廃棄物収集運搬業許可を受けるためには、利益が計上できること（不法投棄などの違法行為を防止するため）や、適切な業務遂行体制が確保されていること、欠格要件（157ページ）に該当しないことなどの要件を満たす必要があります。

　新規参入のために許可申請を終えても、産業廃棄物収集運搬業は5年ごとに更新があります。また、法人の名称変更、所在地の変更、代表者の変更、運搬車両の変更、取り扱う産業廃棄物の種類の変更などがあった場合は10日以内に変更届を出さなければなりません（法人が名称や役員等を変更するため、登記事項証明書を添付する場合は30日以内）。単に許可を取って終わりではなく、許可を取った後の手続きが数多く存在することを認識しておく事が重要です。

2 産業廃棄物処理のしくみについて知っておこう

不法投棄を防止するためマニフェスト制度が導入されている

● 排出された廃棄物はどうなる

　産業廃棄物を事業者自らが処理しない場合は、産業廃棄物収集運搬業者が回収し、中間処理、最終処分（自然を損なわないように自然に戻す）の工程を経ることになります。

　この際、不法投棄を防止するため産業廃棄物のマニフェスト制度が義務付けられています。マニフェスト制度とは、排出事業者が産業廃棄物の処理を委託するときに、マニフェスト（産業廃棄物管理票）に産業廃棄物の種類、数量、運搬業者名、処分業者名などを記入し、収集運搬業者から中間処理業者へ、産業廃棄物と共にマニフェストを渡しながら、処理の流れを確認するしくみです。それぞれの処理後に、排出事業者が各事業者から処理終了を記載したマニフェストを受け取ることで、委託内容通りに廃棄物が処理されたことを確認することができます。これによって、不適正な処理による環境汚染や社会問題となっている不法投棄を未然に防ぐことができます。

　また、中間処理業者が最終処分業者へ中間処理をした産業廃棄物を引

■ **産業廃棄物処分の流れ**

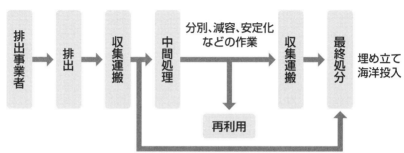

き渡す時も新たなマニフェストを交付し、同様に最終処分されたことを
確認することになります。

このマニフェストは近年、電子化が進んでおり、前々年度の特別管理
産業廃棄物（PCB廃棄物を除く）の発生量が年間50トン以上の排出事業
者は、それらの処理を委託する場合、電子マニフェストの使用が義務付
けられています。

● 電子マニフェストとは

電子マニフェストは記載する情報について情報処理センターを介して
ネットワークでやり取りするため、紙によるマニフェストに比べて作業
時間の大幅な短縮、書類・業務処理を一括管理できるというメリットが
あります。また、定められた入力フォーマットをすべて記載しなければ
手続きが進めないため、記載漏れを防ぐことが可能であり、処理の時期
をアラート機能等により把握することもできます。さらに、導入するシ
ステムによっては、マニフェスト交付等状況報告書等の行政報告を、シ
ステム業者が代行してくれるケースもあるようです。

ただし、その反面、導入するコストの増加や管理の体制・しくみづく
りなどが煩雑になるため、少量の廃棄物を年に数種類しか出さないよう
な事業者には敷居の高いのが実情です。

● 処理のための責任の所在と処理委託

廃棄物処理法は、「事業者は、その事業活動に伴って生じた廃棄物を
自らの責任において適正に処理しなければならない」と規定して、排出
事業者の処理責任を明確にしています（第3条第1項）。これは排出事
業者責任と呼ばれ、廃棄物処理の重要な原則になっています。自ら排出
した産業廃棄物のみを運搬する場合は産業廃棄物収集運搬業の許可は不
要です。しかし、産業廃棄物を自ら処理しない場合は、処理を委託する
ことになり、この場合は書面による契約の締結が必要です。排出事業者

150

は、どのような種類の廃棄物を、どの程度の量を排出し、どのような処理を委託するのかといった内容をあらかじめ明らかにし、排出事業者責任をまっとうするために、処理業者との間に適正な委託契約を結ばなければなりません。

産業廃棄物処理業者は、その契約内容に従い、廃棄物の処理を行います。処理委託契約には、5つの決まり事があります。

① **二者契約であること**

排出事業者は、収集運搬業者、処分業者それぞれと契約を結びます。

② **書面で契約すること**

口頭ではなく、必ず、書面で契約を交わす必要があります。なお、契約書には法律で定められた必要な記載事項（廃棄物処理法施行令第6条の2第4号、廃棄物処理法施行規則第8条の4の2）があります。

書面といっても電子契約で締結することは可能です。

■ 電子マニュフェストの流れ

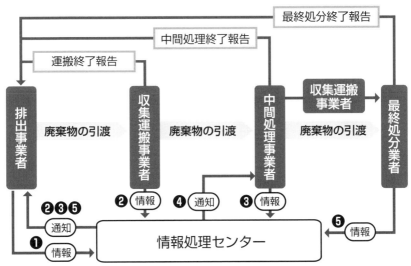

③ 必要な項目を盛り込むこと

契約書に産業廃棄物の種類・数量、委託者が受託者に支払う料金、受託者の許可の事業の範囲、委託契約の有効期間などを盛り込みます。必要な項目は廃棄物処理法の施行令及び施行規則で定められています。

④ 契約書に許可証等の写しが添付されていること

契約内容に該当する許可証、再生利用認定証等の写しの添付が必要です。

⑤ ５年間保存すること

排出事業者には契約終了の日から契約書を５年間保存する義務があります。委託契約の記載内容には、法律で定められている項目と、その他の一般的な契約事項に分けることができます。法律で定められている項目が欠けたり、記載内容が実態と異なる場合は、処理委託基準違反になります。

契約締結の際には一般廃棄物と産業廃棄物の違いはもちろん、自らが扱う産業廃棄物が何にあたるのかをしっかり把握し、その廃棄物を取り扱う許可を持った事業者に適正に廃棄物を委託しないと、違法行為になってしまう可能性があります。収集運搬や処分をした事業者も、排出事業者も違法行為をしたとして重罪に問われる場合があるため、注意が必要です。

● グループ企業における廃棄物処理の特例

さきに、自ら排出した産業廃棄物のみを運搬する場合は産業廃棄物収集運搬業の許可は不要で、産業廃棄物を自ら処理しない場合は、処理を委託することを述べましたが、当然、この廃棄物処理の受託者は許可が必要です。

ただし、一定の条件を満たす場合、自らが排出した産業廃棄物を、別法人が許可無しに処理することが認められます。

たとえば「完全親子会社である場合」や「廃棄物を処理する法人が環境省令で定める基準に適合する場合」があります。

業務に関する許可申請や届出の種類を知っておこう

許可にも様々な種類があり、許可後にも更新、変更届が必要

● どんな手続きが必要になるのか

　収集運搬業、処分業のいずれも欠格要件（157ページ）にあたらないこと、（公財）日本産業廃棄物処理振興センターが開催している産業廃棄物の許可講習会を受講し、修了試験に合格していることなどが条件になります。許可後においても欠格要件に１つでも該当した場合は、許可の取消処分を受ける場合があります。産業廃棄物収集運搬業の許可に際しては、運搬車両、運搬容器が確保されているか、継続的に行える経理的基礎があるか、などについて審査されます。また、産業廃棄物の積替保管をする場合は、積替保管の施設において、生活環境の保全上支障を生ずるおそれのないような措置を講ずることが求められます。

　産業廃棄物の処理施設には、産業廃棄物処理施設設置許可を受ける必要があります。さらに、産業廃棄物処分業を行う場合は、地方自治体との事前協議を行い、所定の手続きが終了した後に、申請を行い、都道府県知事の許可を受けなければなりません。また、自治体によっては行政指導により周辺住民の同意を求める場合があります。

　産業廃棄物処分業を既に行っている場合、所定の条件を満たせばよりメリットがある廃棄物再生事業者登録を受けることができます。登録を受ける具体的なメリットは優良業者としての地位の獲得、税金面で優遇（特別土地保有税、事業所税など）です。排出事業者によっては、再生事業者登録を有する業者に委託することが社会貢献につながるとして委託先を決める際の条件としている場合もあります。熱回収施設の認定も任意ですが、認定熱回収施設設置者の認定を受けると、産業廃棄物の保管基準が緩和されます（通常14日分が、21日分まで可能になります）。

　なお、その他、ダイオキシン類特別措置法に基づく届出やフロン類回

収破壊法によるフロン類回収業者登録などが必要になる場合もあるので注意が必要です。

● 変更や廃止時にも手続きが必要になる

　許可更新申請は5年ごとになります。更新申請をするには、更新講習会の修了証が必要となります。処理業許可の更新時に優良産廃処理業者認定を申請することができます。「優良認定」されると処理業許可の有効期間が7年となります。

　許可の内容に変更が生じた場合には、変更した日から10日以内に都道府県知事へ変更届を提出しなければなりません（法人が名称や役員等を変更するため、登記事項証明書を添付する場合は30日以内）。

　また、事業の全部を廃止した時は、廃止した日から10日以内に都道府県知事へ届出をしなければなりません。廃止の届出の際には、許可証を返納することになります。

　なお、産業廃棄物の処理や運搬の事業を廃止したり、許可を取り消された場合、処理の委託者に対して書面によって通知する義務があります。つまり廃棄物処理業者は、処理が行えなくなった場合に排出事業者に事前に知らせて困らせないようにする必要が生じるわけです。

■ 許可を受けるために必要なこと ……………………………………

収集 運搬業	①欠格条項にあたらないこと ②講習会を受講し、修了試験に合格していること ③運搬車両、運搬容器が確保されていること ④継続的に行える経理的基礎があること ⑤業務量に応じた施設や人員といった業務遂行体制を整えるなどの適法な事業計画があること
処分業	①、②については、収集運搬業と同じ。 ③産業廃棄物処理施設設置許可を受けていること ④自治体との事前協議（周辺住民の同意を求める場合あり）、申請手続きを経た後、知事の許可を受けていること

収集運搬業の新規申請のための要件について知っておこう

新規申請には5つの要件を満たす必要がある

● どんな要件が必要なのか

「廃棄物の処理及び清掃に関する法律」（廃棄物処理法）は、申請者が、「施設及び申請者の能力がその事業を的確に、かつ、継続して行うに足りるもの」で、欠格要件に該当しないと認めるときでなければ、都道府県知事は許可してはならないと定めています（第14条第10項）。このことから、許可されるためには、①講習会を受講していること、②経理的基礎を有していること、③適法かつ適切な事業計画を整えていること、④収集運搬のための施設（車輌等）があること、⑤欠格要件に該当しないこと、の5つの要件を満たしておかなければなりません。以下、項目ごとに説明します。

① 講習会を受講していること

産業廃棄物収集運搬業の申請をするためには、「（公財）日本産業廃棄物処理振興センター」が実施する講習会を受講し、修了証を取得しなければなりません。受講対象者は、個人で申請する場合は、本人又は事業所の代表者です。また、法人で申請する場合は、法人の代表者、役員、事業所の代表者が対象者です。

この講習会は、産業廃棄物の適正処理に関する必要な専門的知識と技能を習得することを目的としています。そのため、修了証は、「その事業を的確に、かつ、継続して行うに足りる」知識及び技能を有するという証明書類として、各都道府県で認められている書類です。

新規の講習会修了証は5年間有効で、更新の場合は2年間有効となります。なお、修了証取得までの流れは次ページの図の通りです。

② 経理的基礎を有していること

経理的基礎とは、産業廃棄物処理業を「的確に、かつ継続して行うに

足りる」財務基盤があることをいいます。この判断基準やそれを証する提出書類は、各自治体で異なっていますが、大まかに言って、利益が計上できていること、債務超過の状態でないことなどが基準となっています。

提出書類は、法人の場合、貸借対照表、損益計算書、株主資本変動計算書、個別注記表など直近3年の決算書や直近3年の納税証明書などが標準となっています（個人の場合は、資産に関する調書、直近3年の所得税の納税証明書等）。また、財務内容によっては、収支計画書や公認会計士、中小企業診断士などが作成した「経理的基礎を有することの説明書」などの追加書類の提出が求められることがあります。

③　適法かつ適切な事業計画を整えていること

許可を申請する前に、事業計画を整えておかなければなりません。適法かつ適切な事業計画の要件は、その内容が計画的に実施され、業務量に応じた施設や人員などの業務遂行体制を整えていることが必要となります。具体的には以下の通りです。

ⓐ　排出事業者から廃棄物の運搬の委託を受けることが確実で、産業廃棄物の種類や性状を把握できること
ⓑ　取り扱う産業廃棄物の性状に応じて、収集運搬基準を遵守するために必要な施設（車両、運搬容器等）があること
ⓒ　搬入先が産業廃棄物を適正に処理できること
ⓓ　業務量に応じた収集運搬のための施設があること
ⓔ　適切な業務遂行体制が確保されていること

■ 講習会申込から修了証取得までの流れ

※ 不合格の場合、再試験を2回まで受けることができます。

④ **収集運搬に必要な施設があること**

産業廃棄物が飛散、流出したり、悪臭が漏れたりしないような運搬車、運搬船、運搬容器その他の運搬施設を有している必要があります。

⑤ **欠格要件に該当しないこと**

欠格要件は、廃棄物処理法をはじめ、法に従った適正な業の遂行を期待し得ない者を類型化したものです。これに該当しないことが許可の要件とされています。具体的には、破産者で免責を受けた者、必要な認知、判断、意思疎通を適切に行えない者、禁錮以上の刑を受けて5年を経過していない人、暴力団の構成員である者などが欠格要件として定められています。

これらの欠格要件の対象者は、個人の場合であれば、申請者、政令で定める使用人（工場長・営業所長などで廃棄物処理委託契約締結権限のある者）、法人の場合であれば、取締役、監査役、執行役などの役員、顧問、相談役、政令で定める使用人、5％以上の株主です。また、欠格要件については、除外対象者を限定列挙しているだけでなく、「業務に関し不正又は不誠実な行為をするおそれがあると認めるに足りる相当な理由がある」場合というように包括的な規定を置いていますので、注意が必要です。

● 運搬車の表示や書面備付けについて

悪質な業者による産業廃棄物の不法投棄対策の一環として運搬車への表示及び書面の備付けが義務付けられています。

具体的には、産業廃棄物を運搬する車両は、車体の外側に産業廃棄物の収集運搬車である旨などを表示すると共に、運搬車両には、運搬中の産業廃棄物に関する情報等を記載した書面等の携帯が必要です（廃棄物処理法施行令第6条第1号イ、同法施行規則第7条の2の2）。表示の内容、文字等の色と大きさ、運搬車両に備え付ける書面についての詳細は、159ページの図を参照してみてください。

● 優良業者を認定する制度もある

その他、「優良基準」に適合する産業廃棄物処理業者を都道府県知事・政令市長が認定する「優良産廃処理業者認定制度」があります。優良産廃処理業者の認定を受けると、通常5年の産業廃棄物処理業の許可の有効期間が7年となります。また、自治体のホームページで適合企業として企業名が公表されることにより、排出事業者が業務委託しやすい環境が整備されること、許可を更新する際、申請書類の一部を省略できること、財政投融資の貸付制度において、通常よりも低利率で融資を受けられることなどのメリットもあります。

なお、認定のための「優良基準」とは、以下の通りです。

① **遵法性（規則第9条の3第1号等）**

従前の産業廃棄物処理業の許可の有効期間又は直近の5年間（いずれか長い方）において特定不利益処分を受けていないこと。

② **事業の透明性（規則第9条の3第2号等）**

法人の基礎情報、取得した産業廃棄物処理業等の許可の内容、廃棄物処理施設の能力や維持管理状況、産業廃棄物の処理状況等の情報を、一定期間継続してインターネットを利用する方法により公表し、かつ、所定の頻度で更新していること。

③ **環境配慮の取り組み（規則第9条の3第3号等）**

ISO14001、エコアクション21などの認証制度による認証を受けていること。

④ **電子マニフェスト（規則第9条の3第4号等）**

電子マニフェストシステムに加入しており、電子マニフェストが利用可能であること。

⑤ **財務体質の健全性**

ⓐ 直前3年の各事業年度のうちいずれかの事業年度における自己資本比率が10％以上※であり、直近3年のすべての事業年度に置いて、自己資本比率がマイナスでないこと（規則第9条の3第5号等）。

※ただし直前3年のすべての事業年度において自己資本比率が10％を下回る場合

でも、「直近1年の事業年度で営業利益プラス減価償却費がマイナスでない場合」基準適合となります。

ⓑ 直前3年の各事業年度における経常利益金額等の平均値が0を超えること（規則第9条の3第6号等）。

ⓒ 産業廃棄物処理業等の実施に関連する税、社会保険料及び労働保険料について、滞納していないこと（規則第9条の3第7号等）。

■ 運搬車両に表示する事項

◉ 産業廃棄物収集運搬業者が運搬する場合の表示

※1 産業廃棄物の排出事業者が自ら運搬する場合は、①産業廃棄物の収集運搬車であること、②排出業者名を表示する
※2 正確には日本工業規格Z8305に規定する140ポイント以上の大きさの文字。文字については識別しやすい色の文字を使用する。
※3 正確には日本工業規格Z8305に規定する90ポイント以上の大きさの文字。文字については識別しやすい色の文字を使用する。

■ 運搬車両についての書類の携帯義務

◉ 排出事業者が運搬する場合

■ 排出事業者名及び住所
　株式会社○○工事
　東京都××○○町1－2－3
■ 運搬する産業廃棄物の種類及び数量
　○○○○、○○○トン
■ 運搬する産業廃棄物を積載した日、積載した事業場の名称、所在地及び連絡先
　平成○年○月○日、○○ビル、
　東京都××○○町1－2－3
■ 運搬先の事業場の名称、所在地及び連絡先
　○○処理施設、○○県○○市○○町
　1－2－3
　電話番号

※上記事項を記載した書面を携帯する

◉ 産業廃棄物収集運搬業者が運搬する場合

産業廃棄物収集運搬業の許可証の写し

産業廃棄物管理票

※上記の書類を携帯する

5 収集運搬業の申請手続きについて知っておこう

産業廃棄物業務の中で取扱いの多い申請手続き

● 手続きの全体像をおさえる

産業廃棄物収集運搬業許可申請手続きの全体の流れは以下の通りです。

① 講習会受講

２日間の講習で、行政概論、環境概論、業務管理、安全衛生管理、収集・運搬の５科目を受講し、最終日に修了試験を受けます。合格していれば、約３週間後に、受講者に修了証が送付されます。修了証が、申請書類の中で最も入手に時間がかかります。

② 品目決定

取り扱う品目を決定します。

③ 申請書作成

産業廃棄物収集運搬業では、正本１部、副本１部を作成します。

④ 申請

申請の予約をします。東京都では１か月待ちなどの場合もあり、混雑していることが多いので、申請の予約は早めにしておく必要があります。

⑤ 自治体の審査

まず、許可基準に適合しているかが審査され、適合していなければ、この時点で不許可となります。適合していれば、次に欠格要件に該当していないかが審査され、該当していれば不許可となります。審査期間は、自治体によって異なりますが、申請から１か月から２か月程度です。

⑥ 許可

審査に合格すれば、認可証が交付されます。

● どんな書類を出すのか

申請書類は、申請者が個人であるか法人であるか、また、財務内容な

160

ど、個々の事情により提出書類が異なります。また、自治体においても求める書類が異なることがあります。本書では以下東京都の申請書類を見ていきますが、実際に申請する場合には申請する地域を管轄する役所の担当課で申請書類を確認することになります。

個人、法人共通の書類は、以下の通りです。定款の写し、申請者の法人登記事項証明書など、個人と法人で提出書類がそれぞれ異なります。詳細については、164ページの図表で確認してみてください。

① 産業廃棄物収集運搬業許可申請書（書式1）
② 事業計画の概要（書式2）
③ 登録車両の写真（斜め前と斜め後ろの対角線方向の写真）（書式3）
　　新規許可申請の場合はすべての車両、更新許可申請の場合は、新規に登録する車両のみです。
④ 運搬容器の写真（新規許可申請の場合のみ）（書式4）
　　ドラム缶、ポリタンク、コンテナ、トレーラ等、飛散、流出及び悪臭発散のおそれがないように産業廃棄物を収集運搬するために必要な容器の写真を提出します。

■ 財政能力のチェックと追加資料の提出の有無

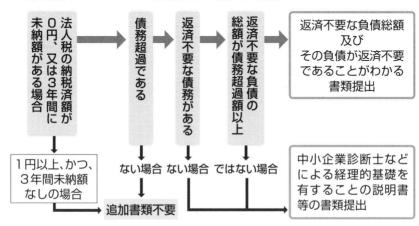

⑤　事業の開始に要する資金の総額及びその資金の調達方法

　　通常は「貸借対照表」「損益計算書」「株主資本等変動計算書」「個別注記表」の提出に代えます。

⑥　誓約書（書式5）

⑦　定款の写し

⑧　法人の履歴事項証明書

⑨　住民票（役員や株主等分）

⑩　成年被後見人等に該当しない旨の登記事項証明書等（役員や株主等分）

⑪　政令使用人に関する証明書（書式6）

　　役員以外で支店長など、契約締結権限を有する者がいる場合

⑫　経理的基礎を有することの証明書

　貸借対照表や損益計算書、株主資本等変動計算書、個別注記表、納税証明書などを添付します。その他の追加すべき必要な書類については、財政能力のチェックフローで確認できます。

● 申請手続きにかかる時間と費用

①　申請するために必須の講習会

　試験終了後3週間程度で修了証が送付されます。講習会の受講料は産業廃棄物収集運搬業許可を新たに受ける場合、3万円程度です。

②　産業廃棄物収集運搬業許可申請

　申請から1か月から2か月程度で認可証が交付されます。申請が新規の場合の申請手数料は、東京の場合81,000円です（積替え保管を含まない場合は42,000円）。

　以上の通りですが、その他に、許可品目の確認など申請前の打ち合わせや、申請時に必要な書類の収集など、時間と費用がかかります。そのため、的確な申請スケジュールを作成し、時間と費用を最小限にとどめることが必要です。

● どんな点に注意すべきなのか

申請の際には、以下の点に注意する必要があります。

① 自治体ごとに申請手続きに差異がある

自治体ごとに申請手続きや書類が若干異なりますので、十分留意して業務を果たす必要があります。

② 複数の許可が必要な場合がある

産業廃棄物収集運搬業者は、産業廃棄物を積み込む場所(排出先)と降ろす場所(運搬先)が異なる場合、両方の都道府県知事(政令市長)の許可を取得しておかなければなりません(通過のみの都道府県の許可は不要)。なお、申請にあたっては、どこの排出先からどこの運搬先に持っていくかについて記載しますので、あらかじめその両方を確認しておく必要があります。

③ 産業廃棄物の種類を確認する

許可申請では、許可を受けようとする産業廃棄物の種類を記載します。そのため、どういう業種の排出先から出た産業廃棄物であるのか、どの種類に該当するのかをよく確認する必要があります。また、運搬先についても、その産業廃棄物の種類に対応した許可をもっている業者であることを事前に確認しておく必要があります。

■ 産業廃棄物収集運搬業の申請手続きの流れ

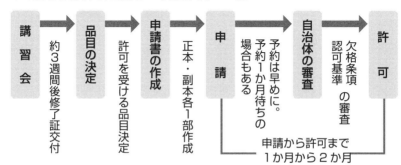

④ 許可の期限と更新に留意する

　産業廃棄物収集運搬業の許可の有効期限は5年です（ただし、優良認定を受けた者は7年）。許可の有効期限が切れる前までに更新手続きをして、更新許可を得ていなければ許可は失効してしまいます。

　ここで問題なのは、前述の講習会の修了証です。新規の場合、修了証の有効期限は5年間ですが、更新する場合は、2年間です。更新後は2年ごとに講習（更新）を受講してもらうよう説明やフォローをします。これを怠ると、もう一度、新規の講習会を受講し、修了証を取得してもらわなければならなくなります。

■ 主な添付書類 ……………………………………………………………

	会社などの法人が申請する場合	個人で申請する場合
申請者に関する書類	定款のコピー、法人登記事項証明書、役員等の住民票抄本・被後見人等が登記されていないことの証明書、株主又は出資者の登記事項証明書	申請者の住民票抄本・登記されていないことの証明書
財政能力に関する書類	貸借対照表、損益計算書、株主資本等変動計算書、個別注記表、法人税の納税証明書（直近3年分）	所得税の納税証明書（直近3年分）
申請者の技術的能力を証明する書類	認定講習会修了証のコピー（常勤の役員等分）	認定講習会修了証のコピー
施設に関する書類	使用する全車両分の自動車検査証のコピー 粒子状物質減少装置装着証明書のコピー（ディーゼル規制対象の全車両分） 船舶の使用権原を証明する書類（船舶を使用する場合）	使用する全車両分の自動車検査証のコピー 粒子状物質減少装置装着証明書のコピー（ディーゼル規制対象の全車両分） 船舶の使用権原を証明する書類（船舶を使用する場合）

※東京都「産業廃棄物収集運搬業　新規・更新許可申請」の手引きを基に作成

更新の許可申請には、修了証は必須書類ですから、許可が失効しないように、許可の期限と更新には留意しておきましょう。

● 手続き後の関連手続き

許可が下りた後も、法人の名称変更、所在地の変更、代表者の変更、運搬車両の変更、取り扱う産業廃棄物の種類の変更などがあった場合は、10日以内に変更届を出さなければなりません（法人が名称や役員等を変更するため、登記事項証明書を添付する場合は30日以内）。許可を取れば終了ではなく、許可を取った後の手続きについて認識しておくことが重要です。

● 産業廃棄物収集運搬業許可申請書の書き方

ここでは、法人が産業廃棄物収集運搬業を新規で取得する場合の主な提出書類に関する記載上の注意点を説明します。なお、産業廃棄物収集運搬業許可では、家庭から排出される廃棄物等の収集運搬はできません。

産業廃棄物収集運搬業許可申請書（書式１）

① 最上部の「新規」に○をつけます。

② 「申請者欄」は、本店所在地、会社名、代表社名、担当者を記載します。

③ 積替保管を含むか否かを選択し、該当する取り扱う産業廃棄物の種類に○をつけます。ただし、積替保管は一時的に廃棄物を保管するため、周辺環境への影響が懸念されます。そこで、積替保管を含む場合、ほとんどの都道府県では、事前協議が必要になります。

　なお、限定を「有り」にする場合は、「書式２（第１面）」の「産業廃棄物の種類」欄にたとえば「汚泥（建設工事汚泥に限る）」というような具体例を書く必要があります。この限定は、搬出先（処分場）の対応可否などでも変わりますので注意が必要です。

④ 「事務所及び事業場の所在地欄」は、実際に事務や事業を行う場所

の所在地、電話番号を記載します。なお、事務所とは契約やマニフェストを作成する場所をいい、事業所とは継続的に産廃収集運搬業を行う場所を指します。したがって事業所と駐車場が同じであることが多いです。

⑤ 「事業の用に供する施設の種類及び数量」を記載し、③で「積替保管を含む」を選択した場合は、その下の欄に詳細を記載します。

⑥ 「第2面」は、申請者欄が個人の場合、法人の場合で記載箇所が分けられているため、注意が必要です。

⑦ 「法定代理人（法第14条第5項第2号ハに規定する未成年者である場合）」欄ですが、法人の場合、役員と同等以上の支配力を有する者すべてを記載します。法人登記事項証明書及び住民票通りに正確に記入しましょう。

⑧ 「発行済株式の総数」は株式会社の場合、「出資の額」は社団法人や組合等の場合に記載し、株主や出資者の氏名（名称）、株式数（出資額）、住所等を記載します。

⑨「令第6条の10に規定する使用人」とは、代表者や役員以外で、本店や支店において産業廃棄物の収集・運搬等に関する契約締結の権限を有する者をいいます（管理責任者や支店長等）。

事業計画の概要（書式2）

① 事業計画の概要（許可を得ようとする都道府県に係る部分のみ）を記載します。

② 「取り扱う産業廃棄物の種類及び運搬量」については、一般廃棄物を含まないように注意する必要があります。「運搬量」は正確な1か月あたりの数量は事前に明示できないと思いますので、概算で記入します。「性状」は、固形、液状、泥状等を記入します。なお、「予定運搬先の名称及び所在地」は、中間処理場か最終処分場になりますので注意が必要です。

③「書式1」で限定を「有り」にした場合は、「産業廃棄物の種類」欄

166

にたとえば「繊維くず（廃畳に限る）」というような具体例を書きます。

④　石綿含有産業廃棄物や、水銀含有産業廃棄物など、特殊な情報を記載する必要がある種類がありますので、必ず申請する都道府県に確認してください。

⑤「第2面」は、産業廃棄物の収集運搬に使用する車両（乗用車は不可）に関して、車両番号や登録状況を記載します。

⑥　都道府県によっては、車検証に記載された「車体の形状」「形式」の記入や、サイズの記入欄が設けられている場合があります。

⑦「事務所の所在地」には、事業所の住所を記入し、「駐車場の所在地」欄については、申請する車両に関してすべての駐車場を記入します。

⑧　「その他の運搬施設の概要」には、クローズドドラムやオープンドラム（ふたつきのドラム缶）を車両に載せて運搬する場合などに記入します。

⑨「第3面」は、積替保管を行わない場合は「なし」と記入します。積替保管を行う場合は「事前計画書の通り」と記入します。事前計画書とは、積替保管を行う際に、許可申請の前に都道府県窓口に相談し、内容を調整した上でOKをもらっている計画書をいいます。

⑩「第4面」と「第5面」には、収集運搬業務を行う際の「車両ごとの用途」「収集運搬する時間」「従業員の内訳」「環境保全措置」などを具体的に記入します。

運搬車両の写真（書式3）

　産業廃棄物の収集運搬を行う車両の写真を「前からの真正面」と「真横からの車両全体」に分けて貼り付けます。

　必ず「ナンバープレート」が確認できるものとします。また真横には車両の両側に「『産業廃棄物収集運搬車』という記載」「会社名（事業者名）」「許可番号」を表示することを示します。

　なお、不鮮明なものや、合成が疑われるものは再提出となります。

運搬容器等の写真（書式4）

産業廃棄物の収集運搬の際に用いる容器の写真を貼り付けます。

容器の全体が写るようにし、産業廃棄物収集運搬車と一緒に撮影したものが必要です（ただし、都道府県により異なります）。

したがってパンフレットやホームページの画像は不可です。

誓約書（書式5）

この誓約書は、役員・顧問・監査役、株主、令第6条の10に規定する使用人等について代表取締役が代表して誓約します。

押印が廃止されているため、記名（プリントアウト）よりも、代表者の直筆が望ましいといえます。

政令使用人に関する証明書（書式6）

政令使用人とは、役員以外で契約の締結権限を与えられた拠点の責任者をいいます。具体的にいえば支店長などです。

拠点（支店）に常勤している者である必要があります。

以上を踏まえて、政令使用人の氏名、役職名を記載し、拠点の事業所名、所在地を記載します。

また、具体的な業務内容を記載する必要がありますので、その拠点における産廃業に関する全責任が伴い、役員同等の契約締結権限があること、従業員を管理していることなどがわかるように明示する必要があります。

書式1　産業廃棄物収集運搬業許可申請書

様式第六号（第九条の二関係）　　　　　　（第1面）　　　　　　新規・更新

産業廃棄物収集運搬業許可申請書

○年○月○日

東京都知事　殿

申請者　〒 100-0000
住　所　東京都世田谷区××1丁目2番3号

氏　名　株式会社　アカギ商会
　　　　代表取締役　赤木茂雄

（法人にあっては、名称及び代表者の氏名）

電話番号 03-0000-0000
担当者名 井川弘喜
電話番号 090-0000-0000
ＦＡＸ番号 03-0000-0000

　廃棄物の処理及び清掃に関する法律第14条第1項の規定により、産業廃棄物収集運搬業の許可を受けたいので、関係書類及び図面を添えて申請します。

事業の範囲（取り扱う産業廃棄物の種類（当該産業廃棄物に石綿含有産業廃棄物、水銀使用製品産業廃棄物又は水銀含有ばいじん等が含まれる場合は、その旨を含む。）及び積替え又は保管を行うかどうかを明らかにすること。）	（区分）　　積替え保管を　含む　・　除く　。 （廃棄物の種類）該当の品目に○をする。 　1 燃え殻　2 汚泥　3 廃油　4 廃酸　5 廃アルカリ 　⑥廃プラスチック類　⑦紙くず　⑧木くず　⑨繊維くず 10 動植物性残さ　11 動物系固形不要物　12 ゴムくず ⑬金属くず　⑭ガラスくず・コンクリートくず及び陶磁器くず ⑮鉱さい　⑯がれき類　17 動物のふん尿　18 動物の死体 19 ばいじん　20 政令第13号廃棄物　　　以上 8 種類 （石綿含有産業廃棄物　　　含む　・　除く　） （水銀使用製品産業廃棄物　含む　・　除く　） （水銀含有ばいじん等　　　含む　・　除く　） 限定　有り　無し　　限定は、事業計画の概要のとおり
事務所及び事業場の所在地	事務所　〒 000-0000 　東京都世田谷区××1丁目2番3号 　　　　　　電話番号　03-0000-0000 事業場　〒 100-0000 　東京都豊島区××1丁目2番9号 　　　　　　電話番号　03-0000-0000 　　　　〒 　　　　　　電話番号
事業の用に供する施設の種類及び数量	運搬車両　2 台 他の施設（容器等）　有り　無し
積替え又は保管を行う場合には、積替え又は保管を行うすべての場所の所在地及び面積並びに当該場所ごとにそれぞれ積替え又は保管を行う産業廃棄物の種類（当該産業廃棄物に石綿含有産業廃棄物、水銀使用製品産業廃棄物又は水銀含有ばいじん等が含まれる場合は、その旨を含む。）、積替えのための保管上限及び積み上げることができる高さ	該当なし
※　事　務　処　理　欄	

（第2面）

既に処理業の許可（他の都道府県のものを含む。）を有している場合はその許可番号（申請中の場合には、申請年月日）	都道府県・市名	許可番号（申請中の場合には、申請年月日）
		該当なし

申請者（個人である場合）

（ふりがな）氏　　　名	生 年 月 日	本　　　籍
		住　　　　所
（　　　　　）		

申請者（法人である場合）

（ふ　り　が　な）名　　　称	住　　　　　　　　　所
（かぶしきがいしゃあかぎしょうかい）**株式会社 アカギ商会**	**東京都世田谷区××1丁目2番3号**

法定代理人（申請者が法第14条第5項第2号ハに規定する未成年者である場合）

（個人である場合）

（ふりがな）氏　　　名	生 年 月 日	本　　　籍
		住　　　　所
（　　　　　）		

（法人である場合）

（ふりがな）名　　　称	住　　　　　　　　　所
（　　　　　　　　　　）	

役員（法定代理人が法人である場合）

（ふりがな）氏　　　名	生 年 月 日	本　　　籍
	役職名・呼称	住　　　　所
（　　　　　）		
（　　　　　）		

役員（申請者が法人である場合）

（ふりがな）氏　　　名	生 年 月 日	本　　　籍
	役職名・呼称	住　　　　所
（あかぎ しげお）**赤木 茂雄**	昭和25年4月6日	東京都台東区○○1丁目2番3号
	代表取締役	東京都台東区○○2丁目2番2号
（いがわ ひろき）**井川 弘喜**	昭和50年1月9日	東京都文京区××1丁目2番3号
	取締役	東京都文京区××1丁目2番3号
（　　　　　）		
（　　　　　）		
（　　　　　）		

170

（第3面）

発行済株式総数の１００分の５以上の株式を有する株主又は出資の額の１００分の５以上の額に相当する出資をしている者（申請者が法人である場合において、当該株主又は出資をしている者があるとき）

発行済株式の総数		200　　株	出資の額	10,000,000　　円
（ふりがな）氏名又は名称	生年月日	保有する株式の数又は出資の金額	本　　籍	
		割　合	住　　所	
（ゆうげんがいしゃなんごうしょうじ）有限会社南郷商事		120株		
		60%	東京都世田谷区□□１丁目２番３号	
（やすおか いわお）安岡　巌	昭和9年3月9日	80株	東京都千代田区△△１丁目２番３号	
		40%	東京都千代田区△△１丁目２番３号	
（　　　　）				
（　　　　）				
（　　　　）				
（　　　　）				

令第６条の１０に規定する使用人（申請者に当該使用人がある場合）

（ふりがな）氏　　名	生 年 月 日	本　　籍	
	役職名・呼称	住　　所	
（　　　　）			
（　　　　）			

備考
1　※の欄は記入しないこと。
2　「法定代理人」の欄から「令第６条の１０に規定する使用人」までの各欄については、該当するすべての者を記載することとし、記載しきれないときは、この様式の例により作成した書面に記載して、その書面を添付すること。
3　「役員」の欄に記載する役員とは、業務を執行する社員、取締役、執行役又はこれらに準ずる者をいい、相談役、顧問その他いかなる名称を有する者であるかを問わず、法人に対し業務を執行する社員、取締役又はこれらに準ずる者と同等以上の支配力を有するものと認められる者を含む。
4　　部提出すること。

※　手数料欄

書式2 事業計画の概要

(第1面)

事業計画の概要

1. 事業の全体計画（変更許可申請時には変更部分を明確にして記載すること）

現在、東京都において建設業および解体業を行っている。
おもに東京都内の建設現場から排出される建設系廃棄物を収集し、
排出事業者が指定する処理施設へ運搬する。

2. 取り扱う産業廃棄物（特別管理産業廃棄物）の種類及び運搬量等

	(特別管理)産業廃棄物の種類	運搬量 (t/月又はm³/月)	性状	予定排出事業場の名称及び所在地	積替え又は保管を行う場合には積替え又は保管を行う場所の所在地	予定運搬先の名称及び所在地（処分場の名称及び所在地）
1	廃プラスチック	1t／月	固形	建設業者（都内建設現場）	なし	排出事業者が指定する処理施設
2	紙くず	1t／月	固形	建設業者（都内建設現場）	なし	排出事業者が指定する処理施設
3	木くず	1t／月	固形	建設業者（都内建設現場）	なし	排出事業者が指定する処理施設
4	繊維くず	1t／月	固形	建設業者（都内建設現場）	なし	排出事業者が指定する処理施設
5	金属くず	1t／月	固形	建設業者（都内建設現場）	なし	排出事業者が指定する処理施設
6	ガラスくず・コンクリートくず及び陶磁器くず	1t／月	固形	建設業者（都内建設現場）	なし	排出事業者が指定する処理施設
7	鉱さい	1t／月	固形	建設業者（都内建設現場）	なし	排出事業者が指定する処理施設
8	がれき類	1t／月	固形	建設業者（都内建設現場）	なし	排出事業者が指定する処理施設
9						
10						

備考 取り扱う（特別管理）産業廃棄物の種類ごとに記載すること。

(第2面)

3．運搬施設の概要
(1) 運搬車両一覧

	車体の形状	自動車登録番号又は車両番号	最大積載量 (kg)	所有者又は使用者	備考
1	コンテナ車	世田谷00あ0000	自動車検査証記載のとおり	自動車検査証記載のとおり	継続・⬭新規⬭・抹消
2	ダンプ	世田谷99ん9999	自動車検査証記載のとおり	自動車検査証記載のとおり	継続・⬭新規⬭・抹消
3					継続・新規・抹消
4					継続・新規・抹消
5					継続・新規・抹消
6					継続・新規・抹消
7					継続・新規・抹消
8					継続・新規・抹消
9					継続・新規・抹消
10					継続・新規・抹消

事務所の所在地	〒100-0000 東京都世田谷区××1丁目2番3号
駐車場の所在地	〒100-0000 東京都豊島区××1丁目2番9号

(2) その他の運搬施設の概要

運搬容器等の名称	用　途	容　量	備　考
フレコンバッグ	石綿含有産業廃棄物	1㎥	

第3章　産業廃棄物処理をめぐる法律と申請手続き

173

（第3面）

(3) 積替施設又は保管施設の概要
なし
※ 構造を明らかにする平面図、立面図、断面図、構造図及び設計計算書並びに当該施設の付近の見取り図を添付すること。

(第4面)

4．収集運搬業務の具体的な計画（車両毎の用途、収集運搬業務を行う時間、休業日及び従業員数を含む。）

（1）車両毎の用途

・コンテナ車
「事業計画の概要」第1面に記載するべての産業廃棄物を運搬

・ダンプ
「事業計画の概要」第1面に記載するべての産業廃棄物を運搬

※ ただし、土砂等禁止車両ではガラスくず・コンクリート及び陶磁器くず、がれき類の収集運搬は行わない。

（2）収集運搬業務を行う時間

9時〜17時（休憩　1時間）

（3）休業日

日曜、祝祭日、年末年始（12月28日〜1月3日）
ただし、顧客の依頼によって休業日に収集運搬業務を行うことがある。

従業員数の内訳

◯ 年 ◯ 月 ◯ 日現在

申請者又は申請者の登記上の役員	政令第6条の10で準用する第4条の7に規定する使用人	相談役、顧問等申請者の登記外の役員	事務員	運転手	作業員	その他	合　　計
2 人	1 人	0 人	1 人	（うち作業員兼務2人）4 人	1 人	1 人	10 人

175

（第5面）

5．環境保全措置の概要（運搬に際し講ずる措置、積替施設又は保管施設において講ずる措置を含む。）

（1）運搬に際し講ずる措置

・車両の荷台に直置きする場合は飛散防止のためシートがけを行う。
「事業計画の概要」第2面に記載する運搬容器は、転倒防止措置としてロープで荷台に固定して運搬する。

※石綿含有産業廃棄物は破砕しないよう、他の廃棄物と混ざらないようにフレコンバッグに入れて運搬する。

（2）積替施設又は保管施設において講ずる措置

書式3　運搬車両の写真

(第6面)

運搬車両の写真

自動車登録番号又は車両番号	世田谷00あ0000

前面写真

側面写真

撮影　〇　年〇月〇日

第3章　産業廃棄物処理をめぐる法律と申請手続き

177

書式4　運搬容器等の写真

(第7面)

運搬容器等の写真

運搬容器等の名称	フレコンバッグ	用途	石綿含有産業廃棄物

			撮影	◯ 年 ◯ 月 ◯ 日	

運搬容器等の名称		用途	

注意事項
- 容器等の**全体**が写るように撮影すること。
- 1種類につき1枚撮影すること。
- 不鮮明な写真、合成が疑われる写真は、再提出となる場合があります。
- オープンドラムは、**留め金具及び蓋**とともに撮影すること。
- <u>申請者が実際に所有している容器等を、車両のナンバープレートや産業廃棄物収集運搬車の表示の前で撮影すること※。記載例のイメージ通りの写真でないと、再度撮り直しになる場合があります。</u>
- <u>パンフレットやホームページ上の写真は不可です。</u>

※実際に容器を所有していることを証明するためのものです。会社名記載の印刷物や社員証等と一緒に撮影された写真は証明となりませんのでご注意ください。

撮影	年　月　日

書式5 誓約書

誓　約　書

　申請者は、廃棄物の処理及び清掃に関する法律第14条第5項第2号イからへに該当しない者であることを誓約します。

○　年○　月○　日

東京都知事殿

申請者
住所　　東京都世田谷区××1丁目2番3号
氏名　　株式会社　アカギ商会
　　　　代表取締役　赤木茂雄
（法人にあっては名称及び代表者の氏名）

書式6　政令使用人に関する証明書

政令使用人に関する証明書

○ 年 ○ 月 ○ 日

東 京 都 知 事 殿

申請者
住所　東京都世田谷区××1丁目2番3号
氏名　株式会社　アカギ商会
　　　代表取締役　赤木茂雄
（法人にあっては名称及び代表者の氏名）

　下記の者は、廃棄物の処理及び清掃に関する法律施行令第6条の10に規定する「政令で定める使用人」であることを証します。

記

氏　　　名　　平山　幸郎

役　　　職　　川田支店長

勤務場所（事業所名、住所）

　　事業所名：川田支店
　　住所：東京都豊島区××1丁目2番9号

業務内容

　　上記、平山幸郎は当該支店の長として以下の業務を行っている。
　　・法令順守に関する社員教育
　　・社員への具体的作業に関する指導・指示
　　・収集運搬業に関する契約締結権者として社外折衝・社内調整・最終意思決定

以上

第4章

古物営業をめぐる法律と申請手続き

1 古物営業に関する法律や手続きはどうなっているのか

リサイクルショップなど中古品等を取り扱う営業許可

● 古物営業とは何か

　古物の売買を事業で行う場合や、インターネットやネットオークションで継続的に中古品を取り扱いたい場合、古物営業法に基づく許可を取得しておく必要があります。

　古物とは、「一度使用されたもの」だけではなく、買ったり譲られたりしたが、一度も使用していないものを含みます。古物の具体例としては、古本、古着、骨董品、中古の家具・電化製品、中古車、中古のレコード・CD・DVDなどが挙げられます。

　古物取引最大の特徴は、窃盗や強盗といった犯罪によって取得された物品が混じっているおそれがあることです。古物の売買が自由に行われると、犯罪に関する物品が処分されやすくなり、その結果、犯罪が助長されることにもなります。そこで、**古物営業法**という法律に基づいた許可制が取られています。

　古物は法律上13品目に分けられていますが、許可申請手続き自体に大きな違いはありません。また、古物を取り扱う営業全般を総称して古物営業と呼び、古物営業はさらに古物商、古物市場主、古物競りあっせん業者の3つの営業形態に分けられています。

① 古物商

　古物商とは、簡単にいうと、古物を自ら又は他人の委託を受けて、売買又は交換する営業のことです。古物商とはいかにも古めかしい言葉ですが、具体的には、中古車売買業、中古のCDショップ、古着屋などのリサイクルショップのことだと考えてください。もちろん、インターネットを利用して取引する場合も含まれます。一般的に取り扱う営業形態は、古物商許可申請が中心になると考えられます。

② 古物市場主

古物市場主とは、古物商間の古物の売買又は交換のための市場（古物市場）を経営する営業です。

③ 古物競りあっせん業者

古物競りあっせん業者は、インターネットオークションが行われるシステムを提供し、システム提供の対価として出品者・入札者から出品手数料や落札手数料などのシステム手数料を徴収している業者をいいます。

必要な資格や手続きと提出書類

ここでは古物営業に関する申請手続きにあたって、必要となる資格や提出書類など、知っておかなければいけない事項を見ていきましょう。

【資格】

古物営業法上は、特に資格は要求されてはいません（外国人の場合、制限あり）。しかし、法律上欠格事由が定められており（古物営業法4条）、禁固、懲役刑の執行を終えて5年を経過しない者、住居の定まらない者など、古物営業を行う上でふさわしくない者は許可を受けることができません。また、古物商と古物市場主は、営業所又は古物市場ごとに、当該営業所又は古物市場についての業務を適正に実施するための責任者として、管理者を1名選任しなければなりません。ただし、未成年者や一定の欠格事由に該当する者は、管理者になることはできません。

【手続き】

営業形態ごとの大まかな手続きの流れは以下の通りです。

① 古物商

営業を営もうとする者は、主たる営業所（営業所のない者は住所又は居所）の所在地を管轄する都道府県公安委員会の許可を受けます。窓口になるのは「警察署生活安全課」です。なお、都道府県をまたいで複数の営業所がある場合でも、1つの経由警察署（主たる営業所の所在地を管轄する警察署の窓口）に対して、届出（許可でなくともよい）を行う

ことになります。

② **古物市場主**

古物市場が所在する都道府県の公安委員会より許可を受けます。

③ **古物競りあっせん業者**

営業開始の日から2週間以内に、営業の本拠となる事務所（当該事務所のない者は住所又は居所）の所在地を管轄する都道府県公安委員会に、届出をしなければなりません。

【提出書類】

申請にあたって提出する主な書類としては、申請書の他に、住民票の写しなど様々な添付書類が必要です。さらに法人であれば、定款や法人登記事項証明書なども必要になります。提出書類は、古物営業の種類によっても異なってきますが、法人が新規で古物商許可申請をする場合（本店と1つの営業所を有する法人でネットショップによる販売も行うケース）を例とした場合の必要書類は以下の通りです。

・古物商許可申請書（別記様式第1号その1ア）

・古物商許可申請書（別記様式第1号その1イ）

・古物商許可申請書（別記様式第1号その2）

・古物商許可申請書（別記様式第1号その3）※複数の営業所がある場合

・古物商許可申請書（別記様式第1号その4）

・住民票の写し（役員・管理者全員分）

・身分証明書（役員・管理者全員分）

・略歴書（役員・管理者全員分）

・誓約書（役員・管理者全員分）

・定款の写し（ 要原本証明）

・法人登記事項証明書

・事務所・店舗の賃貸借契約書や使用承諾書や図面等

・URLの使用権限を疎明する資料

● 申請手数料と許可までの期間はどうなっているのか

　古物営業の許可申請や再交付申請の際には、以下の手数料が必要になります。手数料は申請書提出の際、収入証紙を貼付することで支払います。
① 　古物商の許可を受けようとする場合　19,000円
② 　古物営業の許可証の再交付を受けようとする場合　1,300円
③ 　古物営業の許可証の書換えを受けようとする場合　1,500円
④ 　古物競りあっせん業の認定を受けようとする場合　17,000円

　許可取得までの期間ですが、標準処理期間は警察に申請書を提出した後、40日程度とされています。なお、許可証の受け取りは法人の場合、代表者が、個人の場合は本人が出向く必要がある場合もあり、手続きを行政書士等に委任する場合は注意が必要です。

● ネットショップによるリサイクルショップの許可申請

　リサイクルショップなどを行う場合、実店舗が存在する営業所（営業所のない者は住所又は居所）を管轄する都道府県の公安委員会から古物商許可を受けるのは当然ですが、ネットショップで行う場合の許可取得は、どう考えるべきでしょうか。

　結論からいうと、実店舗に関して許可申請を行う予定の公安委員会に対してネットショップのURLを登録すれば大丈夫です。この場合、必要書類の中にある「古物商許可申請書（別記様式1号その4）」と「URL

■ 古物営業の種類と手続き

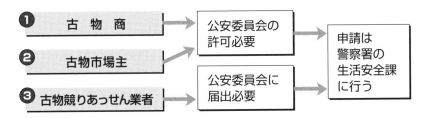

の使用権限を疎明する資料」のセットがネットショップに関する許可申請に必要な書類ということになります。

　これらのうち、URLの使用権限を疎明する資料とは、プロバイダ等から交付された通知書の写し等でかまいません。

● 手続き後のフォローと関連手続き

　古物商の許可取得後も、様々な場合に各種申請をする必要があります。また、管理者が古物営業法によるルールを適正に遵守するよう助言・指導等をしなければなりません。これらはすべて許可が取り消されないようにするための義務になりますので、注意してください。義務の内容については営業上の義務と各種申請に関する義務があり、具体的には以下の通りです。

【営業上の義務】

・標識の掲示

　定められた様式の「標識」を見やすい場所に営業所ごと掲示する必要があります。標識は申請者自身で作成してもかまいませんが、多くの場合、許可証の交付と同時に標識を受け取ることになります（申請手数料とは別に標識作成料が必要となります）。また、従業員数が6名以上の場合はウェブサイト上に氏名、名称、許可番号等を掲載しなければなりません。

・管理者の設置

　各営業所には必ず管理者を設置し、古物営業を適正に行うために管理させなければなりません。

・売主の身元確認

　古物の買い受けを行う際には必ず、相手方の住所・氏名・職業・年齢を確認しなければなりません。確認方法は運転免許証などの公的な書類により行い、これらを持っていない売主については調査等をする必要もあります。身元確認義務はゲームソフトやCD・DVD・書籍、オートバ

イ部品などを除き、1万円未満のものについては、免除されています。

・その他の義務

他にも取引の記録義務（帳簿やコンピュータによる記録）や、不正品の疑いがある場合の警察への申告義務、古物買い取り場所の制限などがあります。また、インターネット取引を行う場合は従業員数が5名以下であってもウェブサイト上に氏名、名称、許可番号等を掲載しなければなりません。

【申請・届出に関する義務】

申請者について、商号変更、営業所の移転・廃止、代表者・役員・管理者変更又はそれらの住居変更等をしたとき、ウェブサイトのURLに変更があったときなどは、変更に関する書類を添付し、届出をする義務があります。これらは届出事由の発生から14日以内（法人登記事項証明書が必要な場合は20日以内）に行わなければなりません。

変更事由によっては許可証を書き換える必要があるものもありますので注意が必要です。

● ネットショップの場合の注意点

古物商を行う場合は「取引記録の記録義務」が発生します。具体的にいうと、「取引年月日」「取引の古物の特徴、数量」「相手の真偽を確認

■ ネット上の取引業者に課せられている届出

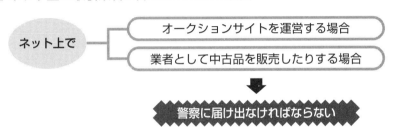

するためにとった措置の区分」「売却（買取）年月日」「売却（買取）相手の住所、氏名、職業、年齢」などの記録を保存しなければなりません。

　これらについてネットショップの場合についても考えてみましょう。古物営業法の趣旨から考えれば、ネットショップの場合は、メールなど、すべての記録を保存しておく方が望ましいといえます。また、取扱営業所はなるべく限定し、一元管理を行えるよう管理者を設定するべきです。ネットショップでは売主と対面しないため、非対面による古物の買い取りを行う場合、以下のような「売主の真偽を確認するための措置」を遵守する必要があります。

【非対面による古物買い取りの真偽確認措置】

　非対面による古物買い取りを行う場合の具体的な方法は、以下の8種類が定められています。

①　売主から電子署名を行ったメールの送信を受ける方法

　認定認証事業者が証明する電子署名を利用することで、売主の真偽を確認できます。

②　売主から印鑑登録証明書及び登録した印鑑を押印した書面の送付を受ける方法

　印鑑登録をした印影を付した書面と印鑑登録証明書を送付してもらえれば、売主の真偽確認が行えます。比較的一般的な本人証明手段のため、有用性が高いといえます。

③　売主に対して本人限定受取郵便物等を送付して、その到達を確かめる方法

　本人限定受取郵便物とは、郵便物等に記載された名宛人又は差出人が指定した代人一人に限り、郵便物等の受け取りができる方法です。法的には「到達確認」のみでは、真偽の確認のための措置の一部とされているため、本人限定受取郵便物と併用することで条件を満たします。この方法はかなり現実的で安全性の高い方法です。

④　売主に対して本人限定受取郵便等により古物の代金を送付する契約
　を結ぶ方法

　これは、③の方法と順序が逆になります。本人限定受取郵便を利用し
て代金支払いを行う方法です。

⑤　売主から住民票の写しの送付を受け、そこに記載された住所宛に配達
　記録郵便物等を転送しない取扱いで送付し、その到達を確かめる方法

　「住民票の写し（原本）」に記載された住所宛に配達記録郵便等を送付
し、本人確認をする方法です。郵便物については、その表面の見やすい
所に「転送不要」と記載する必要があります。

⑥　売主から住民票の写し等の送付を受け、そこに記載された本人の名
　義の預貯金口座等に古物の対価を入金する方法

　「住民票の写し（原本）」に記載された名義人と合致する「売主指定の
口座」に入金する方法です。⑤の方法よりは手間が少なくなります。

⑦　公的な身分証明書を活用し、配達記録郵便などを利用する方法

　売主から身分証明書、運転免許証、国民健康保険被保険者証等のコ
ピーの送付を受け、そこに記載された住所宛に配達記録郵便物等を転送
しない取扱いで送付し、その到達を確かめ、そのコピーに記載された本
人の名義の預貯金口座等に古物の代金を入金する方法です。この際の身
分証明書コピーは取引の記録と共に保存します。

■ 取引相手の身元確認義務の具体的内容 ………………………………

❶ 対面取引の場合

⇨ 取引相手の住所・氏名・職業・年齢を確認
　（免許証・保険証などで確認すること）

古物の売買
交換

❷ 非対面取引（インターネット取引など）の場合

⇨ 相手方の真偽を確認するための措置により
　取引相手の住所・氏名・職業・年齢を確認

⑧　ＩＤとパスワードの送信を受けること等により、売主の真偽を確認
　するための措置を既にとっていることを確かめること

　これは、①～⑦の方法により、既に本人の真偽確認を行っている売主
との間で行う方法（本人確認済みの２回目以降の取引の場合）です。

　①については相手から送信されるメールによって「住所」「氏名」「職
業」「年齢」の情報を提供してもらう必要があります。

　一方、②から⑦については、相手から「住所」「氏名」「職業」「年齢」
の情報を提供してもらう方法について制限がなく、電話やメールなど任
意の方法でかまいません。

【非対面方式の到達確認方法】

　前述した真偽確認措置のうち、③、⑤、⑦の方法では、以下のいずれ
かの到達確認方法を行う必要があります。

①　送付した本人限定受取郵便物等を古物と同封させて返送させる方法

②　本人限定受取郵便等により受付票等を送付し、この受付票等を古物
　と同封させて返送させる方法

③　本人限定受取郵便物等に受付番号等を記載して送付し、当該受付番
　号等を売主から電話、電子メール等により連絡させる方法

④　本人限定受取郵便等で往復葉書を送付し、その返信部分を売主から
　送付させる方法

⑤　本人限定受取郵便等で梱包材を送付し、その梱包材で梱包して古物
　を送付させる方法（送付した梱包材と売主から送付を受けた古物の梱
　包材との同一性が判断できるように、自社専用で第三者が入手できな
　い梱包材の使用や、個別の番号をつけておくなどの措置が必要です）。

2 申請書式の書き方について知っておこう

古物商を開始する場合の申請書作成のポイントをつかむ

● どんな書類を書くのか

古物商許可申請の申請書は、警視庁のウェブサイト（https://www.keishicho.metro.tokyo.lg.jp/tetsuzuki/kobutsu/youshiki/shinsei_kobutsui.html ）よりダウンロードすることができます。様式はすべての各都道府県共通です。

以下、本店及び営業所1店舗を有し、ネットショップによる販売も行う法人が新規で古物商許可申請をする場合を例にとって、主な記載方法について見ていきましょう。

古物商許可申請書　第1号その1（ア）（書式1、193ページ）

この様式は、新規の許可申請において基本的事項を記載する重要な様式です。

① それぞれの様式の最上段と太線右側の細枠内には何も記載しないでください。

② 表題にあたる部分は、「古物商」と「古物市場主」のいずれかを○で囲みます。本事例では「古物商」です。なお、都道府県によっては不要な記述の方を削除（二重線）するケースもあります。

③ よくある間違いですが、法人の場合は上部の生年月日欄は空欄となります。会社設立日を記載するわけではありません。

④ 「行商をしようとする者であるかどうかの別」についてですが、露店、催し物場への出店など、自身の営業所の外で古物営業を行う場合に「する」を選択します。

⑤ この様式においても役員等を1名記載できますので、多くの場合は代表者について記載します（個人事業の場合は本人）。

191

古物商許可申請書　第1号その1（イ）（書式1、194ページ）

　この様式は、役員等に関する詳細を記載します（監査役も含みます）。代表者以外にも役員がいる場合や、他にも法定代理人の人数に応じて使用します。

古物商許可申請書　第1号その2（書式1、195ページ）

　この様式は、古物商を行う営業所に関する書式です。上部には営業所の詳細、下部には該当する営業所の管理者について詳細を記載します。

① 　営業所記載欄には、営業所名（個人事業の場合は屋号）と所在地等を記載し、主に取り扱う古物区分に○をつけます。

② 　管理者は必ず営業所ごとに1名選任する必要があります。個人事業の場合は本人となることが多いようですが（別の者でも可能）、法人の場合は実際の管理者を記載します。管理者は役員と兼ねていても問題ありません。

古物商許可申請書　第1号その4（書式1、196ページ）

　この様式には、古物営業に利用しているウェブサイトのURLを記載します。「／（スラッシュ）」や「．（ドット）」なども一文字として記載します。ウェブサイトを利用しない場合は「2．用いない」に○をつけます。

略歴書（書式2）

　最近5年間の職歴、学歴を具体的に記載します。この様式に関しては都道府県によって様式が異なる場合があります。略歴書は本人の署名か、記名押印が必要です。

誓約書（書式3）

　略歴書は「個人事業主用」［法人役員用］［管理者用］で異なるので注意を要します。また、個人事業主や法人役員が管理者を兼ねる場合、その者については［個人事業主用or法人役員用］と［管理者用］の両方が必要になります（本書掲載の書式は［法人役員用］です）。

書式1 古物商・古物市場主許可申請書

別記様式第1号その1(ｱ)（第1条の3関係）

資　料　区　分	1　1					受理年月日	3.昭和 4.平成		年		月		日
受　理　警　察　署				（　　　　　　署）									
許　可　証　番　号						許可年月日	3.昭和 4.平成		年		月		日

~~古　物　商~~　古物市場主　許可申請書

古物営業法第5条第1項の規定により許可を申請します。

令和 ○ 年 ○ 月 ○ 日

東京都　公安委員会　　殿

申請者の氏名又は名称及び住所
東京都中央区○○○5丁目7番地1
株式会社 Espoir 代表取締役 佐藤快司

許　可　の　種　類	①古物商　2.古物市場主				
氏　　　　　名	(ﾌﾘｶﾞﾅ)	カブシキガイシャ　エスポワール			
又　は　名　称	(漢字)	**株式会社 Espoir**			
法人等の種別	①株式会社　2.有限会社　3.合名会社　4.合資会社　5.その他法人　6.個人				

生　年　月　日

西暦	明治	大正	昭和	平成		年		月		日
0	1	2	3	4						

住　　　所 又　は　居　所	東京 ㊝道府県	中央 市㊝町村	本(国)籍（　　　　）
	○○○5丁目7番地1 電話（ 03 ） 0000 － 0000 番		

行商をしようとする者であるかどうかの別	①する　2.しない

主として取り扱おうとする古物の区分	01 美術品類　02 衣　類　03 時計・宝飾品類　04 自動車　05 自動二輪車・原付 06 自転車類　07 写真機類　08 事務機器類　09 機械工具類　⑩道　具　類 11 皮革・ゴム製品類　12 書　籍　13 金券類　　（いずれか1つに○を付けること）

代表者等

種　別	①代表者　2.役員　3.法定代理人					
氏　名	(ﾌﾘｶﾞﾅ)	サトウ　カイジ				
	(漢字)	**佐藤　快司**				

生　年　月　日

西暦	明治	大正	昭和	平成		年		月		日
0	1	2	③	4		60		9		4

住　　　所	東京 ㊝道府県	墨田 市㊝町村	本(国)籍（　　　　）
	△△△3丁目2番地1 電話（ 03 ） 9999 － 9999 番		

記載要領
1　申請者は、氏名を記載し及び押印することに代えて、署名することができる。
2　最上段及び太枠右側の細枠内には記載しないこと。
3　不要の文字は、横線で消すこと。
4　数字を付した欄は、該当する数字を○で囲むこと。

別記様式第1号その1(イ)（第1条の3関係）　　　　　（　／　　）

資料区分	1 2			受理年月日	3.昭和 4.平成	年	月	日
受理警察署		（　　署）	許可の種類	1.古物商　2.古物市場主				
許可証番号			許可年月日	3.昭和 4.平成	年	月	日	

代表者等	種　別	1.代表者　②役　員　3.法定代理人
	氏　名	(フリガナ) ミヨシ トモアキ
		(漢字) 三好 智明
	生年月日	西暦 明治 大正 ③昭和 平成　年　月　日　0 1 2 ③ 4　62 3 4
	住　所	東京 都道府県　　江東 市区町村 □□□4丁目5番地1 電話（ 03 ） 1234 － 5678 番　　本(国)籍（　　）

代表者等	種　別	1.代表者　2.役　員　3.法定代理人
	氏　名	(フリガナ)
		(漢字)
	生年月日	西暦 明治 大正 昭和 平成　年　月　日　0 1 2 3 4
	住　所	都道府県　　市区町村 電話（　　）　－　　番　　本(国)籍（　　）

代表者等	種　別	1.代表者　2.役　員　3.法定代理人
	氏　名	(フリガナ)
		(漢字)
	生年月日	西暦 明治 大正 昭和 平成　年　月　日　0 1 2 3 4
	住　所	都道府県　　市区町村 電話（　　）　－　　番　　本(国)籍（　　）

記載要領
1　最上段及び太枠右側の細枠内には記載しないこと。
2　数字を付した欄は、該当する数字を○で囲むこと。

別記様式第1号その2（第1条の3関係）　　　　　　　　　（　／　）

資 料 区 分	1 3		受理年月日	3.昭和 4.平成	年	月	日
受 理 警 察 署		（　　　署）	許可の種類	1.古物商　2.古物市場主			
許 可 証 番 号			許可年月日	3.昭和 4.平成	年	月	日
所 轄 警 察 署		（　　　署）	営業所等整理番号				

営 業 所 ・ 古 物 市 場		形　　態	①営業所あり　2.営業所なし　3.古物市場
		名　　称	(フリガナ) リサイクルノシロ
			(漢 字) リサイクルの城
		所在地	（住所又は居所と同じ場合は、記載を要しない。） 東京 ⑩都道府県　　　墨田 ⑩市区町村 ×××1丁目2番地3 電話（ 03 ）9876 － 5432 番
		取り扱う 古物の区分	01 美術品類　02 衣　類　03 時計・宝飾品類　04 自 動 車　05 自動二輪車・原付 06 自転車類　07 写真機類　08 事務機器類　09 機械工具類　⑩道 具 類 11 皮革・ゴム製品類　12 書　籍　13 金 券 類
	管 理 者	氏　名	(フリガナ) マエダ ケンジ
			(漢 字) 前田　健二
		生年月日	西暦 明治 大正 ③昭和 平成　0 1 2 ③ 4　年 59　月 6　日 9
		住　所	東京 ⑩都道府県　　　墨田 ⑩市区町村 ○○○3丁目2番地1 電話（ 090 ）0000 － 0000 番

本(国)籍（　　　　　）

記載要領
1　最上段及び太枠右側の細枠内には記載しないこと。
2　数字を付した欄は、該当する数字を○で囲むこと。

第4章　古物営業をめぐる法律と申請手続き

195

別記様式第1号その4（第1条の3関係）

電気通信回線に接続して行う自動公衆送信により公衆の閲覧に供する方法を用いるかどうかの別	①用いる　　　　2.用いない

送　信　元　識　別　符　号

h	t	t	p	:	/	/	w	w	w	.	○	○	○
○	○	○	.	c	o	.	j	p					

記載要領
1　数字を付した欄は、該当する数字を○で囲むこと。
2　送信元識別符号の英字は、点線を参考にして、活字体で記入すること。
3　送信元識別符号のうち誤読されやすいものには、適宜ふりがなをふること。

書式2 略歴書

略　歴　書 (最近5年間のもの)

年　月	経　歴　内　容
令和 ○ 年 ○ 月	有限会社　南郷商事　入社 同月、同社の池袋支店長に就任
令和 ○ 年 ○ 月	有限会社　南郷商事　退社
令和 ○ 年 ○ 月	株式会社 Espoir 設立、同代表取締役就任 現在に至る
令和　　年　　月	
令和　　年　　月	

上記のとおり相違ありません。

令和 ○ 年 ○ 月 ○ 日

住　所　東京都墨田区△△△3丁目2番地1

氏　名　**佐 藤 快 司**　　㊞

署名または記名押印をします。

東京都公安委員会　殿

第4章　古物営業をめぐる法律と申請手続き

197

書式3　誓約書

[法人役員用]

誓　約　書

　私は、古物営業法第4条の第1号から第8号までに掲げる

1　破産手続開始の決定を受けて復権を得ない者

2　禁錮以上の刑に処せられ、又は第31条に規定する罪若しくは刑法第235条、第247条、第254条若しくは第256条第2項に規定する罪を犯して罰金の刑に処せられ、その執行を終わり、又は執行を受けることのなくなった日から起算して5年を経過しない者

3　住居の定まらない者

4　集団的に、又は常習的に古物営業法施行規則第1条各号に掲げる罪のいずれかに当たる行為を行うおそれがあると認めるに足りる相当な理由がある者

5　暴力団員による不当な行為の防止等に関する法律第12条若しくは第12条の6の規定による命令又は同法第12条の4第2項の規定による指示を受けた者であって、当　該命令又は指示を受けた日から起算して3年を経過しないもの

6　第24条の規定によりその古物営業の許可を取り消され、当該取消しの日から起算　して5年を経過しない者（許可を取り消された者が法人である場合においては、当　該取消しに係る聴聞の期日及び場所が公示された日前60日以内に当該法人の役員で　あった者で当該取消しの日から起算して5年を経過しないものを含む。）

7　第24条の規定による許可の取消しに係る聴聞の期日及び場所が公示された日から当該取消しをする日又は当該取消しをしないことを決定する日までの間に第8条第　1項第1号の規定による許可証の返納をした者（その古物営業の廃止について相当　な理由がある者を除く。）で、当該返納の日から起算して5年を経過しないもの

8　心身の故障により古物商又は古物市場主の業務を適正に実施することができない者として国家公安委員会規則で定めるもの

のいずれにも該当しないことを誓約いたします。

東京都公安委員会　殿

　　　　　　　　　　　　令和 ◯ 年 ◯ 月 ◯ 日

　　　　　　　　　　　　住　所　東京都墨田区△△△3丁目2番地1

　　　　　　　　　　　　氏　名　**佐 藤 快 司**　　　㊞

　　　　　　　　　　　　　　　　└────┬────┘
　　　　　　　　　　　　　　　署名または記名押印をします。

第5章

農地の転用をめぐる法律と申請手続き

1 農地転用の許可・届出について知っておこう

農地を転用、売買、賃貸借する場合には、国、自治体の許可や届出が必要

● なぜ農地の転用には許可や届出が必要なのか

わが国は、国土が狭く、その３分の２が森林であるため、居住、商・工業可能地の面積が小さく、その上、１億人を超える人口を抱えていることから、計画的で、合理的な国土の利用促進が重要な課題となっています。一方、国土の中で農地は、食糧を生産する基盤であり、国民にとって重要な資産であり、食糧確保の点から、むやみに農地を減少させることはできません。

このように、国土利用については、住宅地や商・工業用地の確保という観点と食糧生産基盤である優良農地の確保という観点からの土地利用の要請が競合しています。そこで**農地法**は、その両面の要請を調整し、計画的な土地利用の推進を目的として許可・届出制度を導入しています。

農地は食糧を生産する基盤であり、国民にとって重要な資産です。そのため、農地法は、国民にとって大切な農地を守っていくことを大原則としつつ、農地耕作者の保護と許可・届出制度による土地利用の規制を定めています。

たとえば、農地の売買、賃貸借など農地の転用を行う場合などについて、権利関係を明確にし、許可・届出制にすることにより、農地の所有者や耕作者の権利を守るための様々な規定が定められています。また、住宅や工場などが農地に建設されることによって、周囲の農業生産に悪影響を及ぼさないように調整を図るための規定などがあります。

● 農地法第４条ではどんな行為が規制されているのか

農地法第４条は、自分の農地を自分が使用するために宅地、駐車場、一時的な資材置き場、作業員仮宿舎などに転用する場合、許可を受ける

200

よう定めています。

　許可権者は、都道府県知事（農業委員会を経由）ですが、指定市町村の場合は指定市町村の長が許可権者となります。指定市長村とは、市町村から農林水産省に申請があり指定された市町村で、農林水産省のウェブサイトで確認することができます（https://www.maff.go.jp/j/nousin/noukei/nouten/nouten_shitei.html）。

　なお、2ha以下の農地を転用する場合で、農業用施設（進入路、農業用水路、農業用倉庫、温室など）に利用するのであれば、許可は必要ありません。

　また、都市計画区域内で市街化区域内の農地の場合は、市区町村の農業委員会への届出ですみます。ちなみに、国、都道府県が転用する場合（社会福祉施設、病院など一部例外あり）、市区町村が道路、河川等土地収用法対象事業の用に供するために転用する場合なども許可が不要です。

　なお、事前に許可を受けずに、無断転用した者は、3年以下の懲役又は300万円以下の罰金に処せられます。

● 農地法第5条ではどんな行為が規制されているのか

　前述の農地法の第4条は、自分の所有する農地を自らが使用するために転用する場合に関する規定でした。第5条は、農地の所有者と他者との間で所有権移転、賃借権・使用貸借権設定などにより、新たに権利を取得する者が転用する場合に関する規定です。第5条においても、転用基準や許可権者は第4条と同様の規定となっています。

● 農地転用、権利移転の許可基準はどうなっているのか

　農地法第4条、第5条の農地転用が許可されるためには、許可基準である立地基準、一般基準を満たす必要があります。

　立地基準は、生産力の低い農地や市街地に近接した農地などの営農条件等から農地を区分し、その区分に応じて、許可の可否を判断する基準

201

です。具体的には、次ページ図のように、農用地区域内にある農地、第1種農地、甲種農地、第3種農地及び第2種農地の区分ごとに定められています。最後の第3種農地及び第2種農地以外の農地転用は原則不許可です。一般基準は、農地等の転用の確実性や周辺農地への被害の防除措置の妥当性などを審査する基準です。主な基準は以下の通りです。

①転用に必要な資力及び信用があるか、②利害関係者（小作人や抵当権者等）の同意があるか、③遅滞なく転用目的に供することが確実か、④他法令の許認可の見込みはあるか、⑤申請農地と一体で転用目的に供する土地の利用見込みがあるか、⑥計画面積が妥当であるか、⑦土砂の流出又は崩壊を発生させるおそれはあるか、⑧農業用用排水施設の機能に影響を及ぼすおそれはあるか、⑨周辺農地の日照、通風等に支障を及ぼすおそれがあるか、⑩農道、ため池等農地の保全に必要な施設の機能に支障を及ぼすおそれがあるか

● その他こんな行為も規制の対象になる

前述した第4条、第5条と異なり、転用ではなく、農地として売買、賃貸借などを行う場合、農地法第3条に基づく許可が必要です。これらの許可は、次の要件を基準に市区町村の農業委員会が許可します。なお、相続、遺産分割や法人の合併等により権利を取得する場合は市区町村の農業委員会への届出ですみます。

① **効率利用要件**

申請農地を含め、所有している農地又は借りている農地のすべてを効率的に耕作すること

② **農地所有適格法人要件**

法人の場合は、農地所有適格法人の要件を満たすこと（ただし、農地所有適格法人以外の法人でも借入れであれば、認められる場合があります）

202

③ **農作業常時従事要件**

申請者又は世帯員等が取得後に行う耕作に必要な農作業に常時従事（原則年間150日以上）すると認められるか

④ **地域との調和要件**

申請農地の周辺の農地利用に影響を与えないこと

この他、前述したように、農地等を相続によって取得した場合には、市区町村の農業委員会へ農地法第3条の3第1項に基づく届出が必要です。届出をしなかった者は、10万円以下の過料に処せられることがあります。

また、農地法は、耕作者の権利保護と地位の安定もその目的としてい

■ **農地転用立地基準** ·······························

農地区分	営農条件及び市街地化の状況	許可の方針
農用地区域内農地	市区町村が定める農業振興地域整備計画における農用地区域内の農地	原則として不許可
甲種農地	市街化調整区域内の土地改良事業等の対象となった農地（8年以内）等、特に良好な営農条件を備えている農地	原則として不許可 〈例外〉 ①農業用施設、農産物加工施設 ②集落接続の住宅等（500㎡以内)(甲種農地・第1種農地以外の土地に立地困難な場合）等
第1種農地	10ha以上の規模の一団の農地、土地改良事業等の対象となった農地等良好な営農条件を備えている農地	原則として不許可 〈例外〉 甲種農地とほぼ同様（一部、甲種農地では不許可でも許可される場合がある）
第2種農地	市街地化が見込まれる農地又は山間地等の生産性の低い小集団の農地	周辺の土地で目的が達成できる場合は不許可
第3種農地	市街地の区域又は市街地化の傾向が著しい区域にある農地	原則として許可

203

ることから、農地等の賃貸借において、その解除・解約の申入れ等の行為を制限する規定（第18条第1項）があります。これによれば、次に掲げる場合に限られますが、都道府県知事の許可を得ることで行うことができます（第18条第2項）。

①賃借人が信義に反した行為をした場合、②農地等を転用することが相当な場合、③賃貸人の自作を相当とする場合、④農業生産法人がその要件を欠いた場合等、⑤賃借人が離農するため解約しようとする場合などその他正当な事由がある場合

農地等の賃貸借の解除・解約の申入れ、合意解約、更新の拒絶を通知しようとする場合にこの都道府県知事の許可を受けずにした解除・解約等の行為はその効力を生ぜず、無効となります（第18条第5項）。また、農地等の賃貸借を合意解約した場合において、市区町村の農業委員会に通知をしなかった場合も同様です（第18条第6項）。

■ 農地法第3条の許可基準 ………………………………………………

全部効率利用要件	申請農地（許可によって権利を取得しようとしている農地）を含め、所有している農地、借用農地のすべてを効率的に利用して耕作の事業を行うこと
農業生産法人要件	申請者が法人の場合、農業生産法人の要件を満たすこと
農作業常時従事要件	申請者又は世帯員等が農作業に常時従事すること
下限面積要件	申請農地を含め、耕作する農地の合計面積が下限面積以上（原則として30a以上）であること
地域との調和要件	周辺の農地利用に影響を与えないこと

※農業生産法人要件と農作業常時従事要件には緩和措置があり、次の4つに該当する場合は要件が緩和されている。
　①農地の貸借の許可申請であること。
　②農地を適正に利用していない場合の解除条件が契約に付されていること
　③地域農業者との適切な役割分担の下、継続的かつ安定的に農業経営を行うと見込まれること。
　④法人の場合、業務執行役員のうち1人以上が農業に常時従事すること。

204

2 具体的な許可申請の手続きについて知っておこう

農地を売買して農地以外の目的に転用する手続きである

農地法第5条許可申請のケース

農地法による許可申請は3種類ありますが、農地法第5条による許可申請は、農地法第3条による「権利移動の許可」と農地法第4条による「農地転用許可」を両方同時に行うものになります。

したがって、ここでは宅地に転用する予定の農地を売買する場合について具体的な許可申請手続きを考えてみましょう。なお、本事例では東京在住の買主が千葉県に移住する場合を想定しています。

許可申請をする前に

通常の場合、許可申請は農地の譲渡人（農地を売る者）と、譲受人（農地を転用目的で買う者）が共同で許可申請手続きを行います。

したがって行政書士に代理を委任する場合は、双方の代理人として行うことに注意が必要です。

農地転用許可は大前提として、対象とする農地が都市計画法に定める「市街化調整区域」にある場合に行います（「市街化区域」の場合は届出のみとなります）。そこで、はじめに対象の農地の所在地が「市街化調整区域」なのか「市街化区域」なのかを調査する必要があります。また、農用地区域にある農地や良好な営農条件を備えている農地など、原則的に許可を受けることができない農地があるので、対象の農地の農地区分をしっかり現況確認しましょう。

手続きの流れはどうなっているのか

農地転用許可の許可権者は、都道府県知事ですが、指定市町村の場合は指定市町村の長が許可権者となります。多くの場合は都道府県知事許

可になります。

　都道府県知事許可の場合、申請書の提出先は管轄の農業委員会です。許可申請手続きは、①農業委員会に申請書等を提出、②農業委員会が意見を付して都道府県知事に申請書と送付、③都道府県知事は農業会議に意見を聴く、④都道府県知事より許可・不許可の指令書を農業委員会に交付、⑤農業委員会に指令書が申請者に交付される、といった流れになります。この際の標準処理期間はおおよそ6週間で、対象の農地が2haを超える場合には9週間程度となります。なお、許可申請に際しての手数料は不要です。

● どんな書類を出すのか

　農地法第5条許可申請を行う場合に必要な書類は以下の通りです。

　なお、ここに記載した一覧は千葉県による事例の場合を想定していますが、申請する都道府県や転用目的などによって別途必要な書類がありますので注意してください。

　許可申請書、事業計画書、土地登記事項証明書（登記事項と申請者の現住所が異なる場合は、住民票の写しも必要）、公図の写し（転用計画地を明示し、隣接地の所有者や地目等を記載、隣地関係図（申請地や隣接地の地番・地目・所有者・耕作者を明示）、位置図（縮尺は1／2500、1／10000程度）、土地利用計画図（縮尺は1／100、1／500程度）、事業計画に係る施設（被害防除施設を含む）の平面図、縦横断図、構造図、資金計画書、排水計画図等

　事業費が500万円～1000万円以上の場合（都道府県により異なる）は「融資証明書又は残高証明書」の提出が必要となり、工事等が1年以上になる場合は「工程表」も必要です。さらに、譲受人が法人の場合は「定款」や「法人登記事項証明書」なども提出する必要があります。

申請にあたってどんな点に注意すべきなのか

　農地転用許可申請を行うと、農業委員会や担当官が調査を行うことになりますが、当然のことですが許可が下りる前に工事着手していることは認められません。必ず許可が下りてから譲渡や工事着手をする必要があります。また、仮に事前に代金等の支払いを行っていたとしても、許可を受けたことを証する書面をがなければ、所有権移転登記等も認められません。さらに許可が下りた後、事業計画通りに転用を行わなければ、工事の中止や原状回復等の命令や処罰が下されますので、注意しなければなりません。

　個人住宅用の土地として転用する目的ではなく、共同住宅、ガレージ、資材置き場等を目的とする場合は、開発行為となる場合があるため、あらかじめ事前協議をする必要があります。

農地法第5条許可申請書の書き方

　農地を農地以外の地目にするために所有権を移転する場合（農地法第5条許可）の主な提出書類に関する記載上の注意点は以下の通りです。

農地法第5条の規定による許可申請書（書式1）

　ここでは、千葉県による様式を例として説明します。現行では農地法による各種許可申請書、届出書の様式は都道府県により異なります。ただし、求められる記載内容は共通している場合がほとんどです。

① 　名称の箇所について該当する「第4条」又は「第5条」のいずれかに○をつけます（本事例では第5条）。なお、多くの都道府県では○をつける必要はなくそれぞれの申請書は使い分けられています。

② 　前文に「転用のため農地の所有権移転したいので」というような許可申請を行う理由を記載します。

③ 　「譲渡人」「譲受人」それぞれの氏名を記入します。法人の場合は法人名、代表者名、となります。

④ 　地目の「現（現況）」が、宅地や駐車場、雑種地の場合、受理されませんので注意が必要です。

⑤　地番と面積は訂正できないことがありますので、正確に記載します。

⑥　千葉県の様式では、「事業計画」や「転用することによって周辺の農地に係る営農条件への支障の有無とその被害防除措置」は別添の事業計画書に詳細を記載しますが、都道府県によっては申請書内で詳細を記載する場合もあります。

⑦　資金調達についての計画を記載します。権利の設定が賃借権の場合は１年分の賃料を基に計画を記載します。

農地転用事業計画書（書式２）

　申請書に記載しきれない転用計画や転用理由を詳細に記載する書式です。都道府県によって様式は様々ですが、求められる記載事項はだいたい同じです。また、申請書とあわせて１つの様式となっている場合があります。主な記載内容は「転用の必要性」「該当地の選定理由」「転用することによって周辺の農地に係る営農条件への支障の有無とその被害防除措置」「防災計画」「該当する農地や周辺の土地の権利関係に関する事項」などです。「被害防除措置」には排水計画や法面の処置（法面は切土や盛土による人工的斜面をいい、土砂等の崩壊のおそれがある場合に設ける必要があります）、日照などに関して周辺農地への対応策を具体的に記載する必要があります。

　周辺に農地がなく、被害防除を必要としない場合には、「周辺に農地はありませんが」と書き始めておくとよいでしょう。

土地利用計画図（書式３）

　実際に転用を行う土地の利用計画を示します。記載に求められる要素は都道府県ごとに異なりますが、基本的には転用による周辺の土地への被害を防ぐ計画を図示することになります。たとえば、転用する土地からの土砂流出の防止策、雨水の処理などに関する取水、雨水、汚水、雑排水の経路等の明示です。また、建物を建築する場合は建物を、駐車場を整備する場合は駐車台数を明確にしたり、隣接地との地面の高低差を補うコンクリートブロックの明示などです。

書式1 農地法第5条の規定による許可申請書

農地法第 4 、5 条の規定による許可申請書

下記土地について **転用のため農地の所有権移転** したいので農地法第 4 5 条の規定によって許可を申請します。

令和 ○ 年 ○ 月 ○ 日

千葉市農業委員会会長 様

譲受人　　沢木　直哉

譲渡人　　五木　敬三

1 申請者の住所 氏名、年齢 及び職業		住　所	氏名（名称）	年齢	職業
	譲受人	東京都世田谷区○○1丁目1番地1号	沢木　直哉	22	学生
	譲渡人	千葉県浦安市○○1丁目1番地1号	五木　敬三	59	大学教授

2 許可を受けよ うとする土地 表示・利用 状況等	土地の表示		地目		面積 ㎡	平均収量 （10a 当たり）	所有者氏名	耕作者氏名	自作・ 貸付の別
	千 葉 市 区　町	地　番	登	現					
	○○　△△	123番地	田	田	221		五木 敬三	五木 敬三	自作
	合　計	田 221 ㎡	畑	㎡	採	㎡	計 221 ㎡		

3 転用計画	(1)用途	専用住宅	(2)転用事由の詳細	別紙事業計画書のとおり	
	(3)転用の時期	着手予定 令和 ○ 年 ○ 月 ○ 日　　完了予定　令和 ○ 年 ○ 月 ○ 日			
	(4) 事業又は 施設の 概要	用途区分	棟数	建築物（工作物）の構造及び建築面積	その他
		住宅	1棟	木造2階建て（建築面積32㎡） （延べ床面積 75㎡）	

4 転用に伴う 給付、その他	(1)転用地の価格　　3,000,000　円	(4)転用地の賃借料(年㎡当)　　　　　円
	(2)相手方に対する離作補償等(㎡当)　　　円	(5)賃借期間 自　　年　　月　　日
	(3)隣接地に対する損害補償等　　　　円	至　　年　　月　　日

5 資金調達に ついての計画	資金所要額	土地代金　　3,000 千円	計　　16,000 千円
		整地費　　　500 千円	自己資金　16,000 千円
		建設費　12,000 千円	借入金　　　　0 千円
		その他　　　500 千円	

6 譲受人と譲渡 人との関係	知人	7 転用することによって周辺の農地に 係る営農条件への支障の有無と その被害防除措置の概要	別紙事業計画書のとおり
8 その他参考事項			

第5章　農地の転用をめぐる法律と申請手続き

書式2 農地転用事業計画書

（様式第2号）　事　業　計　画　書

ア　計画施設内容（事業を行う理由、造成の計画も記入。埋立て等を行わず整地のみの場合にも、その内容を記入。）

　　隣接する農地を管理しやすいよう、個人住宅、農業用倉庫を建築し、あわせて露天駐車場も整備したい。この際、整地程度であり、造成等はしない。

イ　土地選定理由（他の土地（農地以外の土地も含む。）で当該事業を行えない理由も記入。）

　　大学卒業後、就農するが、本年度中に新たな住居が必要になる。現在の住居は就農予定地より遠方にあり、申請地は、譲受人の就農する農地に隣接しており、農機具や作業場の観点から考えても日常の管理に便利であるため。

ウ　地目別面積（申請に係る農地と一体として利用する農地以外の土地についても記入。）

田	221 ㎡	畑	㎡	採草放牧地	㎡	その他	㎡	合計	221 ㎡

エ　申請に係る農地と一体として利用する農地以外の土地の権利取得の見込み

　　なし

オ　用水（上水道等）・排水・調整池計画（排水については雨水、汚水、雑排水別に記入。）

　　用水：○○水道
　　排水：雑排水は合併浄化槽により処理、既設道路側溝へ放流。
　　雨水：浸透桝により地下浸透させる。オーバーフロー分は既設道路側溝へ放流。

カ　防災計画（工事中・施工後の防災計画を記入。）

　　建設中、交通の妨げにならないよう注意する。

キ　周辺農地の営農条件への被害防除対策(農業用排水・施設、日照、通風への影響、土砂流出防止等を記入。)

　　近辺に農地は存在しないが、ごみ等が飛散しないよう隣地との境界にはネットフェンスを設置する。万が一発生した場合も、当方において責任をもって対応する。

ク　隣接農地所有者・耕作者への説明状況等（説明内容及びそれに対する相手方の対応状況を記入）
説　明　を　し　た　者 　　なし
隣接農地所有者（耕作者） 　　なし
説明内容（被害防除対策） 　　なし
隣接農地所有者（耕作 者）の意見（対応状況） 　　なし
その他（状況を詳細に）   　　なし
ケ　一時転用期間の説明（一時転用の期間が必要最小限度であることを記入。） 　　なし
コ　その他（離農措置をとった場合などその内容を記入。） 　　なし

（備考）記入欄が足りない場合は，別紙を設けて記載してください。

書式3　土地利用計画図

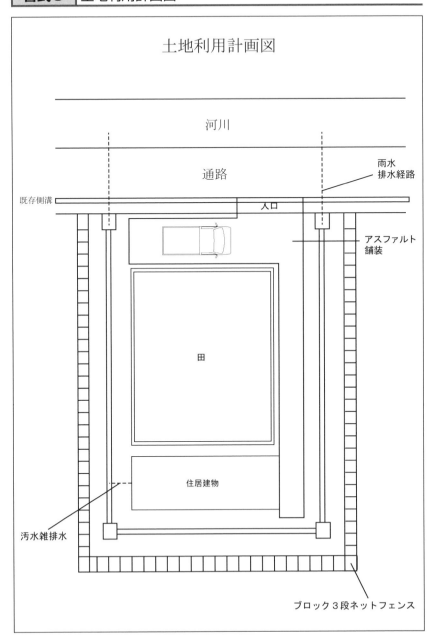

第6章

出入国管理をめぐる法律と申請手続き

1 入管業務について知っておこう

外国人が日本国内に在留（滞在）するための在留資格に関する業務

● 入管業務とは

　外国人が日本に入国する際には、出入国在留管理庁で入国審査を受けます。その際、在留資格を取得するために書類などを作成、準備し、提出しなければなりません。

　在留資格とは、外国人が日本に入国・在留して従事することができる活動、あるいは入国・在留できる身分又は地位について類型化したもので、「出入国管理及び難民認定法」（入管法）に定められています。この在留資格は、在留の目的により29種類に分類されています。

　したがって、この在留資格に該当しない外国人は、原則として入国できないことになります。そのため外国人が入国する際に大変重要な手続きだといえます。また、入国後も、就学、就職・転職、結婚・離婚、起業などによる在留資格の変更や在留期間の更新、あるいは永住者の相続問題など入国の際の手続きに留まらず、在留する外国人の様々な人生の重要な節目に応じたトータルなサポートを行うのが**入管業務**です。

● どんな仕事なのか

　本来、外国人本人が、在留資格取得等の手続きを行うのが原則なのですが、在留資格の種類が多数あり、申請書類が複雑なため、本人による作成が困難な場合が多々あります。そこで、行政書士等が、外国人の取次者として申請書類の作成・提出の手伝いを行うことが多くあります（一定の研修・考査を受け、出入国在留管理局に届出を行った者のみ行うことができます）。

　具体的には、「在留資格を取得したい」「日本で就労したい」「外国にいる妻や家族を呼びたい」「会社を経営したい」など、申請者の要望は

様々です。そこで、行政書士などの取次者は、申請者の話をよく聞き、29種類の在留資格のうちどの在留資格に該当するのか、どんな書類を提出すれば許可が下りるかなどの判断を行い、申請書類を作成し、出入国在留管理局に提出するのです。

● 在留資格とビザは別物

　在留資格制度とは、日本国に在留できる資格を法律で定め、外国人の入国、在留を管理する制度です。入管法では、日本に在留する外国人は、入管法、他の法律に規定がある場合を除き、「在留資格」をもって在留すると規定されています（第2条の2第1項）。この規定を受けて、別表第一、別表第二に、29の在留資格を定めています。

　このように、日本に入国、在留する外国人は、在留資格から1つを付与され、その在留資格の範囲内の活動が許されることになっています。

　なお、この「在留資格」のことを、よく「ビザ（査証）」（たとえば、就労ビザ、結婚ビザなど）という言葉で説明する人がいますが、「在留資格」と「ビザ（査証）」はまったく異なるものです。

　在留資格は、29の在留資格のうちの1つを在留資格として付与され、その在留資格の範囲内での活動が認められるもので、日本に滞在し、活動するための根拠となるものです。

　一方、ビザ（査証）は、その人物の所持する旅券（パスポート）が有効で、その人物が入国しても差し支えないと示す証書のことです。

　多くの国では入国を保証するものではなく、入国許可（上陸許可）申請に必要な書類の一部として理解されています。

● 在留資格にはどんな種類があるのか

　在留資格には29の種類があります。それらは、大きく分けて、活動内容に関するものと身分地位に関するものに分かれます。活動内容に関するものは25種類あり、次のように類型化されています。

215

外交、公用、教授、芸術、宗教、報道、高度専門職（学術分野や経営分野におけるポイント制による高度な人材）、経営・管理、法律・会計業務、医療、研究、教育、技術・人文知識・国際業務、企業内転勤、介護、興行、技能、特定技能、技能実習（2024年11月時点）、文化活動、短期滞在、留学、研修、家族滞在、特定活動（ワーキングホリデー、外交官等の家事使用人など）

　また、身分地位に関するものは4つあって、永住者、日本人の配偶者等、永住者の配偶者等、定住者に類型化しています。

　この29の在留資格を「就労」をキーワードに分類すると、①就労が可能な在留資格、②就労ができない在留資格、③就労可否が個々の許可内容による在留資格、④活動に制限のない在留資格に分けることができます（217 〜 219ページ図参照）。

　ところで、在留資格の「経営・管理」については、入管法に書かれている在留資格の説明は、表記載のように簡潔なものではありません。具体的には、「2人以上の常勤職員が従事」又は「資本金や出資金の額が500万円以上」の事業について経営又は管理に実質的に参画している者でなければなりません。

　ただし、日本人又は日本法人のみが投資している事業の経営又は管理に携わっている外国人は、「経営・管理」ではなく、「技術・人文知識・国際業務」の在留資格に該当することになります。

　このように、どの在留資格にあたるかという点については、29種類の在留資格の要件を十分理解しておかなければ、判断できないものであり、専門知識をもった行政書士等に支援を依頼することが多い分野といえます。

■ 在留資格の分類 ···

【活動に基づく在留資格】
・就労が可能なもの（在留資格の範囲内）

在留資格	日本において行うことができる活動	在留期間
外　交	外国政府の大使、公使、総領事、代表団の構成員等及びその家族などの活動	「外交活動」を行う期間
公　用	外国政府の大使館・領事館の職員、国際機関等から公の用務で派遣される者等及びその家族などの活動	5年、3年、1年、3月、30日又は15日
教　授	大学教授などの大学や大学に準ずる機関、高等専門学校において研究、研究の指導又は教育をする活動	5年、3年、1年又は3月
芸　術	作曲家、画家、著述家などが行う収入を伴う音楽、美術、文学その他の芸術上の活動	5年、3年、1年又は3月
宗　教	外国の宗教団体から派遣される宣教師等が行う布教その他の宗教上の活動	5年、3年、1年又は3月
報　道	外国の報道機関との契約に基づいて行う取材その他の報道上の活動	5年、3年、1年又は3月
高度専門職	1号…「研究・教育」、「自然科学・人文科学」、「経営」の3つの分野で日本における公私の機関（会社等）においての就労活動や関連業務として自ら経営をする活動 2号…「研究・教育」、「自然科学・人文科学」、「経営」の3つの分野に加え、芸能活動や会社経営、芸術活動など様々な就労活動も認められる	5年（2号の場合は無期限）
経営・管理	日本における貿易その他の事業の経営を行い又は当該事業の管理に従事する活動（下記、法律·会計業務の活動を除く。）	5年、3年、1年、6月、4月又は3月
法律・会計業務	外国法事務弁護士、外国公認会計士その他法律上資格を有する者が行うこととされている法律又は会計に係る業務に従事する活動	5年、3年、1年又は3月
医　療	医師、歯科医師その他法律上資格を有する者が行うこととされている医療に係る業務に従事する活動	5年、3年、1年又は3月
研　究	政府関係機関や私企業等の研究者など、日本の公私の機関との契約に基づいて研究を行う活動	5年、3年、1年又は3月
教　育	日本の学校教育機関（小学校、中学校、高等学校、専修学校、各種学校など）において、語学教育その他の教育をする活動	5年、3年、1年又は3月
技術·人文知識·国際業務	日本の公私の機関との契約に基づいて行う理学、工学その他の自然科学の分野や法律学、経済学、社会学、その他の人文科学の分野に属する技術・知識・思考・感受性を必要とする業務に従事する活動	5年、3年、1年又は3月

第6章　出入国管理をめぐる法律と申請手続き

217

企業内転勤	外国にある本店、支店等の事業所から日本にある本店、支店に期間を定めて転勤して行う、「技術」「人文知識・国際業務」の在留資格に該当する活動	5年、3年、1年又は3月
介 護	介護福祉士の資格を有する外国人が介護施設等との契約に基づいて介護（又は介護の指導）の業務に従事する活動	5年、3年、1年又は3月
興 行	演劇、演芸、演奏、スポーツ等の興行に係る活動又はその他の芸能活動	3年、1年、6月、3月又は30日
技 能	日本の産業上の特殊な分野に属する熟練した技能（外国料理の調理、外国食品の製造、毛皮の加工等）を要する業務に従事する活動	5年、3年、1年又は3月
特定技能	1号…介護、ビルクリーニング、素形材・産業機械・電気電子情報関連製造、建設、造船・舶用工業、自動車整備、航空、宿泊、農業、漁業、飲食料品製造業、外食業など、法務大臣が指定する本邦の公私の機関との雇用に関する契約に基づいて行う特定産業分野であって法務大臣が指定するものに属する法務省令で定める相当程度の知識又は経験を必要とする技能を要する業務に従事する活動 2号…建設、造船・舶用工業など法務大臣が指定する本邦の公私の機関との雇用に関する契約に基づいて行う特定産業分野であって法務大臣が指定するものに属する法務省令で定める熟練した技能を要する業務に従事する活動	・特定技能1号 1年、6月、4月（通算で上限5年まで） ・特定技能2号 3年、1年、6月（上限なし）
技能実習	1号…「講習による知識修得活動」及び「雇用契約に基づく技能等修得活動」 2号…技能実習1号に従事し、技能等を修得した者が当該技能等に習熟するため、雇用契約に基づき修得した技能等を要する業務に従事する活動 3号…技能実習2号に従事し、技能等を修得した者が当該技能等に熟達するため、雇用契約に基づき修得した技能等を要する業務に従事する活動	・技能実習1号 法務大臣が個々に指定する期間（1年を超えない範囲） ・技能実習2号 法務大臣が個々に指定する期間（2年を超えない範囲） ・技能実習3号 法務大臣が個々に指定する期間（2年を超えない範囲）

・就労はできないもの

在留資格	日本において行うことができる活動	在留期間
文化活動	収入を伴わない学術上、芸術上の活動、又は日本特有の文化、技芸について専門的な研究を行うなどの活動	3年、1年又は6月又は3月

短期滞在	日本に短期間滞在して行う観光、保養、スポーツ、親族の訪問、見学、講習又は会合への参加、業務連絡その他これらに類似する活動	90日、30日又は15日
留　学	本邦の大学、高等専門学校、高等学校（中等教育学校の後期課程を含む）若しくは特別支援学校の高等部、中学校（義務教育学校の後期過程及び中等教育学校の前期課程を含む）若しくは特別支援学校の中学部、小学校（義務教育学校の前期過程を含む）若しくは特別支援学校の小学部、専修学校若しくは各種学校又は設備及び編制に関してこれらに準ずる機関において教育を受ける活動	4年3月、4年、3年3月、3年、2年3月、2年、1年3月、1年、6月又は3月
研　修	日本の公私の機関により受け入れられて行う技術、技能又は知識の修得をする活動	1年又は6月又は3月
家族滞在	「教授」から「文化活動」までの在留資格をもって在留する者、又は「留学」の在留資格をもって在留する者の扶養を受ける配偶者又は子として行う日常的な活動（「特定技能1号」「技能実習」を除く）	5年、4年3月、4年、3年3月、3年、2年3月、2年、1年3月、1年、6月又は3月

・許可の内容により就労の可否が決められるもの

在留資格	日本において行うことができる活動	在留期間
特定活動	法務大臣が個々の外国人についてとくに指定する活動 ※該当例…外交官等の家事使用人、ワーキング・ホリデー、経済連携協定に基づく外国人看護師等	5年、3年、1年、6月、3月又は法務大臣が個々に指定する期間（5年を超えない範囲）

【身分又は地位に基づく在留資格】

・活動に制限がないもの

在留資格	日本において行うことができる活動	在留期間
永住者	法務大臣が永住を認めるもの	無期限
日本人の配偶者等	日本人の配偶者、日本人の子として出生した者、特別養子（民法第817条の2の規定によるもの）	5年、3年、1年又は6月
永住者の配偶者等	永住者・特別永住者の配偶者及び日本で出生し引き続き在留している子	5年、3年、1年又は6月
定住者	第三国定住難民、日系2世、3世など法務大臣が特別な理由を考慮し一定の在留期間を指定して居住を認める者	5年、3年、1年、6月又は法務大臣が個々に指定する期間（5年を超えない範囲）

2 どんな手続きがあるのか

入管実務には主に8つの申請手続きがある

● 手続きにもいろいろある

入管業務に関する手続きには、適法に在留するための手続きと「非正規滞在者」（在留資格のないまま日本に暮らす外国人）の在留特別許可、仮放免等の手続きがあります。以下、適法に在留するための主な8つの手続きについて説明します。

① 在留資格認定証明書交付申請

在留資格認定証明書は、日本に入国しようとする外国人が、在留資格に該当しているか（在留資格該当性）、あるいは、上陸基準に適合しているかどうか（上陸基準適合性）について、事前に申請書類を提出し、これを法務大臣が審査して、これらの基準に適合していると認定した場合に交付されるものです。

ただし、「短期滞在」「永住者」「特定活動」などの在留資格は、この制度の対象外となっており、適用されません。

② 在留期間更新許可申請

日本に在留する外国人は、在留資格認定の際に、在留期間を定められ、その期間内の在留を許されています。しかし、認定された在留期間内に、必ずしも在留活動の目的を達成するとは限りません。その場合は、在留期間の延長をする必要が生じます。このような場合、在留期間更新許可申請を行い、法務大臣の許可を得れば、在留期間を更新することができます。この手続きは、在留期間の満了する日の3か月前からできます。

③ 在留資格変更許可申請

在留資格のある外国人が、その在留目的を変更して別の在留資格に該当する活動を行おうとする場合、在留資格を新しい内容へ変更するための在留資格変更許可申請を行う必要があります。

たとえば、在留資格が「留学」の外国人大学生が、卒業後に日本の会社へ就職が決定し、「就労」のできる在留資格に変更する場合などです。

④　在留資格取得許可申請

　日本での出生や日本国籍の離脱など、上陸の手続きを経ることなく日本に在留することになる外国人が、引き続き日本に在留しようとする場合に、在留資格取得許可申請を行います。出生又は日本国籍離脱などの事由が発生した日から30日以内に行う申請手続きです。

⑤　資格外活動許可申請

　日本に在留する外国人は、認定された在留資格の範囲以外の活動を行い、報酬などを得ることは認められていません。それを行うためには、許可が必要になります。この許可を得るための手続きが、資格外活動許可申請です。ただし、許可される活動は、臨時的又は副次的に収益活動を行う場合に限ります。たとえば、留学生が、学費、生活費などを補う目的でアルバイトすることは、認められています。

⑥　就労資格証明書交付申請

　就労資格証明書は、働くことができる在留資格を有していることを法務大臣が証明する文書です。企業が外国人を雇用しようとする場合や本人の就職、転職などにおいて、日本で就労する資格があることをこの証明書で確認、証明できるものです。

⑦　再入国許可申請

　日本に在留する外国人が一時的に外国へ出国し、日本に再入国する際、あらかじめ日本政府の再入国の許可を受けておけば、出国前と同じ在留資格のまま再入国することができます。ただし、期限は、在留許可の在留期限を超えず、かつ5年を超えない範囲内となっています。

　有効な旅券及び在留カードを所持する外国人が、出国後1年以内に再入国する場合、原則として再入国許可を受ける必要はありません（みなし再入国許可）。

⑧　永住許可申請

永住者の在留資格に変更を希望する外国人が行う申請手続きです。「永住者」は在留活動、在留期間の制限がなく、国籍はそのままで、日本に在留できます。ただ、他の在留資格より審査が厳しく、「素行が善良であること」「独立の生計を営むに足りる資産や技能を有すること」「日本の利益と合致する」といった条件が必要で、概ね10年以上の日本での在留実績と5年以上の勤務実績が必要になります。

● 外国人本人以外が手続きを行える場合がある

日本に在留している外国人が、出入国在留管理局に対して各種申請を行う場合、原則として外国人本人が出入国在留管理局に出頭して行わなければなりません。しかし、例外的に外国人に代わって手続きを行うことが認められる場合があります。

まず、外国人労働者が働いている会社などの使用者が、本人に代わり各種手続きを行うことが可能です。たとえば、在留期間更新や資格外活動許可について、外国人に代わり使用者が手続きを行うことができます。

また、特定技能1号の外国人に関して、在留中に安定的・円滑な活動を行うことができるようにするための支援を行う登録支援機関という制度が新設されました。登録支援機関は、特定技能外国人を雇用する企業等の受入れ機関から委託を受けて在留手続きの支援も行うことができますが、業務として書類の作成を行うことはできませんし、特定技能2号外国人への支援も対象とされていません。

在留資格に関する手続きの専門家としては、外国人本人に代わり申請書の提出を行える「申請取次」の資格を取得している行政書士や弁護士が在留手続きの専門家として挙げられます。

● 出入国在留管理局へ申請する

申請する在留資格に基づいて、必要書類をそろえて出入国在留管理局に申請をすることになりますが、在留資格や申請の内容、外国人個々の

事情により必要書類の内容が異なることに留意が必要です。

本書では、在留資格が「技術・人文知識・国際業務」の場合の在留資格認定証明書交付申請（224ページ）、「技術・人文知識・国際業務」の場合の在留期間更新許可申請（234ページ）、「留学」から「技術・人文知識・国際業務」への在留資格変更許可申請（242ページ）、永住資格許可申請（申請資格が「日本人の配偶者等」の場合）（251ページ）について手続きと必要書類を解説します。なお、出入国在留管理局が申請を受理すると、申請番号が記載された申請受理票を交付します。その後、申請案件の追加対応や進捗の確認などについて、申請番号が必要になります。

● 申請予約をする

出入国在留管理局では、窓口が混雑している場合が多く、申請するまでの待ち時間が2、3時間に及ぶことがあります。そこで出入国在留管理局では、届出済証明書を有する行政書士の取次申請については、予約制度を設けて、申請を受け付けています（制度を導入していない出入国在留管理局もあります）。

東京出入国在留管理局では、毎週火曜、木曜に実施されており、あらかじめ時間を予約（指定）して申請ができます。予約の申込みは、申請したい日の当日午前8時までとなっています。

■ **入国を希望する外国人と申請取次者の関係**

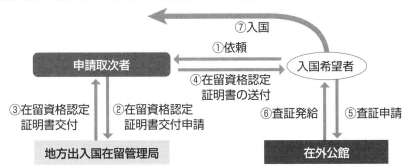

3 在留資格認定証明書交付申請（在留資格が技術の場合）

海外にいる外国人技術者を日本に呼び寄せる

● 手続きの概要をおさえる

外国人を雇用する場合、当該外国人を機械設計者や、システムエンジニア、プログラマなどといった技術者として雇い入れるためには、「技術・人文知識・国際業務技術」という在留資格を取得してもらう必要があります。外国人が日本に入国しようとする場合、外国人本人が海外にある日本の在外公館（大使館又は総領事館）に直接ビザ（査証）の申請をすることもできますが、雇用しようとする企業等が地方出入国在留管理局に在留資格認定証明書（技術・人文知識・国際業務技術）の交付申請をすることが一般的です。この場合の手続きの全体像としては、①雇用しようとする企業（又は依頼を受けた行政書士等）が、企業を管轄する地方出入国在留管理局の窓口に申請書を提出、②地方出入国在留管理局より在留資格認定証明書の交付を受ける、③在留資格認定証明書を外国人本人や企業に送付する、④外国人本人が在外公館よりビザ（査証）の発給を受ける、⑤外国人本人が上陸（空港の入国審査官に対する上陸申請）する、という流れになります。なお、在留資格認定証明書交付申請には、手数料はかかりません。

在留資格認定証明書交付を申請する場合の提出書類には大きく分けて、①申請書、②外国人に関する書類、③雇用しようとする企業に関する書類があります。③は、企業（所属機関）の条件によって4種類にカテゴリー分けされ、カテゴリーごとに提出書類が異なります。カテゴリー1は所属機関が以下の@〜①の場合です。

@日本の証券取引所に上場している企業、ⓑ保険業を営む相互会社、
ⓒ日本又は外国の国・地方公共団体、ⓓ独立行政法人、ⓔ特殊法

人・認可法人、ⓕ日本の国・地方公共団体認可の公益法人、ⓖ法人
税法別表第1に掲げる公共法人、ⓗイノベーション創出企業　ⓘ一
定の条件を満たす企業等

　カテゴリー2は、前年分の給与所得の源泉徴収票等の法定調書合計表
中、給与所得の源泉徴収票合計表の源泉徴収税額が1,000万円以上ある
団体・個人です。カテゴリー3は、カテゴリー2を除く前年分の職員の
給与所得の源泉徴収票等の法定調書合計表が提出された団体・個人です。
また、カテゴリー4はカテゴリー1～3のいずれにも該当しない団体・
個人です。カテゴリー分けされるのは、上場企業や、年間1,000万円以
上の所得税を支払っている会社などは、提出書類が少なくて済むという
取扱いをするためです。

　提出書類についてはカテゴリー1～4のいずれの場合であっても、在
留資格認定証明書交付申請書（1通）、写真（1葉）、返信用封筒（1
通）が必要になります。その他の必要書類は227ページ図表の通りです。
図表中の「申請人の活動の内容等を明らかにする資料」とは、①労働契
約を締結する場合は労働条件を明示する文書（1通）、②日本法人であ
る会社の役員に就任する場合は役員報酬について定める定款の写し又
は株主総会の議事録の写し（1通）、③外国法人内の日本支店に転勤す
る場合及び会社以外の団体の役員に就任する場合は、地位（担当業務）、
期間及び支払われる報酬額を明らかにする所属団体の文書（1通）です。

　「申請人の学歴及び職歴その他経歴等を証明する文書」とは、申請に
ついての技術・知識を要する職務に従事した機関・内容・期間を明示し
た履歴書（1通）と、大学等の卒業証明書や「情報処理技術」に関する
試験・資格の合格証書・資格証書（1通）などです。

　「事業内容を明らかにする資料」とは、勤務先等の沿革、役員、組織、
事業内容等が詳細に記載された案内書1通（又はそれに準じる文書）と
法人登記事項証明書（1通）です。また、「前年分の職員の給与所得の

源泉徴収票等の法定調書合計表を提出できない理由を明らかにする資料」とは、給与支払事務所等の開設届出書の写し（1通）と、直近3か月分の給与所得・退職所得等の所得税徴収高計算書（納期の特例を受けている場合は、その承認を受けていることを明らかにする資料）1通です。ただし、源泉徴収の免除を受ける機関の場合には、外国法人の源泉徴収に対する免除証明書その他の源泉徴収を要しないことを明らかにする資料（1通）を提出することになります。

● 書類の入手方法とダウンロード

　在留資格認定証明書交付申請書は、入国目的（該当する在留資格の種類）によって提出書類の様式が異なるため、注意が必要です。それぞれの申請書様式は法務省のホームページ（https://www.moj.go.jp/isa/applications/status/gijinkoku.html）よりダウンロードすることができます。なお、多くの申請書様式は、「申請人等作成用」「所属機関（又は扶養者）等作成用」に分かれています。

● 申請における注意点

　在留資格認定証明書交付申請に限りませんが、在留手続は、法務大臣や地方出入国在留管理局長の裁量が大きく、許可を取得できるか否かが事前に判断しにくいものとなります。したがって、申請をする時点で適合性の高い在留資格を正確に導くことはもちろんですが、許可取得の可能性を上げるための材料を可能な限りたくさん検討する必要があります。そして、必要書類の収集、適切な理由書・質問書の作成など、立証に必要な資料を1つでも多くそろえることが重要です。なお、在留資格の審査基準は機械的に判断できるものと、許可をすることが国益に合致するかという抽象的な判断をあわせて検討する必要があります。

　また、申請者の事情によって許可取得を急ぐ必要がある場合があります。在留資格認定証明書交付申請は、標準処理期間が1～3か月とされ

ていますが、これは一概に言えないところがあり、事情によってはさらに数か月かかることもあります。

● 手続き後の関連手続き

在留資格認定証明書交付申請を完了した場合、許可を取得すれば、それで終わりというわけではありません。

前述したように、入管実務では、主に8つの申請手続きがあります。たとえば、日本で技術者として就労することになった外国人の在留期間の満了が近づいた場合、在留期間更新許可申請をする必要があります。

この手続きが可能な期間満了の約3か月前から期間満了が近づいていることを把握することが大変重要です。

■ **在留資格認定証明書交付申請提出書類一覧** ……………………………

	カテゴリー1	カテゴリー2	カテゴリー3	カテゴリー4
・四季報の写し・証券取引所に上場していることを証明する文書(写し) ・主務官庁から設立の許可を受けたことを証明する文書(写し)	●			
専門士又は高度専門士の称号を付与された者は、これを証明する文書	●	●	●	●
前年分の職員の給与所得の源泉徴収票等の法定調書合計表(受付印のあるものの写し)		●	●	
申請人の活動の内容等を明らかにする資料			●	●
申請人の学歴及び職歴その他経歴等を証明する文書			●	●
事業内容を明らかにする資料			●	●
直近の年度の決算文書の写し 新規事業の場合は事業計画書　1通			●	●
前年分の職員の給与所得の源泉徴収票等の法定調書合計表を提出できない理由を明らかにする資料				●

第6章　出入国管理をめぐる法律と申請手続き

227

この他にも、外国人が転職することになった場合の就労資格証明書交付申請や、在留資格変更許可申請はもちろん、日本人と婚姻することになった場合、子どもが生まれた場合（外国人同士の子どもの場合）など、前述した8つの申請手続きのいずれかを検討する場面はたくさんあります。

なお、令和5年に入管法が改正され、不法入国や不法残留など、在留資格未取得等の違法状態にある外国人が「何らかの特別な事情」によって日本に合法な在留を希望する場合、自ら違反を申告して退去強制手続を受ける中で（新しく創設された）在留特別許可申請という手続きをすることもできるようになりました。

● 在留資格認定証明書交付申請書（技術・人文知識・国際業務）の書き方

主な提出書類に関する記載上の注意点は以下の通りです。

在留資格認定証明書交付申請書 申請人等作成用1（書式1、230ページ）

この様式には、申請人自身の基本的な事項を記載します。公的な証明書通りに正確に記載する必要があります。

① 「写真欄」には、提出日の前6か月以内に撮影したものを貼付しますが、念のために裏面に氏名・生年月日を記入しておきます。

② 生年月日は西暦で記載します。国籍・出生地・本国における居住地はカタカナでもかまいませんが、3の氏名欄はローマ字で記載します。本書では、Murugesh Rangarajan（ムルゲーシュ ランガラージャン）氏についての在留資格認定証明書の交付申請を想定して書式を作成しています。中国や韓国など漢字圏で漢字表記を希望する場合は、漢字とローマ字を併記します。

③ 「旅券欄」ですが、パスポートがなくても申請はできますので、発行手続中の場合は空白でもかまいません（この場合、取得後に連絡が必要となります）。

④ 入国予定日は予定する活動（事例では就職）より1か月程度は猶予を持って、申請日から3か月後程度を記載するとよいでしょう。

在留資格認定証明書交付申請書 申請人等作成用2（書式1、231ページ）

　在留資格によって様式が異なりますが、日本での活動内容に関する詳細を記載します。ここでは「高度専門職（1号イ・ロ）」「研究」「技術・人文知識・国際業務」「技能」「特定活動（研究活動等）」「介護」用の様式を例とします。

① 　予定勤務先について記載しますが、所在地や電話番号は勤める予定地のものを記載します。

② 　最終学歴や専攻・専門分野をチェックし、記載します。勤務先で行う職務に関連するものになるはずです。

③ 　学校卒業後の職歴があれば記載します。複数ある場合、すべて記載します。

④ 　本様式には、必ず本人の署名が必要です。記載された内容に間違いがないことを証明するための署名となります。

在留資格認定証明書交付申請書 所属機関等作成用1～2（書式1、232～233ページ）

　前述した2つの様式と違い、この様式は所属機関等（事例では雇用しようとしている企業）側の立場で作成するものになります。

① 　「申請人等作成用1」同様、氏名はローマ字で記載します。

② 　雇用しようとしている企業の名称や法人番号、資本金、年間売上、従業員数等を記載し、事業内容を選択します。

③ 　雇用予定の外国人について、就労予定期間、雇用開始日、給与（税引き前の給与）、職務上の地位などを記載します。職務内容は外国人の最終学歴や所有資格と関連するものになるはずです。

④ 　所属機関等作成用2にある「派遣先等」は、人材派遣の場合又は勤務地が「3所属機関等契約先」と異なる場合のみ、派遣先等の詳細を記載する必要があります。

⑤ 　所属機関等作成用2の最後には、必ず所属機関等契約先の名称や代表者氏名の記名と、申請書作成日の記載が必要となります。

第6章　出入国管理をめぐる法律と申請手続き

229

書式 1　在留資格認定証明書交付申請書（技術・人文知識・国際業務）

別記第六号の三様式 第六条の二関係）
申請人等作成用 1
For applicant, part 1

日本国政府法務省
Ministry of Justice, Government of Japan

在 留 資 格 認 定 証 明 書 交 付 申 請 書
APPLICATION FOR CERTIFICATE OF ELIGIBILITY

法 務 大 臣 殿
To the Minister of Justice

出入国管理及び難民認定法第7条の2の規定に基づき、次のとおり同法第7条第1項第2号に
掲げる条件に適合している旨の証明書の交付を申請します。
Pursuant to the provisions of Article 7-2 of the Immigration Control and Refugee Recognition Act, I hereby apply for
the certificate showing eligibility for the conditions provided for in 7, Paragraph 1, Item 2 of the said Act.

写真
Photo
40mm×30mm

1 国 籍・地 域　インド　　2 生年月日　1992 年 10 月 1 日
Nationality/Region　　　　　　　　　Date of birth　Year　Month　Day
3 氏 名　Murugesh　Rangarajan
Name　　　　Family name　　　　　　Given name
4 性 別　男・女　5 出生地　タミルナードゥ、インド　6 配偶者の有無　有・無
Sex　Male Female　Place of birth　　　　　　　　　　Marital status　Married Single
7 職 業　システムエンジニア　8 本国における居住地　タミルナードゥ、インド
Occupation　　　　　　　　　　Home town/city
9 日本における連絡先　東京都千代田区□□1丁目1番ITビル101号室　株式会社ライプニッツ
Address in Japan
電話番号　03-0101-0101　　携帯電話番号　090-0101-0101
Telephone No.　　　　　　　　Cellular phone No.
10 旅 券　(1)番 号　ZZ-000000　(2)有効期限　○○○○ 年 1 月 11 日
Passport　Number　　　　　　　Date of expiration　Year　Month　Day
11 入国目的（次のいずれか該当するものを選んでください。）Purpose of entry: check one of the followings

- □ I「教授」 Professor
- □ I「教育」 Instructor
- □ J「芸術」 Artist
- □ J「文化活動」 Cultural Activities
- □ K「宗教」 Religious Activities
- □ L「報道」 Journalist
- □ L「企業内転勤」 Intra-company Transferee
- □ L「研究（転勤）」 Researcher (Transferee)
- □ M「経営・管理」 Business Manager
- □ N「研究」 Researcher
- ✓ N「技術・人文知識・国際業務」 Engineer / Specialist in Humanities / International Services
- □ N「介護」 Nursing Care
- □ N「技能」 Skilled Labor
- □ N「特定活動（研究活動等）」 Designated Activities (Researcher or IT engineer of a designated org)
- □ N「特定活動（本邦大卒業者）」 Designated Activities (Graduate from a university in Japan)
- □ V「特定技能（1号）」 Specified Skilled Worker (i)
- □ V「特定技能（2号）」 Specified Skilled Worker (ii)
- □ O「興行」 Entertainer
- □ Q「留学」 Student
- □ Q「研修」 Trainee
- □ Y「技能実習（1号）」 Technical Intern Training (i)
- □ Y「技能実習（2号）」 Technical Intern Training (ii)
- □ Y「技能実習（3号）」 Technical Intern Training (iii)
- □ R「家族滞在」 Dependent
- □ R「特定活動（研究活動等家族）」 Designated Activities (Dependent of Researcher or IT engineer of a designated org)
- □ R「特定活動（EPA家族）」 Designated Activities(Dependent of EPA)
- □ R「特定活動（本邦大卒者家族）」 Designated Activities(Dependent of Graduate from a university in Japan)
- □ T「日本人の配偶者等」 Spouse or Child of Japanese National
- □ T「永住者の配偶者等」 Spouse or Child of Permanent Resident
- □ T「定住者」 Long Term Resident
- □ 「高度専門職（1号イ）」 Highly Skilled Professional(i)(a)
- □ 「高度専門職（1号ロ）」 Highly Skilled Professional(i)(b)
- □ 「高度専門職（1号ハ）」 Highly Skilled Professional(i)(c)
- □ U「その他」 Others

12 入国予定年月日　2019 年 4 月 1 日　13 上陸予定港　成田、東京
Date of entry　Year　Month　Day　　Port of entry
14 滞在予定期間　3 年　　15 同伴者の有無　有・無
Intended length of stay　　　　　　Accompanying persons, if any　Yes No
16 査証申請予定地　チェンナイ
Intended place to apply for visa
17 過去の出入国歴　有・無
Past entry into / departure from Japan　Yes No
（上記で「有」を選択した場合）(Fill in the followings when the answer is "Yes")
回数　回　直近の出入国歴　年 月 日 から 年 月 日
time(s)　The latest entry from　Year Month Day to Year Month Day
18 過去の在留資格認定証明書交付申請歴　有・無
Past history of applying for a certificate of eligibility　Yes / No
（上記で「有」を選択した場合）(Fill in the followings when the answer is "Yes")
回数　回　（うち不交付となった回数）　回
time(s)　(Of these applications, the number of times of non-issuance)　time(s)
19 犯罪を理由とする処分を受けたことの有無（日本国外におけるものを含む。）※交通違反等による処分を含む。
Criminal record (in Japan / overseas)※Including dispositions due to traffic violations, etc.
有（具体的内容　　　　　　　）・無
Yes (Detail　　　　　　　　　　　)　No
20 退去強制又は出国命令による出国の有無　有・無
Departure by deportation / departure order　Yes / No
（上記で『有』を選択した場合）(Fill in the followings when the answer is "Yes")
回数　回　直近の送還歴　年 月 日
time(s)　The latest departure by deportation　Year Month Day
21 在日親族（父・母・配偶者・子・兄弟姉妹・祖父母・叔(伯)父・叔(伯)母など）及び同居者
Family in Japan (father, mother, spouse, children, siblings, grandparents, uncle or aunts) and cohabitants
有（「有」の場合は、以下の欄に在日親族及び同居者を記入してください。）・無
Yes (If yes, please fill in your family members in Japan and co-residents in the following columns)　No

続 柄 Relationship	氏 名 Name	生年月日 Date of birth	国 籍・地 域 Nationality/Region	同居予定の有無 Intended to reside with applicant or not	勤務先名称・通学先名称 Place of employment/school	在留カード番号 特別永住者証明書番号 Residence card number Special Permanent Resident Certificate number
				有・無 Yes / No		
				有・無 Yes / No		
				有・無 Yes / No		
				有・無 Yes / No		

※ 3について、有効な旅券を所持する場合は、旅券の身分事項ページのとおりに記載してください。
Regarding Item 3, if you possess your valid passport, please fill in your name as shown in the passport.
21については、記載欄が不足する場合は別紙に記入し添付してください。「技能実習」に係る申請の場合には、「在日親族」のみ記載してください。
Regarding Item 21, if there is not enough space in the given columns to write in all of your family in Japan, fill in and attach a separate sheet.
In addition, take note that you are only required to fill in your family members in Japan for applications pertaining to "Trainee" or "Technical Intern Training".

(注)　裏面参照の上、申請に必要な書類を作成して下さい。
Note : Please fill in forms required for application. (See notes on reverse side.)
(注)　申請書に事実に反する記載をしたことが判明した場合には、不利益な扱いを受けることがあります。
Note : In case of to be found that you have misrepresented the facts in an application, you will be unfavorably treated in the process.

230

申請人等作成用 2　　N （「高度専門職（1号イ・ロ）」・「研究」・「技術・人文知識・国際業務」・「介護」・
「技能」・「特定活動（研究活動等），（本邦大学卒業者）」）
For applicant, part 2 N ("Highly Skilled Professional(i)(a/b)" / "Researcher" / "Engineer" / Specialist in Humanities / International Services " /
"Nursing Care" / "Skilled Labor" / "Designated Activities(Researcher or IT engineer of a designated organization), (Graduate from a university in Japan)")

在留資格認定証明書用
For certificate of eligibility

第6章　出入国管理をめぐる法律と申請手続き

22	勤務先 Place of employment	※ （2）及び（3）については、主たる勤務場所の所在地及び電話番号を記載すること。 For sub-items (2) and (3), give the address and telephone number of your principal place of employment.	

22　勤務先　Place of employment

(1) 名称　Name　　株式会社ライプニッツ

支店・事業所名　Name of branch　　本店

(2) 所在地　Address　　東京都千代田区□□1丁目1番ITビル101号室

(3) 電話番号　Telephone No.　　03-0101-0101

23　最終学歴（介護業務従事者の場合は本邦の介護福祉士養成施設について記入）
Education (if you engage in activities of nursing care or teaching nursing care, fill in details about the certified care worker training facility in Japan)

(1) □ 本邦 Japan　　☑ 外国 foreign country

(2) □ 大学院（博士） Doctor　　□ 大学院（修士） Master　　☑ 大学 Bachelor　　□ 短期大学 Junior college　　□ 専門学校 College of technology

□ 高等学校 Senior high school　　□ 中学校 Junior high school　　□ その他（　） Others

(3) 学校名　Name of school　　National University of Singapore

(4) 卒業年月日　Date of graduation　　○○○○ 年 Year　7 月 Month　30 日 Day

24　専攻・専門分野　Major field of study

(23で大学院（博士）～短期大学の場合) (Check one of the followings when the answer to the question 23 is from doctor to junior college)

□ 法学 Law　　□ 経済学 Economics　　□ 政治学 Politics　　□ 商学 Commercial science　　□ 経営学 Business administration　　□ 文学 Literature

□ 語学 Linguistics　　□ 社会学 Sociology　　□ 歴史学 History　　□ 心理学 Psychology　　□ 教育学 Education　　□ 芸術学 Science of art

□ その他人文・社会科学（　） Others(cultural / social science)　　□ 理学 Science　　□ 化学 Chemistry　　☑ 工学 Engineering

□ 農学 Agriculture　　□ 水産学 Fisheries　　□ 薬学 Pharmacy　　□ 医学 Medicine　　□ 歯学 Dentistry

□ その他自然科学（　） Others(natural science)　　□ 体育学 Sports science　　□ 介護福祉 Nursing care and welfare　　□ その他（　） Others

(23で専門学校の場合) (Check one of the followings when the answer to the question 23 is college of technology)

□ 工業 Engineering　　□ 農業 Agriculture　　□ 医療・衛生 Medical services / Hygienics　　□ 教育・社会福祉 Education / Social welfare　　□ 法律 Law

□ 商業実務 Practical commercial business　　□ 服飾・家政 Dress design / Home economics　　□ 文化・教養 Culture / Education　　□ 介護福祉 Nursing care and welfare　　□ その他（　） Others

25　情報処理技術者資格又は試験合格の有無（情報処理業務従事者のみ記入）
Does the applicant have any qualifications for information processing or has he / she passed the certifying examination?
(when the applicant is engaged in information processing)

（資格名又は試験名）
（Name of the qualification or certifying examination)　　Certification in IT Project Management

（有）・ 無
Yes / No

26　職　歴　（外国におけるものを含む）　Work experience (including those in a foreign country)

入社 Date of joining the company		退社 Date of leaving the company		勤務先名称 Place of employment	入社 Date of joining the company		退社 Date of leaving the company		勤務先名称 Place of employment
年 Year	月 Month	年 Year	月 Month		年 Year	月 Month	年 Year	月 Month	
				None					

27　申請人，法定代理人，法第7条の2第2項に規定する代理人
(Applicant, legal representative or the authorized representative, prescribed in Paragraph 2 of Article 7-2.)

(1) 氏　名　Name　　　　　　　　　　　　　　(2) 本人との関係　Relationship with the applicant

(3) 住　所　Address

電話番号　Telephone No.　　　　　　　　　　携帯電話番号　Cellular Phone No.

以上の記載内容は事実と相違ありません。　I hereby declare that the statement given above is true and correct.
申請人（代理人）の署名／申請書作成年月日　Signature of the applicant (representative) / Date of filling in this form

Murugesh Rangarajan

○○○○ 年 Year　2 月 Month　5 日 Day

注　意　申請書作成後申請までに記載内容に変更が生じた場合，申請人（代理人）が変更箇所を訂正し，署名すること。
Attention　申請書作成年月日は申請人（代理人）が自署すること。
In cases where descriptions have changed after filling in this application form up until submission of this application, the applicant (representative) must correct the part concerned and sign their name.
The date of preparation of the application form must be written by the applicant (representative).

※　取次者　Agent or other authorized person

(1) 氏　名　Name　　　　　　　　　　　　　　(2) 住　所　Address

(3) 所属機関等　Organization to which the agent belongs　　　　　電話番号　Telephone No.

所属機関等作成用 1　N （「高度専門職（1号イ・ロ）」・「研究」・「技術・人文知識・国際業務」・「介護」・
「技能」・「特定活動（研究活動等）,（本邦大学卒業者）」）

For organization, part 1 N ("Highly Skilled Professional(i)(a/b)" / "Researcher" / "Engineer / Specialist in Humanities / International Services" /
"Nursing Care" / "Skilled Labor" /"Designated Activities(Researcher or IT engineer of a designated organization), (Graduate from a university in Japan)")

在留資格認定証明書用
For certificate of eligibility

1 契約又は招へいする外国人の氏名
Name of foreign national being offered a contract or invitation
　　　　　　　　　　　　　　　　　　　　　　　Murugesh Rangarajan

2 契約の形態　　✓ 雇用　　　　□ 委任　　　　□ 請負　　　　□ その他（　　　　　　　　）
Type of contract　　　Employment　　　　Entrustment　　　　Service contract　　　Others

3 所属機関等契約先　　The contracting organization such as the organization of affiliation

※(1)、(3)、(4)、(6)及び(8)については、主に勤務させる場所について記載すること。
For sub-items (1),(3),(4),(6) and (9),fill in the information of principal place of employment where foreign national is to work.
※国・地方公共団体、独立行政法人、公益財団・社団法人その他非営利法人の場合は(7)及び(8)の記載は不要
In cases of a national or local government, incorporated administrative agency, public interest incorporated association or foundation or some other nonprofit corporation, you are not required to fill in sub-items (7) and (8).

(1)名称　　　　　　　　　　　　　　　　　(2)法人番号（13桁）　　　Corporation no. (combination of 13 numbers and letters)
　　 Name　　**株式会社ライプニッツ**　　　　| 1 | 2 | 3 | 4 | 5 | 6 | 7 | 8 | 9 | 0 | 1 | 0 | 1 |

(3)支店・事業所名　　　　　　　　　　　　(4)雇用保険適用事業所番号（11桁）※非該当事業所は記入省略
　 Name of branch　　　　**本店**　　　　　Employment insurance application office number (11 digits) *If not applicable, it should be omitted.

(5)業種　　Business type
　○主たる業種を別紙「業種一覧」から選択して番号を記入（1つのみ）
　　Select the main business type from the attached sheet "a list of business type" and write the corresponding number (select one only)
　○他に業種があれば別紙「業種一覧」から選択して番号を記入（複数選択可）　　　　　　　　　　　| 32 |
　　If there are another other business types, select from the attached sheet "a list of business type" and write the corresponding number (multiple answers possible)

(6)所在地　　　　　　　　　　　　　　　　　　　　　　　　　電話番号
　 Address　　　　　　　　　　　　　　　　　　　　　　　　Telephone No.

(7)資本金　　　　　　　　　　　　円　　(8)年間売上高（直近年度）　　　　　　　　　　円
　 Capital　　　　　　　　　　　　Yen　　Annual sales (latest year)　　　　　　　　　　Yen

(9)従業員数　　　　　　　　　　　名
　 Number of employees

　 うち外国人職員数　　　　　　　　名　　（このうち技能実習生）　　　　　　　　　　　名
　 Of which number, the number of foreign staff　　　Of which number, technical intern rainees

4 研究室（「高度専門職（1号イ）」、「研究」又は「特定活動」（特定研究等活動（告示36号）であって、研究室に所属する場合に記入）
Research room (Fill in if you belong to a research room (limited to "Highly Skilled Professional(i)(a)" ,"Researcher"or "Designated Activities(Researcher or IT engineer of a designated organization)"))

(1)研究室名　　　　　　　　　　　　　　　(2)指導教員氏名
　 Name of research room　　　　　　　　　Name of mentoring professor

5 就労予定期間　　□ 定めなし　　□ 定めあり　（ 期間　　　年　　　月　）　**6 雇用開始（入社）年月日**
Period of work　　　　Non-fixed　　　　　Fixed　　　　Period　　Year　　Month　　The start date of employment (entering a company)

　　　　　　　　　　　　　　　　　　　　　　　　　　　　　　　　　　　　| 年 | 月 | 日 |
　　　　　　　　　　　　　　　　　　　　　　　　　　　　　　　　　　　　| Year | Month | Day |

7 給与・報酬（税引前の支払額）　　※　各種手当（通勤・住宅・扶養等）・実費弁償の性格を有するものを除く。
Salary/Reward (amount of payment before taxes)　　Excludes various types of allowances (commuting,housing,dependents,etc.) and personal expenses.

　　　　　　　　　　　円（　□ 年額　　□ 月額　）
　　　　　　　　　　　Yen　　Annual　　Monthly

8 実務経験年数　　　　　　　　年　**9 職務上の地位（役職名）**
Business experience　　　　　　　　　Position(Title)　　　□ あり（　　　　　）　　□ なし
　　　　　　　　　　　　　　　　　　　　　　　　　　　　　Yes　　　　　　　　　　No

10 職種　　Occupation
　○主たる職種を別紙「職種一覧」から選択して番号を記入（1つのみ）
　　Select the main type of work from the attached sheet "a list of occupation ", and fill in the number (select only one)

　○「技術・人文知識・国際業務」「高度専門職」又は「特定活動」での入国を希望
　　する場合で、他に職種があれば別紙「職種一覧」から選択して番号を記入（複数選択可）

If the applicant wishes to enter Japan with the status of residence of "Engineer / Specialist in Humanities / International Services", "Highly Skilled Professional" or "Designated Activities" , and will also
engage in other occupation, select from the attached sheet "a list of occupation " and write the corresponding number (multiple answers possible)

（注意）　　Attention
・「研究」での入国を希望する場合は、別紙「職種一覧」の3,42～44,999から選択してください。
Those who wish to enter Japan with "Researcher" should select from 3, 42 to 44 and 999 on the attached "a list of occupation.

・「技術・人文知識・国際業務」での入国を希望する場合は、別紙「職種一覧」の2～18,24～31,51～54,999から選択してください。
Those who wish to enter Japan with "Engineer / Specialist in Humanities / International Services" should select from 2 to 18, from 24 to 31, from 51 to 54 and 999 on the attached "a list of occupation.

・「技能」での入国を希望する場合は、別紙「職種一覧」の32～40,999から選択してください。
Those who wish to enter Japan with "Skilled Labor" should select from 32 to 40 and 999 on the attached "a list of occupation.

・「介護」での入国を希望する場合は、別紙「職種一覧」の「41 介護福祉士」を選択してください。
Those who wish to enter Japan with "Nursing Care" should select from "41.Certified care worker" on the attached "a list of occupation.

・「特定活動」（特定研究等活動（告示36号）及び特定情報処理活動（告示37号）での入国を希望する場合は、別紙「職種一覧」の
12,42～44,999から選択してください。
Those who wish to enter Japan with "Designated Activities" (Designated Academic Research Activities (Public Notice No. 36) or Designated Information Processing Activities (Public Notice No. 37) should select from 12, 42 to 44 and 999 on the attached "a list of occupation.

・「特定活動」（本邦大学卒業者・告示46号）での入国を希望する場合は、別紙「職種一覧」の2,4～18,24～31,51～54,999から選択してください。
Those who wish to enter Japan with "Designated Activities"(Graduated from a univisity) should select from 2,4 to 18,from 24 to 31, from 51 to 54 and 999 on the attached "a list of occupation.

・「高度専門職」での入国を希望する場合は、別紙「職種一覧」の2～18,24～44,999から主たる職務内容として選択した上で、併せて関連する事業を自ら経営する活動を行う場合、
他の職種として「1 経営」を選択してください。
Those who wish to enter Japan as "Highly Skilled Professional" should select from 2 to 18, from 24 to 44 and 999 on the attached "List of Job Types" as the main contents of their duties and concurrently select "1 Business Management" as another job type if they carry out activities to operate a
related business themselves.

11 活動内容詳細　Details of activities

232

所属機関等作成用 2　　N（「高度専門職（1号イ・ロ）」・「研究」・「技術・人文知識・国際業務」・「介護」・
「技能」・「特定活動（研究活動等）,（本邦大学卒業者）」）
For organization, part 2 N ("Highly Skilled Professional(i)(a/b)" / "Researcher" / "Engineer / Specialist in Humanities / International Services " /
Nursing Care / "Skilled Labor" / "Designated Activities(Researcher or IT engineer of a designated organization), (Graduate from a university in Japan)")

在留資格認定証明書用
For certificate of eligibility

12 派遣先等（人材派遣の場合又は勤務地が3と異なる場合に記入）
Dispatch site (Fill in the following if your answer to question 3-(4) is "Dispatch of personnel" or if the place of employment differs from that given in 3)

(1)名称
Name

(2)法人番号(13桁)　Corporation no. (combination of 13 numbers and letters)

(3)支店・事業所名
Name of branch

(4)雇用保険適用事業所番号(11桁)※非該当事業所は記入省略
Employment insurance application office number (11 digits) *If not applicable, it should be omitted.

N

(5)業種　　Business type
○　主たる業種を別紙「業種一覧」から選択して番号を記入（1つのみ）
　　Select the main business type from the attached sheet "a list of business type " and write the corresponding number (select only one)
○　他に業種があれば別紙「業種一覧」から選択して番号を記入（複数選択可）
　　If there are other business types, select from the attached sheet "a list of business type " and write the corresponding number (multiple answers possible)

(6)所在地
Address

電話番号
Telephone No.

(7)資本金
Capital
円
Yen

(8)年間売上高(直近年度)
Annual sales (latest year)
円
Yen

(9)派遣予定期間
Period of dispatch

以上の記載内容は事実と相違ありません。　　I hereby declare that the statement given above is true and correct.
所属機関等契約先の名称, 代表者氏名の記名／申請書作成年月日　　／　Date of filling in this form
Name of the contracting organization such as the organization of affiliation and representative of the organization　　／　Date of filling in this form

株式会社ライプニッツ　代表取締役　一条進二

○○○○年　2 月 10 日
Year　Month　Day

注意　　Attention
申請書作成後申請までに記載内容に変更が生じた場合, 所属機関等が変更箇所を訂正すること。
In cases where descriptions have changed after filling in this application form up until submission of this application, the organization must
correct the changed part .

※　所属機関等作成用2の申請書は、11に該当しない場合でも、提出してください。
Note : Please submit this sheet, even if you are not required to fill in item 11.

第6章　出入国管理をめぐる法律と申請手続き

233

4 在留期間更新許可申請書の書き方

在留期間が満了する場合にする更新許可申請手続き

● 在留期間更新許可申請の手続き

　現に有する在留資格の活動を継続しようとする外国人は、法務大臣に対し在留期間の更新許可申請手続きをしなければなりません。手続きは、住居地を管轄する地方出入国在留管理局窓口に申請書と添付書類を提出して行います。

　申請期間は、在留期間の満了する日以前（6か月以上の在留期間を有する者は在留期間の満了する約3か月前から）です。ただし、入院、長期の出張等特別な事情が認められる場合は、3か月以上前から申請を受け付けることもあります。

　特に問題なければ入管から通知はがきが届きますので、パスポート、在留カード、通知はがき、手数料相当の収入印紙を準備して、新しい在留カードを受け取ります。手数料として4,000円が必要です（収入印紙で納付）。審査期間は、概ね2週間から1か月程度です。

● 手続きに必要な書類について

　在留期間更新許可申請では、以下の書類が必要になります。

① **所属機関がいずれのカテゴリーに該当するかを証明する文書**
　・四季報の写し又は日本の証券取引所に上場していることを証明する文書の写し
　・前年分の給与所得の源泉徴収票等の法定調書合計表（受付印のあるものの写し）　など

② **在留カード（提示。本人以外が申請する場合は、在留カードのコピーを提示)**

③ **旅券又は在留資格認定証明書（提示)**

ただし、①について、就労先企業に関する書類は事情に合わせてカテゴリー分けされています。たとえば、「技術・人文知識・国際業務」に変更する際の許可申請の場合、カテゴリーは在留資格認定証明書交付申請（224ページ）同様、4種類に区分されています。必要書類も基本的に227ページで掲載した図と同様です。

● 書類の入手方法とダウンロード

　在留期間更新許可申請書は、入国目的（該当する在留資格の種類）によって提出書類の様式が異なります。

　申請書様式は出入国在留管理庁のホームページ（https://www.moj.go.jp/isa/applications/status/gijinkoku.html）よりダウンロードすることができます。

在留期間更新許可申請書　申請人等作成用1（書式2、238ページ）

　ここからは、申請書類の作成の仕方を見ていきましょう。

　現在「技術・人文知識・国際業務技術」の在留資格で在留している外国人が在留期間を更新する場合の在留期間更新許可申請書における主な記載上の注意点は以下の通りです。

① 「写真欄」には、提出日の前6か月以内に撮影したものを貼付しますが、念のために裏面に氏名・生年月日を記入しておきます。

② 「生年月日欄」は西暦で記載します。「氏名」はローマ字で記載しますが、中国や韓国など漢字圏の方は、漢字とローマ字を併記します（国籍・出生地・居住地は漢字でもかまいません）。

③ 「本国における居住地欄」には、外国人の本国の住所と都市名を記入します。

④ 「住居地欄」には、日本において、現在居住している住所地や電話番号を記載します。住所はマンション等の部屋番号まで記載します。住民票などで確認しながら正確に記入する必要があります。

⑤ 「旅券欄」には、パスポートナンバーと有効期限を記入します。

235

⑥ 「現に有する在留資格、在留期間欄」には、申請人の在留資格が 技術・人文知識・国際業務であれば、「技術・人文知識・国際業務」と記入します。

⑦ 「在留期間欄」「在留カード番号欄」には、在留カード上に記載されている在留期間や在留カード番号をよく確認して記入します。

⑧ 「希望する在留期間欄」には、長期的に在留を希望する場合は具体的な年数を記載します。

⑨ 「更新の理由欄」には、申請人が日本で長期的に現在勤務している職場で働きたい場合には、「現在の職場でこれからも働きたい」などの理由をわかりやすく記入する必要があります。

⑩ 「犯罪を理由とする処分を受けたことの有無欄」には、日本国外の犯罪歴も含めて正直に申告をする必要があります。

在留期間更新許可申請書　申請人等作成用２（書式２、239ページ）

① 「勤務先」には、実際に申請者が働く勤務先の名称・支店・事業所名と、勤務先の所在地、電話番号を記載します。

② 「最終学歴」には、日本で大学等を卒業している場合は「本邦」、その他は「外国」にチェックします。「卒業年月日欄」については、卒業した日付が不明であれば、卒業した「月」を記載します。

③ 「職歴欄」には、現在日本で働いている勤務先だけでなく、日本国外での職歴も含み、入社日と退社日を記入します。

④ 「代理人欄」には、本人申請の場合には、空欄もしくは「該当なし」とします。

⑤ 最後に申請人が自筆で署名し、日付を記入します。

在留期間更新許可申請書　所属機関等作成用１（書式２、240ページ）

① 「所属機関勤務先欄」には、機関名（会社名）を記入します。「法人番号欄」は、登記事項証明書に記載がありますが、国税庁のサイトから法人番号を検索することもできます。「支店・事業所名欄」には、本店勤務の場合には「本店」と記入します。「雇用保険適用事業所番

号欄」は、ハローワークから交付された「雇用保険適用事業所設置届」の控えに記載があります。

② 「資本金」や「年間売上高」は、決算書や謄本で確認します。

③ 「従業員数欄」には、現在の従業員数と、そのうちの外国人職員数を記入します。技能実習生もいる場合はその人数も記入します。

④ 「就労予定期間」は、就労予定期間（予定されている契約期間）が決まっている場合は「定めあり」の□枠にチェックして、具体的な就労予定期間を記入します。「正社員」の場合など就労予定期間が決まっていない場合は「定めなし」の□枠にチェックします。

⑤ 「雇用開始（入社）年月日」には、現在の会社に入社した年月日を記入します。雇用開始年月日が未定の場合は、右欄の□枠のいずれかにチェックをいれます。

⑥ 「給与・報酬」には、月額か年額の収入（税引き前の給与額）を記入します。通勤手当や住宅手当などの各種手当は通常給与には含めません。

⑦ 「職務上の地位」には、正社員であれば、「正社員」と記入します。役職名がある場合はそれを記入します。

⑧ 「活動内容詳細」には、申請者が従事する職務内容についてできるだけ詳しく記載します。

在留期間更新許可申請書　所属機関等作成用2（書式2、241ページ）

① 派遣社員のみ記入が必要です。派遣先の企業名やその他情報を記入します。該当しない場合は空欄もしくは「該当なし」とします。

② 外国人を雇用する勤務先又は所属機関等契約先の名称、代表者氏名の記名と申請書の作成日を記入します。

書式2 在留期間更新許可申請書（技術・人文知識・国際業務技術）

別記第三十号の二様式（第二十一条関係）
申請人等作成用 1
For applicant, part1

日本国政府法務省
Ministry of Justice,Government of Japan

在 留 期 間 更 新 許 可 申 請 書
APPLICATION FOR EXTENSION OF PERIOD OF STAY

法 務 大 臣 殿
To the Minister of Justice

写 真

Photo

40mm×30mm

出入国管理及び難民認定法第21条第2項の規定に基づき、次のとおり在留期間の更新を申請します。
Pursuant to the provisions of Paragraph 2 of Article 21 of the Immigration Control and Refugee Recognition Act,
I hereby apply for extension of period of stay.

1 国 籍・地 域 　中国　　　　　　2 生年月日 1990 年 2 月 15 日
Nationality/Region　　　　　　　　　　Date of birth　　Year　　Month　　Day

3 氏 名 　　　　　王静 wáng jìng
Name
　　　　　　　　Family name　　　　　　Given name

4 性 別 （男）・女　　　5 配偶者の有無 （有）・無
Sex　　Male/Female　　　　Marital status　　Married / Single

6 職 業 　会社員　　7 本国における居住地 　中国　上海市
Occupation　　　　　　　　　Home town/city

8 住居地 　東京都新宿区北新宿○－○－○　□□ビル301号
Address in Japan

9 電話番号 　03-□□□□-××××　携帯電話番号 090-□□□-△△△△
Telephone No.　　　　　　　　　　　　　Cellular phone No.

10 旅券 (1)番号 　AB3456789　(2)有効期限 2028 年 5 月 10 日
Passport　Number　　　　　　　　　　Date of expiration　Year　Month　Day

11 現に有する在留資格 　技術・人文知識・国際業務　在留期間 3年
Status of residence　　　　　　　　　　　　　　　Period of stay

在留期間の満了日 ○○○○ 年 9 月 1 日
Date of expiration　　　　　Year　　Month　　Day

12 在留カード番号 　AB23456789CD
Residence card number

13 希望する在留期間 　5年　（審査の結果によって希望の期間とならない場合があります。）
Desired length of extension　　　　（ It may not be the desired period after examination.）

14 更新の理由 　現在の職場でこれからも働きたい
Reason for extension

15 犯罪を理由とする処分を受けたことの有無（日本国外におけるものを含む。）※交通違反等による処分を含む。
Criminal record (in Japan / overseas)※Including dispositions due to traffic violations, etc.
　　有　（具体的内容　　　　　　　　　　　　　　　　　　　　　　　　）（無）
　　Yes（Detail :　　　　　　　　　　　　　　　　　　　　　　　　　　）　No

16 在日親族（父・母・配偶者・子・兄弟姉妹・祖父母・叔（伯）父・叔（伯）母など）及び同居者
Family in Japan (father, mother, spouse, children, siblings,grandparents, uncle, aunt or others) and cohabitants
（有）（「有」の場合は、以下の欄に在日親族及び同居者を記入してください。）・ 無
Yes (If yes, please fill in your family members in Japan and co-residents in the following columns)　/　No

続 柄 Relationship	氏 名 Name	生年月日 Date of birth	国籍・地域 Nationality/Region	同居の有無 Residing with applicant or not	勤務先名称・通学先名称 Place of employment/ school	在 留 カ ー ド 番 号 特別永住者証明書番号 Residence card number Special Permanent Resident Certificate number
妻	石川陽子	1991/6/4	日本	有・無 Yes / No	○○株式会社	該当なし
				有・無 Yes / No		
				有・無 Yes / No		
				有・無 Yes / No		
				有・無 Yes / No		
				有・無 Yes / No		

※ 3について、有効な旅券を所持する場合は、旅券の身分事項ページのとおりに記載してください。
Regarding item 3, if you possess your valid passport, please fill in your name as shown in the passport.
16については、記載欄が不足する場合は別紙に記入して添付すること。なお、「研修」、「技能実習」に係る申請の場合は、「在日親族」のみ記載してください。
Regarding item 16, if there is not enough space in the given columns to write in all of your family in Japan, fill in and attach a separate sheet.
In addition, take note that you are only required to fill in your family members in Japan for applications pertaining to "Trainee" or "Technical Intern Training".

（注）裏面参照の上、申請に必要な書類を作成して下さい。
Note : Please fill in forms required for application. (See notes on reverse side.)
（注）申請書に事実に反する記載をしたことが判明した場合には、不利益な扱いを受けることがあります。
Note : In case of to be found that you have misrepresented the facts in an application, you will be unfavorably treated in the process.

238

申請人等作成用 2　N（「高度専門職（1号イ・ロ）」・「高度専門職（2号）」（変更申請の場合のみ）・「研究」・「技術・人文知識・国際業務」・「介護」・「技能」・「特定活動（研究活動等）,（本邦大学卒業者）」）

For applicant, part 2　N ("Highly Skilled Professional(i)(a/b)" / "Highly Skilled Professional(ii)" (only in cases of change of status) /
"Researcher" / "Engineer / Specialist in Humanities / International Services" / "Nursing Care" / "Skilled Labor"/
"Designated Activities(Researcher or IT engineer of a designated organization), (Graduate from a university in Japan)")

在留期間更新・在留資格変更用
For extension or change of status

17 勤務先　Place of employment	※ (2)及び(3)については、主たる勤務場所の所在地及び電話番号を記載すること。 For sub-items (2) and (3), give the address and telephone number of your principal place of employment.

(1) 名称 Name　○○株式会社　　支店・事業所名 Name of branch　東京本社

(2) 所在地 Address　東京都○○区 1-2-3 △△ビル10階　　(3) 電話番号 Telephone No.　03-0000-0000

18 最終学歴（介護業務従事者の場合は本邦の介護福祉士養成施設について記入）

(1) □ 本邦 Japan　□ 外国 foreign country

(2) □ 大学院（博士）Doctor　□ 大学院（修士）Master　✓ 大学 Bachelor　□ 短期大学 Junior college　□ 専門学校 College of technology
　　□ 高等学校 Senior high school　□ 中学校 Junior high school　□ その他（ Others 　　　）

(3) 学校名 Name of school　○○大学　　(4) 卒業年月日 Date of graduation　2021 年 Year　3 月 Month　20 日 Day

19 専攻・専門分野　Major field of study

（18で大学院（博士）～短期大学の場合）(Check one of the followings when the answer to the question 18 is from doctor to junior college)

□ 法学 Law　□ 経済学 Economics　□ 政治学 Politics　□ 商学 Commercial science　□ 経営学 Business administration　□ 文学 Literature
□ 語学 Linguistics　□ 社会学 Sociology　□ 歴史学 History　□ 心理学 Psychology　□ 教育学 Education　□ 芸術学 Science of art
□ その他人文・社会科学（ Others(cultural / social science) 　）　✓ 理学 Science　□ 化学 Chemistry　□ 工学 Engineering
□ 農学 Agriculture　□ 水産学 Fisheries　□ 薬学 Pharmacy　□ 医学 Medicine　□ 歯学 Dentistry
□ その他自然科学（ Others(natural science) 　）　□ 体育学 Sports science　□ 介護福祉 Nursing care and welfare　□ その他（ Others 　）

（18で専門学校の場合）

□ 工業 Engineering　□ 農業 Agriculture　□ 医療・衛生 Medical services / Hygienics　□ 教育・社会福祉 Education / Social welfare　□ 法律 Law
□ 商業実務 Practical commercial business　□ 服飾・家政 Dress design / Home economics　□ 文化・教養 Culture / Education　□ 介護福祉 Nursing care and welfare　□ その他（ Others 　）

20 情報処理技術者資格又は試験合格の有無（情報処理業務従事者のみ記入）
　Does the applicant have any qualifications for information processing or has he / she passed the certifying examination?
　(when the applicant is engaged in information processing)　　（有）・無　Yes / No

（資格名又は試験名）
(Name of the qualification or certifying examination)

21 職 歴 （外国におけるものを含む） Work experience (including those in a foreign country)									
入社 Date of joining the company		退社 Date of leaving the company		勤務先名称 Place of employment	入社 Date of joining the company		退社 Date of leaving the company		勤務先名称 Place of employment
年 Year	月 Month	年 Year	月 Month		年 Year	月 Month	年 Year	月 Month	
2021	4			○○株式会社 入社					
				現在に至る					

22 代理人（法定代理人による申請の場合に記入）　Legal representative (in case of legal representative)

(1) 氏 名 Name　　　　　　　(2) 本人との関係 Relationship with the applicant

(3) 住 所 Address

　電話番号 Telephone No.　　　　　携帯電話番号 Cellular Phone No.

以上の記載内容は事実と相違ありません。　I hereby declare that the statement given above is true and correct.
申請人（法定代理人）の署名／申請書作成年月日　Signature of the applicant (representative) / Date of filling in this form

王静　wáng jìng　　　○○○○ 年 Year　8 月 Month　20 日 Day

注意　Attention
申請書作成後申請までに記載内容に変更が生じた場合，申請人（法定代理人）が変更箇所を訂正し，署名すること。
申請書作成年月日は申請人（法定代理人）が自署すること。
In cases where descriptions have changed after filling in this application form up until submission of this application, the applicant (representative)
must correct the part concerned and sign their name.The date of preparation of the application form must be written by the applicant (legal

※ 取次者
Agent or other authorized person
(1) 氏 名 Name　　　　　　(2) 住 所 Address

(3) 所属機関等（親族等については，本人との関係）　　　　　電話番号
Organization to which the agent belongs(in case of a relative, relationship with the applicant) Telephone No.

第6章　出入国管理をめぐる法律と申請手続き

所属機関等作成用1　N（「高度専門職（1号・ロ）」・「高度専門職（2号）」（変更申請の場合のみ）・「研究」・「技術・人文知識・国際業務」・「介護」・「技能」・「特定活動（研究活動等）」,本邦大学卒業者」」）

For organization, part 1 N ("Highly Skilled Professional(i)(a/b)" / "Highly Skilled Professional(ii)" (only in cases of change of status) /
"Researcher" / "Engineer / Specialist in Humanities / International Services" / "Nursing Care" / "Skilled Labor" /
"Designated Activities(Researcher or IT engineer of a designated organization), (Graduate from a university in Japan)")

在留期間更新・在留資格変更用
For extension or change of status

1 契約又は招へいしている外国人の氏名　Name and residence card of foreign national being offered a contract or invitation

氏名　Name　**王静　wáng jìng**

2 契約の形態　Type of contract

✓ 雇用　□ 委任　□ 請負　□ その他（　　　　　　　）
Employment　Entrustment　Service contract　Others

3 所属機関等勤務先　The contracting organization such as the organization of affiliation

※(1),(3),(5)及び(6)については、主に勤務させる場所について記載すること
For sub-items (1),(3),(4),(6) and (9),fill in the information of principal place of employment where foreign national is to work.
※国・地方公共団体、独立行政法人、公益財団・社団法人その他非営利法人の場合は(7)及び(8)の記載は不要。
In cases of a national or local government, incorporated administrative agency, public interest incorporated association or foundation or some other nonprofit corporation, you are not required to fill in sub-items (7) and (8).

(1)名称　Name　**○○株式会社**　　(2)法人番号（13桁）Corporation no. (combination of 13 numbers and letters)　**1 0 2 3 4 0 2 6 6 7 9 2 2**

(3)支店・事業所名　Name of branch　**東京本社**

(4)雇用保険適用事業所番号（11桁）※非該当事業所は記入省略　Employment insurance application office number (11 digits) *If not applicable, it should be omitted.
1 2 3 4 - 5 6 7 8 9 0 - 1

(5)業種　Business type
○主たる業種を別紙「業種一覧」から選択して番号を記入（1つのみ）
Select the main business type from the attached sheet "a list of business type "　**14**
and write the corresponding number (select only one)
○他に業種があれば別紙「業種一覧」から選択して番号を記入（複数選択可）
If there are another other business types, select from the attached sheet "a list of business type " and write the corresponding number (multiple answers possible)

(6)所在地　Address　**東京都○○区 1－2－3 △△ビル10階**　電話番号 Telephone No.　**03-0000-0000**

(7)資本金　Capital　**70,000,000** 円 Yen　(8)年間売上高（直近年度）Annual sales (latest year)　**1,000,000,000** 円 Yen

(9)従業員数　Number of employees　**30** 名 Number
外国人職員数　Number of foreign employees　**3** 名 Number　（このうち技能実習生）Of which number, technical intern trainees　**0** 名 Number

4 就労予定期間　Period of work
✓ 定めなし　□ 定めあり　（期間 Period　　　年 Year　　月 Month）
Non-fixed　Fixed

5 雇用開始（入社）年月日　The start date of employment (entering a company)
2021 年 Year　**4** 月 Month　**1** 日 day
（未定の場合は以下のいずれかを選択）(If it is undecided, select one of the following.)
□ 今次申請の許可を受け次第　As soon as this application is approved.
□ 在籍する教育機関を卒業後、今次申請の許可を受け次第　As soon as this application is approved after graduation from an educational institution in which the applicant is enrolled.
□ その他（　　　　　　　）Others

6 給与・報酬（税引き前の支払額）　Salary/Reward (amount of payment before taxes)
※ 各種手当（通勤・住宅・扶養等）・実費弁償の性格を有するものを除く。Excludes various types of allowances (commuting,housing,dependents,etc.) and personal expenses.
550万 円 Yen（✓ 年額 Annual　□ 月額 Monthly）

7 実務経験年数　Business experience　　年 Year　月 Month　**8 職務上の地位（役職名）** Position(Title)　□ あり（　　　）Yes　✓ なし No

9 職種　Occupation
○主たる職種を別紙「職種一覧」から選択して番号を記入（1つのみ）
Select the main type of work from the attached sheet "a list of occupation ", and fill in the number (select only one)　**12**
○「技術・人文知識・国際業務」「高度専門職」又は「特定活動」での在留を希望する場合で、他に職種があれば別紙「職種一覧」から選択して番号を記入（複数選択可）
If the applicant wishes to reside in Japan with the status of residence of "Engineer / Specialist in Humanities / International Services", "Highly Skilled Professional" or "Designated Activities", and will also engage in other occupation, select from the attached sheet "a list of occupation " and write the corresponding number (multiple answers possible)

（注意）Attention
・「研究」での在留を希望する場合は、別紙「職種一覧」の3,42～44,999から選択してください。
Those who wish to reside in Japan with "Researcher" should select from 3, 42 to 44 and 999 on the attached "a list of occupation.
・「技術・人文知識・国際業務」での在留を希望する場合は、別紙「職種一覧」の2～18,24～31,51～54,999から選択してください。
Those who wish to reside in Japan with "Engineer / Specialist in Humanities / International Services" should select from 2 to 18, from 24 to 31, from 51 to 54 and 999 on the attached "a list of occupation "
・「技能」での在留を希望する場合は、別紙「職種一覧」の32～40,999から選択してください。
Those who wish to reside in Japan with "Skilled Labor" should select from 32 to 40 and 999 on the attached "a list of occupation."
・「介護」での在留を希望する場合は、別紙「職種一覧」の41 介護福祉士」を選択してください。
Those who wish to reside in Japan with "Nursing Care" should select "41 Certified care worker" on the attached "a list of occupation."
・「特定活動」（特定研究等活動（告示36号）及び特定情報処理活動（告示37号））での在留を希望する場合は、別紙「職種一覧」の12,42～44,999から選択してください。
Those who wish to reside in Japan with "Designated Activities" (Designated Academic Research Activities (Public Notice No. 36) or Designated Information Processing Activities (Public Notice No. 37) should select from 12, 42 to 44 and 999 on the attached "a list of occupation "
・「特定活動」（本邦大学卒業者・告示46号）での在留を希望する場合は、別紙「職種一覧」の2,4～18,24～31,51～54,999から選択してください。
Those who wish to reside in Japan with "Designated Activities"(Graduated from a university) should select from 2,4 to 18,from 24 to 31, from 51 to 54 and 999 on the attached "a list of occupation "
・「高度専門職」での在留を希望する場合は、別紙「職種一覧」の2～18,24～44,999から主たる職種内容として選択した上で、併せて関連する事業を自ら経営する活動を行う場合、他に職種「1 経営」を選択してください。
Those who wish to reside in Japan as "Highly Skilled Professional" should select from 2 to 18, from 24 to 44 and 999 on the attached "a list of occupation" as the main contents of their duties and concurrently select "1 Business Management" as another occupation if they carry out activities to operate a related business themselves.

10 活動内容詳細　Details of activities

所属機関等作成用 2　　N（「高度専門職「1号イ・ロ」」・「高度専門職（2号）」（変更申請の場合のみ）・「研究」・「技術・人文知識・国際業務」・
「介護」・「技能」・「特定活動（研究活動等）,（本邦大学卒業者）」）
For organization, part 2 N("Highly Skilled Professional(i)(a/b)" / "Highly Skilled Professional(ii)" (only in cases of change of status) /
"Researcher" /　"Engineer /　Specialist in Humanities / International Services" / "Nursing Care"/ "Skilled Labor"/　　　　在留期間更新・在留資格変更用
"Designated Activities(Researcher or IT engineer of a designated organization), (Graduate from a university in Japan)")　For extension or change of status

11　派遣先等（人材派遣の場合又は勤務地が3と異なる場合に記入）
　　Dispatch site (Fill in the following if your answer to question 3-(4) is "Dispatch of personnel" or if the place of employment differs from that given in 3)
　　(1)名称　　　　　　　　　　　　　　　　　(2)法人番号（13桁）　　Corporation no. (combination of 13 numbers and letters)
　　　　Name

　　(3)支店・事業所名
　　　　Name of branch

　　(4)雇用保険適用事業所番号(11桁)※非該当事業所は記入省略
　　　　Employment insurance application office number (11 digits) *If not applicable, it should be omitted.

　　(5)業種　　Business type
　　　　○ 主たる業種を別紙「業種一覧」から選択して番号を記入（1つのみ）
　　　　　Select the main business type from the attached sheet "a list of business type " and write the corresponding number (select only one)
　　　　○ 他に業種があれば別紙「業種一覧」から選択して番号を記入（複数選択可）
　　　　　If there are other business types, select from the attached sheet "a list of business type " and write the corresponding number (multiple answers possible)

　　(6)所在地
　　　　Address
　　　　電話番号
　　　　Telephone No.

　　(7)資本金　　　　　　　　　　　　　　円
　　　　Capital　　　　　　　　　　　　　Yen

　　(8)年間売上高(直近年度)　　　　　　　円
　　　　Annual sales (latest year)　　　　　Yen

　　(9)派遣予定期間
　　　　Period of dispatch

　　以上の記載内容は事実と相違ありません。　I hereby declare that the statement given above is true and correct.
　　所属機関等契約先の名称,代表者氏名の記名／申請書作成年月日
　　Name of the contracting organization and its representative of the organization　／　Date of filling in this form

　　○○株式会社　代表取締役　上田三郎　　○○○○ 年　8 月　20 日
　　　　　　　　　　　　　　　　　　　　　　　　　　　　 Year　　　Month　　　Day
　　注意　　Attention
　　申請書作成後申請までに記載内容に変更が生じた場合,所属機関等が変更箇所を訂正すること。
　　In cases where descriptions have changed after filling in this application form up until submission of this application, the organization must
　　correct the changed part.
　　※　所属機関等作成2の申請書は,11に該当しない場合でも、提出してください。
　　Note : Please submit this sheet, even if you are not required to fill in item 11.

241

在留資格変更許可申請
（留学から技術・人文知識・国際業務）

外国人の日本における活動内容を変更する

● **手続きの概要をおさえる**

　在留資格変更許可申請は、入管手続の中でも非常に扱われる数の多い手続きです。たとえば、日本の大学や専門学校に留学している外国人が、企業から内定をもらった際には「留学」から就労系の在留資格（「技術・人文知識・国際業務」など）に変更することになります。この場合は、当該外国人の居住地を管轄する地方出入国在留管理局等で、以下の手順で在留資格変更許可申請をします。

①留学生の卒業予定の学校における専攻分野と関連する就労先（就労予定の業務）かどうかの検討、②外国人自身に関する書類や、就労先に関する書類を収集、③地方出入国在留管理局等に在留資格変更許可申請書等を提出、④許可の通知を受けた場合は卒業後に卒業証明書等を提出し、新しい在留カードの交付を受ける

　在留資格変更許可申請書では、手数料が4,000円かかりますが、これは収入印紙を貼付して支払います。また、標準処理期間は2週間〜1か月とされています。なお、不許可となった場合や、内定を得ていない、あるいは取り消された場合の対応については後述します。

● **手続きに必要な書類について**

　「留学」から就労系の在留資格に変更する際の許可申請では、①在留カードや卒業見込証明書等、外国人に関する書類、②法人登記事項証明書や採用通知書、決算報告書等、就労先企業に関する書類とあわせて、③申請書を提出します。ただし、就労先企業に関する書類は事情に合わ

せてカテゴリー分けされています。たとえば、「技術・人文知識・国際業務」に変更する際の許可申請の場合、カテゴリーは在留資格認定証明書交付申請（224ページ）同様、4種類に区分されています。必要書類も基本的に227ページで掲載した図と同様ですが、「申請人の学歴及び職歴その他経歴等を証明する文書」については次ページ表の書類を提出することになります。

● 書類の入手方法とダウンロード

ここで紹介した「留学」から就労系の在留資格への変更をはじめ、様々な在留資格の変更許可申請では、日本における活動内容によって提出書類の様式が異なります。それぞれの申請書様式は法務省のホームページ（https://www.moj.go.jp/isa/applications/procedures/16-2.html）よりダウンロードすることができます。多くの申請書様式は、「申請人等作成用」「所属機関（又は扶養者）等作成用」に分かれています。

● 申請をする際の注意点

在留資格変更許可申請を行う際に、重要なのは、変更前の在留資格と変更後の在留資格の事情をそれぞれ考慮することです。

たとえば、「留学」から就労系の在留資格に変更しようとする場面では、万が一変更したい就労系在留資格の許可が下りなければ、大学を卒業するため「留学」の在留資格に戻すことはできません。また、地方出入国在留管理局での審査のポイントとして卒業する学校における専攻分野と就労しようとする企業での職務内容が合致しているかが問われます。就労系の在留資格では単純な作業を行うために取得するということは認められないのが実情です。

なお、専攻分野と職務内容の合致といっても、デザインを専攻していた外国人がウェブサイト制作会社に就職するための在留資格変更が認められたというケースもありますので、検討する際にこれらの関連性につ

いて正しい判断が行えるかどうかも鍵となります。

　また、留学や就労系の在留資格を有している外国人が、日本人等と結婚し、「日本人の配偶者等」の在留資格に変更しようとする場合においても、結婚すれば当然に在留資格変更が認められるわけではありません。この場合、法律上の婚姻手続きを経ていることはもちろん、実態を伴った婚姻か、従前の在留状況に問題はないか、不法滞在目的ではないか、など様々な審査ポイントをクリアできるか的確に判断しなければなりません。

● 不許可となった場合

　在留資格変更許可申請では不許可となった場合の対応は重要です。まず、申請が不許可となった際に、再申請を行うこともできますが不許可事由を見誤ったまま安易に再申請をしても、もちろん許可を得ることはできません。そればかりか、再申請にも問題があり、重ねて不許可となって退去強制手続きを受けるようなことがあっては大変です。不許可事由としては要件不適合や書類の不備など判断しやすいものだけでなく、立証不足

■「技術・人文知識・国際業務」の学歴・職歴証明書類………………

	申請に係る技術又は知識を要する職務に従事した機関及び内容並びに期間を明示した履歴書	1通
右のいずれかの書類	大学等の卒業証明書又はこれと同等以上の教育を受けたことを証明する文書	1通
	在職証明書等で、関連する業務に従事した期間を証明する文書	1通
	外国の文化に基盤を有する思考又は感受性を必要とする業務に従事する場合（大学を卒業した者が翻訳・通訳又は語学の指導に従事する場合を除く）は、関連する業務について3年以上の実務経を証明する文書	1通
	IT技術者については、法務大臣が特例告示をもって定める「情報処理技術」に関する試験又は資格の合格証書又は資格証書	1通

や場合によっては変更目的自体（たとえば、就労系への変更の場合で、内定している企業側に問題があるケースなど）に原因があることもあります。

そこで、申請者としては再申請を試みるのか、申請自体をあきらめるのかを判断しなければなりません。この場合、一度帰国をしてから、あらためて在留資格認定証明書交付申請（224ページ）を行った方が、スムーズにいくこともあります。反対に就職先や日本での活動内容自体を見直す場合もあります。

特に、留学生の場合で、就労系在留資格へ変更可能な企業に就労するため、引き続き就職活動をする場合は、「特定活動」という在留資格に変更するための変更許可申請を行います。この場合には在留期間が6か月認められ、1回だけ更新もできますので最長で1年間の猶予が与えられることになります。このように在留資格変更許可申請では、申請者の人生設計に大きな影響を与えるものとなりますので、慎重な判断が必要です。

● 在留資格変更許可申請書（留学から就労系の場合）の書き方

在留資格変更許可申請書における記載上の注意点は以下の通りです。

在留資格変更許可申請書 申請人等作成用1（書式3、247ページ）

この様式は、申請人自身の基本的な事項を記載します。在留カードやパスポート等と相違がないように正確に記載する必要があります。

① 「写真欄」には、提出日の前6か月以内に撮影したものを貼付しますが、念のために裏面に氏名・生年月日を記入しておきます。

② 生年月日は西暦で記載します。氏名はローマ字で記載しますが、中国や韓国など漢字圏の方は、漢字とローマ字を併記します（国籍・出生地・居住地は漢字でもかまいません）。

③ 日本において、現在居住している住所地や電話番号を記載します。住所はマンション等の部屋番号まで記載します。

④ 「現に有する在留資格欄」には、在留カードと相違ないよう現在の在留資格、在留期間、在留期間満了日、在留カード番号を記載します。

⑤ 変更する活動内容に沿った希望する在留資格と在留期間、変更理由
を記載します。

在留資格変更許可申請書 申請人等作成用２（書式３、248ページ）

この様式は、在留資格によって様式が異なります。ここでは「高度専
門職（１号イ・ロ）」「高度専門職（２号）」「研究」「技術・人文知識・
国際業務」「介護」「技能」「特定活動（研究活動等）、(本邦大学卒業者)」
用のケースをとりあげてみました。

① 所属予定の活動先（事例では内定している勤務先）を記載します。

② 最終学歴や専攻・専門分野をチェックし、記載します。内定してい
る企業で行う職務にある程度、関連しているはずです。

③ 本様式には、必ず本人の署名が必要です。記載された内容に間違い
がないことを証明するための署名です。

在留資格変更許可申請書 所属機関等作成用１～２（書式３、249 ～ 250ページ）

前述した２つの様式と違い、この様式は所属機関等（事例では雇用し
ようとしている企業）側の立場で作成するものになります。

① 氏名について、ローマ字（又は漢字とローマ字の併記）で記載します。

② 雇用しようとしている企業の名称や法人番号、支店・事業所名、事
業内容、所在地、電話番号、資本金、年間売上高、従業員数、就労予
定期間、給与（税引き前）、職務上の地位、実務経験年数等を記載し、
職務内容（職種）を選択します。なお、職務上の地位ですが、本事例
のように在留資格が「技術・人文知識・国際業務」の場合、貿易関係
以外では、通訳・翻訳、旅行会社、語学学校の講師等が考えられます。

③ 所属機関等作成用２は、人材派遣の場合や、勤務地が所属機関等作
成用１の３（所属機関等勤務先）と異なる場合に限り、派遣先の詳細
などを記載する必要があります。

④ 所属機関等作成用２の下部に、所属機関等の名称、代表者氏名の記
名と、申請書作成年月日の記載をします。

書式3　在留資格変更許可申請書（技術・人文知識・国際業務）

別記第三十号様式（第二十条関係）
申請人等作成用 1
For applicant, part 1

日本国政府法務省
Ministry of Justice,Government of Japan

第6章　出入国管理をめぐる法律と申請手続き

在 留 資 格 変 更 許 可 申 請 書
APPLICATION FOR CHANGE OF STATUS OF RESIDENCE

法 務 大 臣 殿
To the Minister of Justice

写真
Photo
40mm×30mm

出入国管理及び難民認定法第20条第2項の規定に基づき，次のとおり在留資格の変更を申請します。
Pursuant to the provisions of Paragraph 2 of Article 20 of the Immigration Control and Refugee Recognition Act,
I hereby apply for a change of status of residence.

1　国　籍・地　域　中国
　　Nationality/Region

2　生年月日　1996 年 4 月 4 日
　　Date of birth　Year　Month　Day

3　氏　名　楊（Yang）威利（Willie）
　　Name
　　Family name　　Given name

4　性　別　(男)・女
　　Sex　Male/Female

5　出生地　中国、臨沂市
　　Place of birth

6　配偶者の有無　有・(無)
　　Marital status　Married / Single

7　職　業　学生
　　Occupation

8　本国における居住地　中国、臨沂市
　　Home town/city

9　住居地　東京都文京区○○1丁目1番地1号
　　Address in Japan

電話番号　03-0000-0000
Telephone no.

携帯電話番号　090-0000-0000
Cellular phone No.

10　旅券　(1)番　号　ZZ-888888
　　Passport　Number

(2)有効期限　○○○○ 年 6 月 1 日
Date of expiration　Year　Month　Day

11　現に有する在留資格　留学
　　Status of residence

在留期間　2年
Period of stay

在留期間の満了日　○○○○ 年 7 月 1 日
Date of expiration　Year　Month　Day

12　在留カード番号　Z12345678
　　Residence card number

13　希望する在留資格　技術・人文知識・国際業務
　　Desired status of residence

在留期間　5年
Period of stay

（審査の結果によって希望の期間とならない場合があります。）
(It may not be as desired after examination.)

14　変更の理由　内定した株式会社フリープラネッツに4月から就労するため
　　Reason for change of status of residence

15　犯罪を理由とする処分を受けたことの有無（日本国外におけるものを含む。）※交通違反等による処分を含む。
　　Criminal record (in Japan / overseas)※Including dispositions due to traffic violations, etc.
　　有（具体的内容　　　　　　　　　　　　　　　　　　　　　　　　　　　　　　　　）・(無)
　　Yes (Detail:　　　　　　　　　　　　　　　　　　　　　　　　　　　　　　）　/　No

16　在日親族（父・母・配偶者・子・兄弟姉妹・祖父母・叔(伯)父・叔(伯)母など）及び同居者
　　Family in Japan (father, mother, spouse, children, siblings,grandparents, uncle, aunt or others) and cohabitants
　　有（「有」の場合は，以下の欄に在日親族及び同居者を記入してください。）・(無)
　　Yes (If yes, please fill in your family members in Japan and co-residents in the following columns)　/　No

続　柄 Relationship	氏　名 Name	生年月日 Date of birth	国　籍・地　域 Nationality/Region	同居の有無 Residing with applicant or not	勤務先名称・通学先名称 Place of employment/ school	在 留 カ ー ド 番 号 特別永住者証明書番号 Residence card number Special Permanent Resident Certificate number
				有・無 Yes / No		
				有・無 Yes / No		
				有・無 Yes / No		
				有・無 Yes / No		
				有・無 Yes / No		

※　3について，有効な旅券を所持する場合は，旅券の身分事項ページのとおりに記載してください。
　Regarding item 3, if you possess your valid passport, please fill in your name as shown in the passport.
　16については，記載欄が不足する場合は別紙に記入して添付すること。なお，「研修」，「技能実習」に係る申請の場合は，「在日親族」のみ記載してください。
　Regarding item 16, if there is not enough space in the given columns to write in all of your family in Japan, fill in and attach a separate sheet.
　In addition, take note that you are only required to fill in your family members in Japan for applications pertaining to "Trainee" or "Technical Intern Training".

（注）裏面参照の上，申請に必要な書類を作成して下さい。
Note : Please fill in forms required for application. (See notes on reverse side.)

（注）申請書に事実に反する記載をしたことが判明した場合には，不利益な扱いを受けることがあります。
Note : In case of to be found that you have misrepresented the facts in an application, you will be unfavorably treated in the process.

申請人等作成用 2　　N（「高度専門職（1号イ・ロ）」・「高度専門職（2号）」（変更申請の場合のみ）・「研究」・「技術・人文知識・国際業務」・「介護」・「技能」・「特定活動（研究活動等）」,（本邦大学卒業者）」）

For applicant, part 2　N ("Highly Skilled Professional(i)(a/b)" / "Highly Skilled Professional(ii)" (only in cases of change of status) / "Researcher" / "Engineer / Specialist in Humanities / International Services" / "Nursing Care" / "Skilled Labor" / "Designated Activities(Researcher or IT engineer of a designated organization), (Graduate from a university in Japan)")

在留期間更新・在留資格変更用
For extension or change of status

17	勤務先　Place of employment	※　(2)及び(3)については、主たる勤務場所の所在地及び電話番号を記載すること。 For sub-items (2) and (3), give the address and telephone number of your principal place of employment.		

(1)名称　Name　**株式会社フリープラネッツ**　　支店・事業所名 Name of branch　**千代田オフィス**

(2)所在地　Address　**東京都千代田区○○5丁目4番3号**　　(3)電話番号 Telephone No.　**03-9999-9999**

18　最終学歴（介護業務従事者の場合は本邦の介護福祉士養成施設について記入）

(1) □ 本邦 Japan　　□ 外国 foreign country

(2) □ 大学院（博士） Doctor　　□ 大学院（修士） Master　　✓ 大学 Bachelor　　□ 短期大学 Junior college　　□ 専門学校 College of technology
　　□ 高等学校 Senior high school　　□ 中学校 Junior high school　　□ その他（ Others 　）

(3)学校名 Name of school　　○○大学　　(4)卒業年月日 Date of graduation ○○○○ 年 Year　3 月 Month　30 日 Day

19　専攻・専門分野　Major field of study

(18で大学院（博士）～短期大学の場合)（Check one of the followings when the answer to the question 18 is from doctor to junior college）
□ 法学 Law　□ 経済学 Economics　□ 政治学 Politics　□ 商学 Commercial science　✓ 経営学 Business administration　□ 文学 Literature
□ 語学 Linguistics　□ 社会学 Sociology　□ 歴史学 History　□ 心理学 Psychology　□ 教育学 Education　□ 芸術学 Science of art
□ その他人文・社会科学（ Others(cultural / social science) 　）　□ 理学 Science　□ 化学 Chemistry　□ 工学 Engineering
□ 農学 Agriculture　□ 水産学 Fisheries　□ 薬学 Pharmacy　□ 医学 Medicine　□ 歯学 Dentistry
□ その他自然科学（ Others(natural science) 　）　□ 体育学 Sports science　□ 介護福祉 Nursing care and welfare　□ その他（ Others 　）

(18で専門学校の場合)
□ 工業 Engineering　□ 農業 Agriculture　□ 医療・衛生 Medical services / Hygienics　□ 教育・社会福祉 Education / Social welfare　□ 法律 Law
□ 商業実務 Practical commercial business　□ 服飾・家政 Dress design / Home economics　□ 文化・教養 Culture / Education　□ 介護福祉 Nursing care and welfare　□ その他（ Others 　）

20　情報処理技術者資格又は試験合格の有無（情報処理業務従事者のみ記入） Does the applicant have any qualifications for information processing or has he / she passed the certifying examination? (when the applicant is engaged in information processing)　有・無 Yes / No

（資格名又は試験名）(Name of the qualification or certifying examination)

21	職　歴　（外国におけるものを含む）　Work experience (including those in a foreign country)							

入社 Date of joining the company		退社 Date of leaving the company		勤務先名称 Place of employment	入社 Date of joining the company		退社 Date of leaving the company		勤務先名称 Place of employment
年 Year	月 Month	年 Year	月 Month		年 Year	月 Month	年 Year	月 Month	
				None					

22　代理人（法定代理人による申請の場合に記入）　Legal representative (in case of legal representative)

(1)氏　名　Name ＿＿＿＿＿＿　　(2)本人との関係 Relationship with the applicant ＿＿＿＿＿＿

(3)住　所　Address ＿＿＿＿＿＿

電話番号 Telephone No. ＿＿＿＿＿＿　　携帯電話番号 Cellular Phone No. ＿＿＿＿＿＿

以上の記載内容は事実と相違ありません。
申請人（法定代理人）の署名／申請書作成年月日
楊　威利

I hereby declare that the statement given above is true and correct.
Signature of the applicant (representative) / Date of filling in this form
○○○○ 年 Year　3 月 Month　10 日 Day

注意　Attention
申請書作成後申請までに記載内容に変更が生じた場合，申請人（法定代理人）が変更箇所を訂正し，署名すること。
申請書作成年月日は申請人（法定代理人）が自署すること。
In cases where descriptions have changed after filling in this application form up until submission of this application, the applicant (representative) must correct the part concerned and sign their name.The date of preparation of the application form must be written by the applicant (legal

※　取次者　Agent or other authorized person
(1)氏　名　Name ＿＿＿＿＿＿　　(2)住　所 Address ＿＿＿＿＿＿
(3)所属機関等（親族等については，本人との関係）Organization to which the agent belongs(in case of a relative, relationship with the applicant)　電話番号 Telephone No. ＿＿＿＿＿＿

所属機関等作成用1　N　（「高度専門職（1号イ・ロ）」・「高度専門職（2号）」（変更申請の場合のみ）・「研究」・「技術・人文知識・国際業務」・「介護」・「技能」・
「特定活動（研究活動等）」,本邦大学卒業者）」）
For organization, part 1 N ("Highly Skilled Professional(i)(a/b)" / "Highly Skilled Professional(ii)" (only in cases of change of status) /
"Researcher" / "Engineer / Specialist in Humanities / International Services" / "Nursing Care" / "Skilled Labor" /
"Designated Activities(Researcher or IT engineer of a designated organization), (Graduate from a university in Japan)")

在留期間更新・在留資格変更用
For extension or change of status

1　契約又は招へいしている外国人の氏名
　　Name and residence card of foreign national being offered a contract or invitation

氏 名　　　**楊　威利（Yang Willie）**
Name

2　契約の形態　Type of contract
　✔ 雇用　　　☐ 委任　　　☐ 請負　　　☐ その他（　　　　　　　）
　　Employment　　Entrustment　　Service contract　　Others

3　所属機関等勤務先
※(1), (3), (4), (6)及び(8)については、主に勤務させる場所について記載すること
For sub-items (1),(3),(4),(6) and (9). fill in the information of principal place of employment where foreign national is to work.
※国・地方公共団体、独立行政法人、公益財団・社団法人その他非営利法人の場合は(7)及び(8)は記載は不要。
In cases of a national or local government, incorporated administrative agency, public interest incorporated association or foundation or some other nonprofit corporation, you are not required to fill in sub-items (7) and (8).

(1)名称　　　**株式会社フリープラネッツ**　　(2)法人番号（13桁）Corporation no. (combination of 13 numbers and letters)
　　Name　　　　　　　　　　　　　　　　　　　　　　| 0 | 1 | 2 | 3 | 4 | 5 | 6 | 7 | 8 | 9 | 1 | 0 | 1 |

(3) 支店・事業所名　　　**千代田オフィス**
　　Name of branch

(4)雇用保険適用事業所番号（11桁）※非該当事業所は記入省略
　　Employment insurance application office number (11 digits) *If not applicable, it should be omitted.
　　　-　　　-

(5) 業種　Business type
　　○主たる業種を別紙「業種一覧」から選択して番号を記入（1つのみ）　　　　　　　　　| 9 |
　　Select the main business type from the attached sheet "a list of business type "

　　and write the corresponding number (select only one)
　　○他に業種があれば別紙「業種一覧」から選択して番号を記入（複数選択可）　　　　　　| 　 |
　　If there are another other business types, select from the attached sheet "a list of business type " and write the corresponding number (multiple answers possible)

(6)所在地　　**東京都千代田区○○5丁目4番3号**　　電話番号　　**03-9999-9999**
　　Address　　　　　　　　　　　　　　　　　　　　　　Telephone No.

(7)資本金　　　**30,000,000**　円　(8)年間売上高（直近年度）　**120,000,000**　円
　　Capital　　　　　　　　　　　Yen　　Annual sales (latest year)　　　　　　　　　Yen

(9)従業員数　　　　　**45**　　名
　　Number of employees
　　外国人職員数　　**19**　名　（このうち技能実習生）　　　　　　　名
　　Number of foreign employees　　　　Of which number, technical intern trainees

4　就労予定期間　☐ 定めなし　　☐ 定めあり　　（期間　　　　年　　　　月）
　　Period of work　　Non-fixed　　　Fixed　　　　　Period　　　Year　　　Month

5　雇用開始（入社）年月日　　　（未定の場合は以下のいずれかを選択）　(If it is undecided, select one of the following.)
　　The start date of employment (entering a company)　☐ 今次申請の許可を受け次第　As soon as this application is approved.
　　　　　　　　　　　　　　　　　　☐ 在籍する教育機関を卒業後、今次申請の許可を受け次第
　　　　　　　　　　　　　　　　　　　As soon as this application is approved after graduation from an educational institution in which the applicant is enrolled.
　　　　年　　　月　　　日　　☐ その他（　　　　　　　　　　　　　　　）
　　　　Year　　　month　　　day　　　Others

6　給与・報酬（税引き前の支払額）　※ 各種手当（通勤・住宅・扶養等）・実費弁償の性格を有するものを除く。
　　Salary/Reward (amount of payment before taxes)　Excludes various types of allowances (commuting,housing,dependents,etc.) and personal expenses.
　　320,000　円（☐ 年額　☐ 月額）
　　　　　　　Yen　　　Annual　　Monthly

7　実務経験年数　　　**0**　　年　　8　職務上の地位（役職名）　✔ あり　**通訳・翻訳**　　☐ なし
　　Business experience　　　　　　　　　Position(Title)　　　　　Yes　　　　　　　　　No

9　職種　　○主たる職種を別紙「職種一覧」から選択して番号を記入（1つのみ）
　　Occupation　Select the main type of work from the attached sheet "a list of occupation ", and fill in the number (select only one)　| 25 |

　　○「技術・人文知識・国際業務」「高度専門職」又は「特定活動」での在留を希望
　　する場合で、他に職種があれば別紙「職種一覧」から選択して番号を記入（複数選択可）　| 　 |
　　If the applicant wishes to reside in Japan with the status of residence of "Engineer / Specialist in Humanities / International Services", "Highly Skilled Professional" or "Designated Activities", and will also
　　engage in another occupation, select from the attached sheet "a list of occupation " and write the corresponding number (multiple answers possible)

(注意)　Attention
・「研究」での在留を希望する場合は、別紙「職種一覧」の3,42～44,999から選択してください。
Those who wish to reside in Japan with "Researcher" should select from 3, 42 to 44 and 999 on the attached "a list of occupation ".
・「技術・人文知識・国際業務」での在留を希望する場合は、別紙「職種一覧」の2～18,24～31,51～54,999から選択してください。
Those who wish to reside in Japan with "Engineer / Specialist in Humanities / International Services" should select from 2 to 18, from 24 to 31. from 51 to 54 and 999 on the attached "a list of occupation ".
・「技能」での在留を希望する場合は、別紙「職種一覧」の32～40,999から選択してください。
Those who wish to reside in Japan with "Skilled Labor" should select from 32 to 40 and 999 on the attached "a list of occupation ".
・「介護」での在留を希望する場合は、別紙「職種一覧」の「41 介護福祉士」を選択してください。
Those who wish to reside in Japan with "Nursing Care" should select from "41 Certified care worker" on the attached "a list of occupation "
・「特定活動」（特定研究等活動（告示36号）及び特定情報処理活動（告示37号））での在留を希望する場合は、別紙「職種一覧」
の12,42～44,999から選択してください。
Those who wish to reside in Japan with "Designated Activities" (Designated Academic Research Activities (Public Notice No. 36) or Designated Information Processing Activities (Public Notice No. 37)) should select from 12, 42 to 44 and 999 on the
attached "a list of occupation ".
・「特定活動」（本邦大学卒業者・告示46号）」での在留を希望する場合は、別紙「職種一覧」の2～18,24～31,51～54,999から選択してください。
Those who wish to reside in Japan with"Designated Activities"(Graduated from a univirsity) should select from 2,4 to 18,from 24 to 31. from 51 to 54 and 999 on the attached "a list of occupation ".
・「高度専門職」での在留を希望する場合は、別紙「職種一覧」の2～18,24～44,999から主たる職務内容として選択した上で、併せて関連する事業を自
ら経営する活動を行う場合、他の職種として「1 経営」を選択してください。
Those who wish to reside in Japan as "Highly Skilled Professional" should select from 2 to 18, from 24 to 44 and 999 on the attached "a list of occupation " as the main contents of their duties and concurrently select "1
Business Management" as another occupation if they carry out activities to operate a related business themselves.

10　活動内容詳細　Details of activities

第6章　出入国管理をめぐる法律と申請手続き

所属機関等作成用 2　N （「高度専門職（1号イ・ロ）」・「高度専門職（2号）」（変更申請の場合のみ）・「研究」・「技術・人文知識・国際業務」・
「介護」・「技能」・「特定活動（研究活動等）,(本邦大学卒業者）」）
For organization, part 2 N("Highly Skilled Professional(i)(a/b)" / "Highly Skilled Professional(ii)" (only in cases of change of status) /
"Researcher" / "Engineer / Specialist in Humanities / International Services" / "Nursing Care" / "Skilled Labor"/　　在留期間更新・在留資格変更用
"Designated Activities(Researcher or IT engineer of a designated organization), (Graduate from a university in Japan)")　For extension or change of status

11　派遣先等（人材派遣の場合又は勤務地が3と異なる場合に記入）
Dispatch site (Fill in the following if your answer to question 3-(4) is "Dispatch of personnel" or if the place of employment differs from that given in 3)

(1)名称
　　Name

(2)法人番号（13桁）　Corporation no. (combination of 13 numbers and letters)

(3)支店・事業所名
　　Name of branch

(4)雇用保険適用事業所番号（11桁）※非該当事業所は記入省略
　　Employment insurance application office number (11 digits) *If not applicable, it should be omitted.

				-						-	

(5)業種　　Business type
　　○ 主たる業種を別紙「業種一覧」から選択して番号を記入（1つのみ）
　　　　Select the main business type from the attached sheet "a list of business type " and write the corresponding number (select only one)

　　○ 他に業種があれば別紙「業種一覧」から選択して番号を記入（複数選択可）
　　　　If there are other business types, select from the attached sheet "a list of business type " and write the corresponding number (multiple answers possible)

(6)所在地
　　Address
　　電話番号
　　Telephone No.

(7)資本金　　　　　　　　　　　　　　　　円
　　Capital　　　　　　　　　　　　　　　Yen

(8)年間売上高（直近年度）　　　　　　　　円
　　Annual sales (latest year)　　　　　　 Yen

(9)派遣予定期間
　　Period of dispatch

以上の記載内容は事実と相違ありません。　　I hereby declare that the statement given above is true and correct.
所属機関等契約先の名称，代表者氏名の記名／申請書作成年月日
Name of the contracting organization and its representative of the organization　　Date of filling in this form

株式会社フリープラネッツ 代表取締役　　鳥井　仁人　　〇〇〇〇 年　3 月　9 日
　　　　　　　　　　　　　　　　　　　　　　　　　　　　　　Year　　　Month　　Day

注意　　Attention
申請書作成後申請までに記載内容に変更が生じた場合, 所属機関等が変更箇所を訂正すること。
In cases where descriptions have changed after filling in this application form up until submission of this application, the organization must correct the changed part.

※ 所属機関等作成用2の申請書は、11に該当しない場合でも、提出してください。
Note : Please submit this sheet, even if you are not required to fill in item 11.

250

6 永住資格許可申請（申請資格が「日本人の配偶者等」の場合）

厳格な要件を満たすことが必要

● **手続きの概要をおさえる**

　永住許可申請とは、既に日本に生活基盤を置く外国人が、生涯にわたって日本に住み続けたい場合に、永住者の在留資格を得ようとする手続きです（永住者の在留資格への変更又は永住者の在留資格の取得をするための手続き）。他の在留資格ではなく、永住者の在留資格を得るメリットとしては、在留期間がないこと、就労に関する制限がないこと（法律の制限がある場合を除く）、さらに配偶者や子も永住許可を得やすくなることなどがあります。

　「帰化」とは違って国籍は母国のままです（母国への入国も比較的に容易に行える）。非常にメリットが多い反面、永住許可の要件は厳格になっています。大前提として、①素行が善良であること、②独立の生計を営むに足りる資産又は技能を有すること、③その者の永住が日本国の利益に合致すること、という３つの要件を満たす必要があります。ただし、日本人や永住者の配偶者・子どもの場合は、①と②の要件は不要とされています。

　さらに、③の要件に関連して「引き続き10年以上日本に在留していること」という基準があります。この10年の期間については、就労系などの在留資格による在留期間を引き続き５年以上含んでいる必要があります。ただし、「高度専門職外国人」として日本に在留している場合は、引き続き１年又は３年以上日本に在留していればよいとされることがあります。

　なお、日本人や永住者の配偶者の場合は、実態を伴った婚姻生活が３年以上継続しており、引き続き１年以上日本に在留していればよいとされます。また、日本人や永住者の子どもの場合は、１年以上継続して日

本に在留していればよいとされます。たとえば、日本人の配偶者が永住許可申請をする場合、以下の手順で許可申請を行います。

①永住許可申請が可能か要件の検討、②外国人自身、家族、就労先に関する書類を収集し、身元保証書などを作成、③地方出入国在留管理局等に永住許可申請書等を提出、④許可の通知を受けた場合パスポートまたは在留証明書に「永住許可の認印」が押印される

永住許可申請では、許可されるときに手数料が8,000円必要で、収入印紙を貼付して支払います（永住者の在留資格の取得の場合は手数料が不要）。また、標準処理期間は長く、4か月程度かかります。

◉ 手続きに必要な書類について

日本人の配偶者が永住許可申請を行う場合、本人に関する資料はもちろん、配偶者に関する資料の提出が必須となります。また、他の家族がいる場合、家族全員の住民票が必要となり、本人や配偶者の職業を証明する資料も提出する必要があります。詳しい必要書類は下表の通りです。

申請書などの様式は、法務省のホームページ（https://www.moj.go.jp/isa/applications/procedures/16-4.html）よりダウンロードすることができます。身元保証書の様式には日本語だけでなく英語のものがあります。身元保証人は手書きの署名をすることになりますが、民法上の債務保証人のような強制的な責任を負うわけではありません。

◉ 申請する場合の注意点

それぞれの永住許可申請の要件をクリアできるか的確に判断する必要があります。たとえば、外国人本人の「素行が善良であること」という要件は抽象的な要件ですが、具体的に検討する場合は、前科はないか、日本にきちんと税金を納めているかといった詳細な内容を入念にヒアリ

■ 永住許可申請（日本人の配偶者等の場合）提出書類一覧 …………

提出書類	通数	留意事項等
永住許可申請書	1通	申請書に貼付する写真（縦4cm × 横3cm）…1葉
身分関係を証明する資料（留意事項等欄記載の書類のいずれか1通）	1通	①申請者が日本人の配偶者である場合…配偶者の戸籍謄本 ②申請者が日本人の子である場合…日本人親の戸籍謄本 ③申請者が永住者の配偶者である場合…配偶者との婚姻証明書等
住民票	1通	申請者を含む家族（世帯）全員のもの
申請者又は申請者を扶養する者の職業を証明する資料（留意事項等欄記載の書類のいずれか1通）	1通	①会社等に勤務している場合…在職証明書 ②自営業等である場合…確定申告書又は営業許可書などの写し ③その他の場合 ・職業に係る説明書（書式自由）及びその立証資料など
直近(過去3年分)の申請者又は申請者の扶養者の所得及び納税状況を証明する資料	必要数	①会社等に勤務している場合及び自営業等である場合 　住民税の課税証明書及び納税証明書など…各1通 ②その他の場合 ・所得を証明するもの（預貯金通帳の写など） ・住民税の課税証明書及び納税証明書など…各1通
申請人及び申請人を扶養する方の公的年金及び公的医療保険の保険料の納付状況を証明する資料	必要数	①直近（過去2年間）の公的年金の保険料の納付状況を証明する資料 ②直近（過去2年間）の公的医療保険の保険料の納付状況を証明する資料
身元保証に関する資料	必要数	①身元保証書…1通 ②身元保証人に係る資料…1通 ・職業を証明する資料又は直近1年分の所得証明書など

※ 日本で発行される証明書は、すべて発行日から3か月以内のものを提出すること。
※ 提出資料が外国語で作成されている場合は、訳文（日本語）を添付すること。
※ 提出資料は原則返却しないが、再度入手が困難な資料の原本等の返却を希望する場合は、申請時に申し出ること。

第6章　出入国管理をめぐる法律と申請手続き

ングする必要があります。「独立の生計を営むに足りる資産又は技能を有すること」という要件についても、主観的な意見を主張するのではなく、財産、収入、学歴（資格）などから客観的に判断しなければなりません。

　もっとも、本書で例として取り上げる日本人や永住者の配偶者の場合は、これらの要件を求められることはありませんが、その者の永住が日本国の利益に合致することとして在留期間の基準をクリアすることや公衆衛生上の観点から、日本国にとって有害でないかを検討する必要があります。また、在留期間の基準では「引き続き」という表現が用いられており、「通算」ではないことに注意が必要です。

　これを日本人の配偶者の基準である「実態を伴った婚姻生活が3年以上継続しており、引き続き1年以上日本に在留していること」で考えてみましょう。

　この場合、婚姻生活については、海外での生活における婚姻期間を含めて3年以上継続していればクリアできます。しかし、日本の在留期間については、たとえば、10か月在留した後に母国に帰省した場合には、再度入国後、日本国内での生活が1年以上継続してから、永住許可申請を行う必要があります。

● 永住許可申請書（日本人等の配偶者）の書き方

　主な提出書類に関する記載上の注意点は以下の通りです。

永住許可申請書その1（書式4、256ページ）

① 「写真欄」には、提出日の前6か月以内に撮影したものを貼付します。裏面に氏名・生年月日を記入しておきます。

② 生年月日は西暦で記載します。氏名はローマ字で記載します。中国や韓国など漢字圏で漢字表記を希望する場合は、漢字とローマ字を併記します。その他、出生地や職業等を記載します。

③ 日本において、現在居住している住所地や電話番号を記載します。住所はマンション等の部屋番号まで記載します。

④ 「旅券」「現に有する在留資格」について正確に記載します。本事例と同様の場合、在留資格は「日本人等の配偶者」です。

⑤ 永住許可を申請する理由を簡潔に記載します。

⑥ 申請人の主な経歴について「入学・卒業」「婚姻・離婚」「就職状況」「出産」等を記載します。

永住許可申請書その２（書式４、257ページ）

① 申請人が日本で生活する上で主たる生計維持者について、該当者にチェックします。本事例と同様の場合、「夫」となります。

② 就職している場合、勤務先名、所在地、電話番号、年収を記載します。

③ 日本に滞在している親族を記載します。

④ 申請人の日本における身元保証人を記載します。本事例と同様の場合、夫となります。

⑤ 本様式には、必ず本人の署名が必要です。記載された内容に間違いがないことを証明するための署名です。

身元保証書（書式５）

　身元保証人は、配偶者が日本人の場合は、その配偶者になってもらいます。それ以外の場合は、日本人である勤務先の同僚や役員、友人などになってもらうのが一般的です。身元保証人に法的責任はなく、道義的責任のみを担います。

書式4 永住許可申請書

別記第三十四号様式（第二十二条，第二十五条関係）
その1　（永住）
Part 1　(Permanent Residence)

日本国政府法務省
Ministry of Justice,Government of Japan

永 住 許 可 申 請 書
APPLICATION FOR PERMANENT RESIDENCE

写 真
Photo
40mm×30mm

法 務 大 臣 殿
To the Minister of Justice

出入国管理及び難民認定法第22条第1項（第22条の2第4項（第22条の3において準用する場合を含む。）において準用する場合を含む。）の規定に基づき、次のとおり永住許可を申請します。
Pursuant to the provisions of Paragraph 1 of Article 22 (including the cases where the same shall apply mutatis mutandis under Paragraph 4 of Article 22-2 and including the cases where the same shall apply mutatis mutandis under Article 22-3) of the Immigration Control and Refugee Recognition Act, I hereby apply for Permanent Resident.

1　国 籍・地 域
　　Nationality/Region　　　アメリカ合衆国

2　生年月日
　　Date of birth　　1988 年 Year　7 月 Month　4 日 Day

3　氏 名
　　Name　　Yamada Jane
　　　　Family name　　　　　　　Given name

4　性 別　男・⼥
　　Sex　　Male/Female

5　出生地
　　Place of birth　　アメリカ・ノースカロライナ

6　配偶者の有無　有・無
　　Marital status　Married / Single

7　職 業
　　Occupation　　英語教師

8　本国における居住地
　　Home town / city　　アメリカ・ノースカロライナ

9　住居地
　　Address in Japan　　東京都台東区○○３丁目１番地５号

　　電話番号
　　Telephone No.　　03-1234-5678

　　携帯電話番号
　　Cellular Phone No.　　090-0000-0000

10　旅券 (1)番 号
　　Passport　Number　　AA-000000

　　(2)有効期限
　　Date of expiration　○○○○ 年 Year　6 月 Month　10 日 Day

11　現に有する在留資格
　　Status of residence　　日本人の配偶者等

　　在留期間
　　Period of stay　　5年

　　在留期間の満了日
　　Date of expiration　○○○○ 年 Year　6 月 Month　10 日 Day

12　在留カード番号
　　Residence card number　　AA00000000AA

13　犯罪を理由とする処分を受けたことの有無（日本国外におけるものを含む。）　Criminal record (in Japan / overseas)
　　有（具体的内容　　　　　　　　　　　　　　　　　　　　　　　　　　　　）/ ⒠
　　Yes (Detail:　　　　　　　　　　　　　　　　　　　　　　　　　　　） / No

14　永住許可を申請する理由
　　Reason for applying for Permanent Resident　　日本人の夫と今後も安定して生活していくため

15　上記と異なる国籍・地域，氏名，生年月日による出入国の有無　　有・無
　　Past entry into/departure from Japan with nationality/region, name and date of birth different from above-mentioned　Yes / No
　　（上記で『有』を選択した場合）　(Fill in the followings when your answer is "Yes")
　　その時の国籍・地域
　　The then Nationality/Region

　　氏 名
　　The then name

　　生年月日　　　　年　　　　月　　　　日
　　The then date of birth　Year　　Month　　Day

　　直近の入国年月日　　　　年　　　　月　　　　日
　　The latest date of entry　Year　　Month　　Day

　　直近の出国年月日　　　　年　　　　月　　　　日
　　The latest date of departure　Year　　Month　　Day

16　経 歴（今回の入国後の学歴・職歴，本欄で記入できない場合は別紙に記載）
　　Personal history (when the space provided is not sufficient for your answer, write on a separate piece of paper and attach it to the application.)

年 Year	月 Month	経 歴 Personal history	年 Year	月 Month	経 歴 Personal history
2009	4	「人文知識・国際業務」(3年) 上陸許可			
2009	7	株式会社 ○○○外国語学校入社			
2011	5	日本人　山田太郎と婚姻	今回入国後の滞在年数 Period of residence after new arrival	For ○	年 Year(s)
			婚姻年月日 Date of marriage	2011 年 Year　5 月 Month　30 日 Day	

（注）様式その2にも記入してください。Note: Please fill in Form Part 2.
※ 3について、有効な旅券を所持する場合は、旅券の身分事項ページのとおりに記載してください。
　　Regarding item 3, if you possess your valid passport, please fill in your name as shown in the passport.

256

その2 （永住）
Part 2 　(Permanent Residence)

日本国政府法務省
Ministry of Justice,Government of Japan

17 主たる生計維持者　Main householder
(1)申請人との関係　□ 本人　☑ 夫　□ 妻　□ 父　□ 母　□ 子
Relationship with the applicant 　Self 　Husband 　Wife 　Father 　Mother 　Child
□ その他（ 　　　　　）
Others

(2)勤務先　Place of employment
名称　株式会社 穴沢建設　支店・事業所名　上野支店
Name 　　　　　　　　　　Name of Branch
所在地　東京都台東区△△１丁目２番３号　電話番号 03-0000-0000
Address 　　　　　　　　　　　　　　　　Telephone No.

(3)年収　4,500,000　円
Annual income 　　　　　Yen

18 在日親族（父・母・配偶者・子・兄弟姉妹・祖父母・叔(伯)父・叔(伯)母など）及び同居者
Family in Japan (Father, Mother, Spouse, Son, Daughter, Brother, Sister,Grandparents, Uncle, Aunt or others) or co-residents

続柄 Relationship	氏名 Name	生年月日 Date of birth	国籍・地域 Nationality / Region	同居 Residing with applicant or not	勤務先・通学先 Place of employment /school	在留カード番号 特別永住者証明書番号 Residence card number Special Permanent Resident Certificate number
夫	山田 太郎	1980.5.3	日本	はい・いいえ Yes / No	株式会社 穴沢建設	
				はい・いいえ Yes / No		
				はい・いいえ Yes / No		
				はい・いいえ Yes / No		
				はい・いいえ Yes / No		

19 在日身元保証人　Guarantor in Japan
(1)氏名　山田 太郎　(2)国籍・地域　日本
Name 　　　　　　　　　Nationality/Region
(3)住所　東京都台東区○○３丁目１番地５号
Address
電話番号 03-1234-5678　携帯電話番号 090-1234-5678
Telephone No. 　　　　　　Cellular Phone No.
(4)職業　会社員
Occupation
(5)申請人との関係　Relationship with the applicant
☑ 夫　□ 妻　□ 父　□ 母　□ 子
Husband 　Wife 　Father 　Mother 　Child
□ 祖父　□ 祖母　□ 孫　□ 養父　□ 養母
Grandfather 　Grandmother 　Grandchild 　Foster father 　Foster mother
□ 養子　□ 配偶者の子　□ 雇用主　□ 身元引受人　□ その他（ 　　　　）
Adopted child 　Child of spouse 　Employer 　Guarantor 　Others

20 代理人（法定代理人による申請の場合に記入）Legal representative (in case of legal representative)
(1)氏名 　　　　　　　　(2)本人との関係
Name 　　　　　　　　　　Relationship with the applicant
(3)住所
Address
電話番号 　　　　　　　　携帯電話番号
Telephone No. 　　　　　　Cellular Phone No.

以上の記載内容は事実と相違ありません。I hereby declare that the statement given above is true and correct.
申請人（法定代理人）の署名／申請書作成年月日 Signature of the applicant (legal representative) / Date of filling in this form

Yamada Jane

○○○○ 年 5 月 14 日
Year 　　Month 　　Day

注意　申請書作成後申請までに記載内容に変更が生じた場合，申請人（法定代理人）が変更箇所を訂正し，署名すること。
　　　申請書作成年月日は申請人（法定代理人）が自署すること。
Attention 　In cases where descriptions have changed after filling in this application form up until submission of this application, the applicant (legal representative) must correct the part concerned and sign their name.
The date of preparation of the application form must be written by the applicant (legal representative) .

※ 取次者　Agent or other authorized person
(1)氏名 　　　　　　　　(2)住所
Name 　　　　　　　　　　Address
(3)所属機関等（親族等については，本人との関係）　電話番号
Organization to which the agent belongs (in case of a relative, relationship with the applicant) 　Telephone No.

書式5 身元保証書

身 元 保 証 書

〇〇〇〇 年 **5** 月 **14** 日

法 務 大 臣 殿

国籍・地域 **アメリカ合衆国**

氏　　名 **Yamada　Jane**

記

　私は上記の者の永住許可申請に当たり、本人が本邦に在留中、本邦の法令を遵守し、公的義務を適正に履行するため、必要な支援を行うことを保証いたします。

身元保証人
　氏名（自筆） **山田　太郎**

　住　所 **東京都台東区〇〇3丁目1番地5号** Tel **03−1234−5678**

　職業（勤務先） **株式会社　穴沢建設** Tel **03−0000−0000**

　国籍・地域（在留資格、期間） **日本**

　被保証人との関係 **夫**

第 7 章

ドローンをめぐる
法律と申請手続き

1 ドローンに関する法律について知っておこう

「航空法」と「小型無人機等飛行禁止法」が重要である

● ドローンとは何か

　近年、様々な分野で利活用されているため、法規制の整備が進んでいるのがドローンを取り巻く法律です。

　ドローンは「無人航空機」とも呼ばれ、飛行機や回転翼航空機（ヘリコプター、ジャイロプレーン）、飛行船などの機器で、人が乗らず遠隔操作や自動操縦により飛行させるものをいいます。

　ドローンの歴史は古く、最初期に開発されたのは1935年のイギリス製とされていますが、近年のようなドローンブームのきっかけを作ったのは平成22年（2010年）にフランスのParrot社が発売した「AR Drone」です。

　ドローンには、数多くのセンサーをはじめ、GPSやフライト制御機能を有しているため、空中で安定した姿勢を保つことができ、多少のスペースがあれば、簡単に離発着も行えるため、様々な用途に使われています。たとえば、空からの撮影（空撮）、災害現場での被災状況調査、農薬や肥料の散布、機器の点検、物の輸送（物流）、競技（ドローンレース）、エンターテイメント（ドローンショー）などです。

● どんな規制があるのか

　非常に活用の幅が広く便利なドローンですが、同時に万が一、頭上で衝突したり、電波干渉やバッテリー切れにより墜落するようなことがあれば大きな事故につながります。

　そこでドローンを安全に運用できるよう様々な法律を理解する必要があります。ドローンを取り巻く法律は複雑で、日々制定・改正が進んでいますが、中でも重要なものは、ドローンの飛行方法に関して航空機の安全や航空活動の管理を定める「航空法」です。

260

また「国の重要施設」や「国際関係機関」「防衛関係施設」「空港」「電子力事業所」周辺によるドローンの飛行を禁止する「小型無人機等飛行禁止法」があります。

なお、これらはドローンやラジコンなどの無人機に限らず、気球やパラグライダーなども規制対象となっています。

他にも、「民法」によって他人の土地の上空にドローンを飛行させる場合の制限や、「電波法」によってドローンに用いられる電波の周波数の制限、ドローンによって交通を妨げる場合に許可が必要となる「道路交通法」など様々なものがありますが、本書では「航空法」と「小型無人機等飛行禁止法」を前提に解説していきます。

◉ 航空法の規制を受ける対象

ドローンであれば、すべて航空法の規制を受けるかと言えば、そうではありません。航空法の規制対象となるのはドローンの中でも重量100g以上の機体に限られます。この場合の重量は、機体本体の重量とバッテリーの重量の合計をいいます。

すべての100g以上のドローンは、国土交通省に「機体の登録」をしなければなりません。また、登録によって通知される「登録記号」を必ず機体に表示しなければなりません。

これは自動車における登録手続きやナンバープレートの表示をイメージしてもらえればわかりやすいでしょう。

ただし、ドローンの場合は登録記号の表示以外に「リモートID」機能を備える必要があります（例外あり）。

自動車とは異なり、ドローンは空を飛行するため「登録番号」を見られない場合に、リモートID機器から電波で機器の識別情報を発信して登録されている機器を判別するようにされています。

この場合、発信されるのは「製造番号」「登録記号」「位置情報」「高度」「速度」「時刻」など様々です。

なお、100g未満のドローンであっても、重要施設や空港等の周辺の飛行を禁止する「小型無人機等飛行禁止法」の規制は受けますので注意が必要です。また、航空法の他に、地方公共団体が定める条例等の規制もあります。したがって都道府県や市町村によっては、100g未満のドローンも航空法の規制対象とされる可能性はありますので、注意が必要です。

● ドローンの飛行ルール

ドローンを操作したり、なんらかの活動に利用する際に重要となるのが「飛行ルール」をしっかり理解することです。

飛行ルールを理解する際には、必ず「飛行禁止区域」と「飛行方法」の2つを知っておく必要があります。

これら「飛行禁止区域」や「飛行方法」で行う飛行を「特定飛行」と呼び、許可手続きや承認手続きが必要とされます。

① 飛行禁止区域

ドローンの飛行については「空港等の周辺」「緊急用務空域」「150m以上の上空」「人口集中地区上空」など、安全に影響を及ぼすおそれのある空域や、落下した場合に人などに危害を及ぼすおそれが高い空域の

■ ドローンの飛行ルール

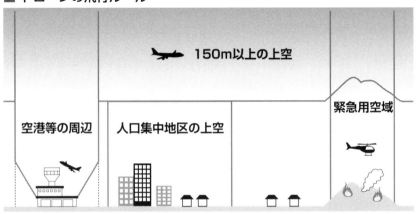

飛行が原則禁止されています。

飛行禁止区域でドローンを飛行させたい場合は、あらかじめ国土交通大臣（申請先は飛行エリアを管轄する地方航空局や空港事務所）の許可を受ける必要があります。

② 飛行方法

ドローンを飛行させる際には以下の禁止事項があります。

・アルコールや薬物等の影響ある状態の飛行操作
・飛行前確認を怠ること
・航空機や他の無人航空機との衝突
・他人に迷惑を及ぼすような危険飛行

また、「夜間での飛行」「目の届かない範囲（目視外）での飛行」「人や物件との間が30m未満での飛行」「イベント（多数の人が集まる催し）上空での飛行」「危険物（火薬類、高圧ガス、引火性液体など）の郵送」「物件の投下」といった飛行方法を行う場合、地方航空局長の承認を受けなければなりません。ただし、技能証明を受けた者が機体認証を受けたドローンを飛行させる場合については、この限りではありません。

■ ドローンを飛行させる際の禁止事項

なお、「夜間飛行」「目視外飛行」「30m未満飛行」については、ドローンの最大離陸重量（ドローン本体の重量と付属物の総重量）が25kg未満の場合に特例があります。

この場合、無関係な者が立ち入らない措置を講じた上で技能証明を受けた者が機体認証を受けたドローンを飛行させる場合に飛行計画や操作手順、緊急時の対応策などを定めたマニュアルを作成することで許可や承認が不要となります。

● ドローン免許制度（無人航空機操縦者技能証明）について

ドローンの飛行ルールで触れたように、「飛行禁止区域で飛行する場合の許可」や「承認が必要となる飛行方法」については、技能証明を受けた者の場合、（機体認証を受けたドローンに限り）の免除を受けることが可能です。

この技能証明は、ドローンを飛行させるのに必要な知識と能力を有することを証明する資格制度です。

自動車の運転免許のように、国が指定する講習機関や試験機関を経て「学科試験」や「実地試験」に合格する必要があることから、ドローン免許と呼ばれることがあります。正確には、「一等無人航空機操縦士」と「二等無人航空機操縦士」という2つの国家資格で、一定の許可や承認の免除を受ける要件のひとつであり、自動車運転免許のようなドローン飛行の必須条件ではありません。

■ ドローンの飛行方法 ……………………………………………………

カテゴリーⅢ	特定飛行のうち、立入管理措置を講じないで行う飛行。 （＝第三者の上空で特定飛行を行う）
カテゴリーⅡ	特定飛行のうち、立入管理措置を講じたうえで行う飛行。 （＝第三者の上空を飛行しない）
カテゴリーⅠ	特定飛行に該当しない飛行。 （＝航空法上の飛行許可・承認手続き不要）

この無人航空機操縦者技能証明の資格は有効期間が３年で、都度更新が必要となります。

「一等無人航空機操縦士」と「二等無人航空機操縦士」の違いは、「飛行可能な空域」と「行える飛行方法」の範囲です。

ドローンの飛行方法には１～４のレベルがあり、さらにリスクに応じたカテゴリー（リスクの高いものからⅢ、Ⅱ、Ⅰ）に分類され、該当するレベルやカテゴリーに応じて手続きの要否が異なります。

「一等」では、有人地帯における目視飛行（レベル４飛行）が行えますが「二等」では行うことができません。

■ 飛行カテゴリー決定フロー ･･････････････････････････････

```
┌─────────────────┐  No  ┌──────────────────────────────────────┐
│「特定飛行」に該当する  ├────→│ カテゴリーⅠ  許可・承認申請が不要な飛行  │
│ 飛行を実施する      │     └──────────────────────────────────────┘
└─────────────────┘
        │ Yes
        ▼
┌─────────────────┐  No  ┌────────────────┐  No  ┌────────┐
│ 立入管理措置を講じる  ├────→│ 第一種機体認証及び    ├────→│ 飛行不可  │
└─────────────────┘     │ 一等操縦者技術証明を有する│     └────────┘
        │                └────────────────┘
        │                        │ Yes
        │                        ▼
        │                ┌──────────────────────────────────────┐
        │  Yes           │ カテゴリーⅢ  許可・承認申請が必要な飛行  │
        │                └──────────────────────────────────────┘
        ▼
┌─────────────────┐  No  ┌──────────────────────────────────────┐
│ 総重量が 2.5 kg 未満  ├────→│ カテゴリーⅡ  許可・承認申請が必要な飛行  │
└─────────────────┘     └──────────────────────────────────────┘
        │ Yes
        ▼
┌─────────────────┐  No  ┌─────────────────┐  No  ┌──────────────┐
│ 以下のいずれかに該当   ├────→│ 以下のいずれかに該当   ├────→│ カテゴリーⅠ      │
│ ・空港等の周辺      │     │ ・人口集中地区      │     │ 許可・承認申請が   │
│ ・150m 以上の上空   │     │ ・夜間での飛行      │     │ 不要な飛行      │
│ ・催し場所の上空     │     │ ・目視外での飛行     │     └──────────────┘
│ ・危険物の輸送      │     │ ・人又は物件との距離が  │
│ ・物件の落下       │     │   30m 未満        │
└─────────────────┘     └─────────────────┘
        │ Yes                    │ Yes
        ▼                        ▼
┌──────────────┐        ┌─────────────────┐  No  ┌──────────────┐
│ カテゴリーⅡ     │        │ 第二種機体認証以上及び  ├────→│ カテゴリーⅡ      │
│ 許可・承認申請が   │        │ 二等操縦者技能証明    │     │ 許可・承認申請が   │
│ 必要な飛行      │        │ 以上を有する       │     │ 不要な飛行      │
└──────────────┘        └─────────────────┘     └──────────────┘
                                 │ Yes
                                 ▼
                         ┌──────────────────────────────────────┐
                         │ カテゴリーⅡ  許可・承認申請が必要な飛行  │
                         └──────────────────────────────────────┘
```

2 許可申請手続きについて知っておこう

無人航空機登録、飛行許可承認申請、飛行計画の通報などの手続きをなければならない

◉ ドローンに関する手続き

ドローンに関する主な行政手続きにはドローンを登録システムに登録し、登録記号を取得する「無人航空機登録」と、重量100g以上のドローンを屋外で飛行させる際に行う「飛行許可承認申請」「飛行計画の通報」があります。ここでは簡単にドローンを入手してから実際に屋外で飛行する場合の流れを説明しておきます。

① 機体を入手し機体登録を行う（詳細は次ページ）

ドローンの機体を購入した場合、まず無人航空機登録が必要です。国土交通省が提供する「ドローン情報基盤システム（DIPS2.0）」から機体製造番号を登録します。

② リモートIDと連携する

無人航空機登録を行った後は、機体のリモートIDと登録記号を連携する必要があります。リモートIDは機体によって「内臓リモートID」と「外付けリモートID」があります。

③ 飛行許可・承認申請（詳細は268ページ）

特定飛行（262〜263ページ）を行う場合は、飛行許可・承認申請が必要になります。この手続きも「ドローン情報基盤システム（DIPS2.0）」で行うことが可能です。

④ 飛行計画の通報

飛行許可・承認手続きの後、実際の飛行場所を調査の上、あらためて「ドローン情報基盤システム（DIPS2.0）」から「飛行計画の通報」をします。

「飛行計画の通報」とは、特定飛行を行う場合に「飛行日時」や「飛行経路」などを国土交通省に知らせるものです。

この通報をすることで同じエリア（あるは付近）・時間帯に飛行する他のドローンの存在を確認することができます。

⑤　飛行日誌の作成

ドローンを特定飛行させた後は「飛行日誌」を作成する必要があります。「飛行日誌」とは、「飛行記録」「日常点検記録」「点検整備記録」などを記載し、飛行の履歴や機体の状態を管理するために必要なものです。

● 無人航空機登録

規制対象となっている重量100g以上の機体はすべて無人航空機登録が必要となります。無人航空機登録申請は原則、「ドローン情報基盤システム（DIPS2.0）」から行い、申請後に手数料をクレジットカードやインターネットバンキング等で支払うことで、申請した無人航空機の登録記号が発行されます。

発行された登録記号は、該当の機体に鮮明に表示しなければなりません。また、あわせて機体の製造元が提供するスマートフォンアプリや、航空局が提供する「DIPS APP‐ドローンポータルアプリ」を用いてリモートID機器等と連携する必要があります。

【無人航空機登録の入力手順】

①　本人確認方法を選択します。本人確認方法は「マイナンバーカード」「運転免許証」「パスポート」「書類の郵送」の4種類があります。

②　「氏名」「住所」「生年月日」「電話番号」「メールアドレス」など所有者情報を入力します。

③　「製造者名」「形式名」「機体の種類」「製造番号」など、登録するドローンの機体情報を入力します。機体のタイプによって必要な入力情報は異なります。また、機体登録は一度に20台まで行えます。

④　使用者情報を入力します。多くの場合は「所有者」と「使用者」が同一人物で登録します。

```
所有者・機体・使用者情報の確認

STEP 01          STEP 02          STEP 03          STEP 04          STEP 05          STEP 06
本人確認方法選択   所有者情報入力    機体情報入力     使用者情報入力    入力情報確認      手続き完了

登録した所有者情報・機体情報・使用者情報を確認の上、「登録申請」ボタンを押してください。
入力内容に誤りがある場合は各情報下部にある「修正」ボタンを押下し訂正してください。

所有者情報

氏名              申請 太郎

フリガナ          シンセイ タロウ

住所              日本 東京都 千代田区霞が関2

生年月日          2000/01/01

電話番号          +81 123456789

メールアドレス     1234@xxx.com

       戻る                        登録申請
```

● 飛行許可・承認申請

ドローンの飛行許可・承認申請には「包括申請」と「個別申請」があります。

「包括申請」は「一定の飛行」を業務として行う場合に飛行範囲を「全国」として包括的に許可・承認申請する方法で1年間有効なものです。

この場合の「一定の飛行」の範囲は、特定飛行（262〜263ページ）の①飛行禁止区域の中から「人口集中地区上空」を飛行する場合の許可で、②飛行方法「夜間での飛行」「目の届かない範囲（目視外）での飛行」「人や物件との間が30m未満での飛行」「危険物（火薬類、高圧ガス、引火性液体など）の郵送」「物件の投下」の承認です。

逆に言えば、業務でない飛行（趣味や研究などの飛行）や、「空港等の周辺」「緊急用務空域」「150m以上の上空」といった禁止区域飛行、

イベント上空での飛行については「個別申請」が必要になります。

なお、飛行許可・承認申請は原則、「ドローン情報基盤システム（DIPS2.0）」から行います。

【飛行許可・承認申請の入力手順】
① 飛行禁止区域での飛行有無や飛行方法、太入管理措置等を選択すると「飛行カテゴリー」が自動判定されます。

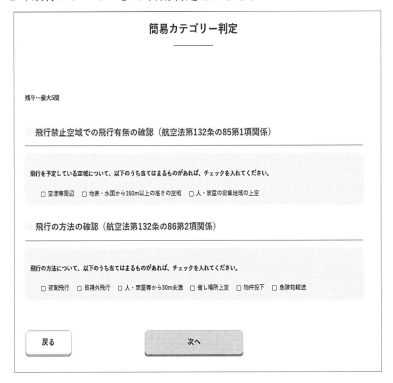

② 飛行目的や飛行する場所を先約します。

③ 飛行が想定される範囲や申請先、飛行場所を選択します（この場合に「日本全国」とするのが「包括申請」です。「個別申請」の場合は、地図上で特定します）。

270

④ あらかじめ登録されている機体情報から飛行させる機体や操縦者、マニュアルを選択します。

※機体については、飛行形態に応じて、必要な追加基準を入力します。

⑤ 第三者賠償責任保険の情報を入力します。

　最終画面では入力内容を元に飛行許可・承認申請に必要な「無人航空機の飛行に関する許可・承認申請書」「無人航空機の機能・性能に関する基準適合確認書」「無人航空機を飛行させる者に関する飛行経歴・知識・能力確認書」などが作成されます。

　それぞれ全体確認を行うことができますが、間違いがなければ「申請する」ボタンから申請が可能です。

【監修者紹介】

服部　真和（はっとり　まさかず）

京都府出身、中央大学法学部卒業。服部行政法務事務所（経済産業省認定経営革新等支援機関）、シドーコンサルティング株式会社を経営。京都府行政書士会参与（元副会長）。日本行政書士会連合会デジタル推進本部委員（元理事）。事業者に対して、法規制のコンサルティングと、行政手続の支援を行い、ソフトウェアやコンテンツなどクリエイティブな側面における権利関係を適切に処理する契約書や諸規程の作成、公的融資や補助金を活用した資金調達を得意とする。

『最新版　契約のしくみと契約書作成の基本』『ネットビジネス・通販サイト運営のための法律と書式サンプル集』『飲食業開業・許認可申請手続きマニュアル』『不動産ビジネスのための許認可のしくみと手続き』『新版　許認可手続きと申請書類の書き方』『最新 建設業法と建設業許可申請のしくみと手続き』『最新 入管法・出入国管理申請と外国人雇用の法律知識』『民泊ビジネス運営のための住宅宿泊事業法と旅館業法のしくみと手続き』（小社刊）、『できる社長の対人関係』『できる社長のお金の守り方』（秀和システム）、『教養としての「行政法」入門』（日本実業出版社）などを出版。

服部真和公式SNS集
https://lit.link/hatlegal

事業者必携　三訂版
建設業から風俗営業、入管手続き、ドローンまで
許認可手続きと申請書類の書き方

2024年12月20日　第1刷発行

監修者	服部真和
発行者	前田俊秀
発行所	株式会社三修社
	〒150-0001　東京都渋谷区神宮前2-2-22
	TEL　03-3405-4511　FAX　03-3405-4522
	振替　00190-9-72758
	https://www.sanshusha.co.jp
印刷所	萩原印刷株式会社
製本所	牧製本印刷株式会社

©2024 M. Hattori Printed in Japan
ISBN978-4-384-04953-4 C2032

|JCOPY|〈出版者著作権管理機構 委託出版物〉

本書の無断複製は著作権法上での例外を除き禁じられています。複製される場合は、そのつど事前に、出版者著作権管理機構（電話 03-5244-5088　FAX 03-5244-5089 e-mail: info@jcopy.or.jp）の許諾を得てください。